DOS/Windows命令速查1000

九州星火传媒 陈 伟 编著

电子科技大学出版社

内容提要

本书是《电脑应用即时查》系列丛书之一，本书从实际操作出发，列出了Windows 中的常用操作命令、常用运行命令、DOS 基础，DOS 常用内部、外部及网络命令，DOS 的应用安全，DOS 常见故障解析等多达 1 000 个问题的答疑解惑。

本书可作为初、中级电脑用户的学习参考书，也是电脑爱好者的必备工具手册。

图书在版编目（CIP）数据

DOS/Windows 命令速查 1000 / 陈伟编著.—成都：电子科技大学出版社，2007.4

ISBN 978-7-81114-431-4

I. D… Ⅱ.陈… Ⅲ.①磁盘操作系统，DOS－基本知识 ②窗口软件，Windows－基本知识 Ⅳ.TP316

中国版本图书馆 CIP 数据核字（2007）第 033285 号

DOS/Windows 命令速查 1000

九州星火传媒　陈　伟　编　著

出　　版：电子科技大学出版社（成都市一环路东一段 159 号电子信息产业大厦　邮编：610051）
责任编辑：徐　红
发　　行：新华书店经销
印　　刷：四川墨池印务有限公司
成品尺寸：144mm×210mm　　印张 13　　字数 439 千字
版　　次：2007 年 4 月第一版
印　　次：2007 年 4 月第一次印刷
书　　号：ISBN 978-7-81114-431-4
定　　价：19.00 元

前　言

你在学电脑吧？是不是觉得电脑很神秘，有点无从下手？家里买了电脑，因为经常出问题，但自己不知道该怎么修理，常常求助于朋友，以至于饭局总是少不了，搞得很头疼？看着别人在网上玩游戏玩得很痛快，自己不知道咋玩，但又碍于面子不好请教？

电脑硬件日新月异，软件版本不断推陈出新，上网冲浪越来越流行，不可不会，工作、学习之中电脑使用得越来越频繁，怎么办？

不要着急，我们特意为你推出了《电脑应用即时查》系列工具读物，让你轻轻松松学会各种电脑操作，笑对电脑各种疑难杂症。

□ 丛书简介

《电脑应用即时查》系列丛书是电子科技大学出版社精心打造的一套电脑工具读物，丛书包括《电脑维护、故障急救速查 1000》、《Windows XP 实用技巧速查 1000》、《精选实用网址速查 2000》、《注册表修改设置速查 1000》、《Office2003 高效办公速查 1000》、《电脑组装与 BIOS 设置速查 1000》、《五笔字型常用汉字速查 6000》、《新手学上网速查 1000》、《新手学电脑速查 1000》和《DOS 与 Windows 命令速查 1000》。相信读者根据自己的需求，一定能从这套丛书中选择到适合自己的图书。

□ 丛书特色

1．内容丰富全面

本套丛书从作者多年钻研电脑的经验出发，精心挑选了电脑硬件、操作系统、应用软件、上网浏览与应用、局域网、电脑打字、网址速查等方方面面的操作与应用，内容十分全面，是广大电脑用户不可多得的电脑工具宝典。

2．语言简洁精炼

本书在解析众多案例的时候，没有长篇大论，力求以最少的文字将问题描述清楚，以最省篇幅的形式将解决方案呈现给读者，便于读者阅读掌握。

3．步骤详尽清晰

虽然篇幅有限，案例众多，但本书全部采用“一步一步”的写作形式，使得读者操作起来非常方便、条理清晰明了，宛如电脑专家言传身教，使读者迅速提高自身的电脑操作技能，获得大量实际经验、技能和技巧。

4．专业的创作团队

本书由专业的、电脑应用经验丰富的团队所创作，在为你提供实用、丰富的书中内容的同时，还能保证随时解答你学习电脑的过程中遇到的各种疑难问题。

□ 使用说明

阅读本书之前，请将 Windows 窗口更改为“Windows 传统风格”，方法为：

（1）打开“我的电脑”窗口，然后单击菜单命令“工具”/“文件夹选项”。

（2）在打开的“文件夹选项”窗口中选择“使用 Windows 传统风格的文件夹”。

（3）单击“确定”按钮，就使窗口变回到了 Windows 传统风格界面。

□ 读者对象

（1）初、中级电脑用户不可多得的学习参考书。

（2）电脑爱好者和家庭电脑用户随用随查的必备宝典。

（3）电脑培训班、大专院校师生的教学辅导用书。

□ 完善的售后服务

本书为广大读者提供技术支持网站 www.21pcedu.com（21 世纪电脑教育网），免费为读者提供在线答疑、软件下载、学习论坛、免费电子图书下载等服务，相信能对读者自学电脑提供更多便利和帮助。你也可直接写邮件到 jzxh@vip.163.com 与我们联系，道出你的困惑，我们将非常热情、认真地为你服务。

□ 致 谢

本书由前程文化总策划，北京九州星火传媒编著。在此向所有参与本书编创工作的人员表示由衷的感谢，更要感谢购买本书的读者，你的支持是我们最大的动力，我们将不断努力，为你奉献更多、更优秀的电脑图书！

九州星火传媒　陈伟

目 录

第 1 章 Windows 中的常用操作命令

第 2 章 Windows 常用运行命令

第 3 章　DOS 基础

第 4 章 DOS 常用内部命令

第 5 章　DOS 常用外部命令

第 6 章 常用网络命令

第 7 章　其他常用命令

第 8 章 DOS、Windows 应用

第 9 章 DOS 故障解析

第 1 章

Windows 中的常用操作命令

DOS Windows 命令速查 1000——→本章内容

1-1 鼠标操作

1. 什么是鼠标

在操作计算机时鼠标是使用最频繁的设备之一。鼠标是利用自身的移动，把移动距离及方向的信息变成脉冲传给计算机，再由计算机把脉冲转换成鼠标光标的坐标数据，从而达到指示位置的目的。如图 1-1 所示为一款 LG 键盘。

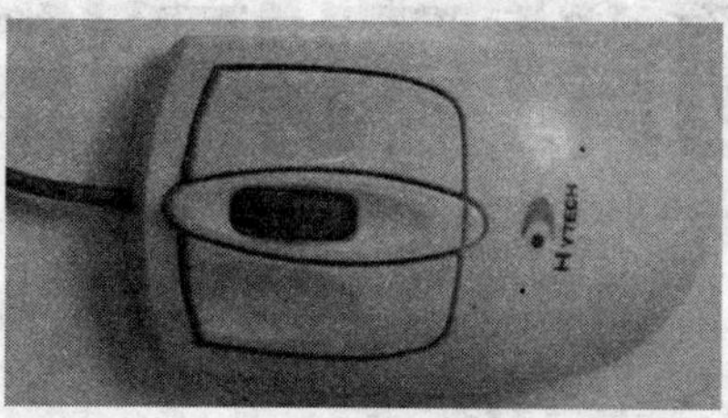

图 1-1

2. 如何单击鼠标

单击鼠标一般指单击鼠标左键，就是用食指很快地按一下鼠标左键或鼠标右键，这个动作叫做单击左键或右键。由于单击左键的动作用得很多，因此单击左键通常就简称为单击。单击鼠标用于选定某一个对象。

例如：把鼠标指针移到桌面某个图标上再单击，这个动作称为单击某图标。这时，被单击的图标会变色。再把鼠标指针移到桌面的空白处，单击鼠标，已变色的图标就会恢复原状。

3. 如何双击鼠标

双击鼠标就是双击鼠标左键，也就是用食指连续地按两下鼠标左键，这个动作叫做双击鼠标。双击鼠标用于执行某个对象，如运行应用程序并打开一个窗口。

图 1-2

单击和双击的动作如图 1-2 所示。

提示!! 双击的速度一定要快，否则就变成了两次单击。

4. 如何移动鼠标

移动鼠标就是不按鼠标键，直接移动鼠标。移动鼠标时，把鼠标紧贴着桌面移动，屏幕上的鼠标指针也就随着移动。把鼠标提起离开桌面，屏幕上的鼠标指针就不会随着鼠标的移动而移动了。移动鼠标用于其他鼠标操作之前的操作步骤，不发生任何变化，只为其他操作做准备，如图 1-3 所示。

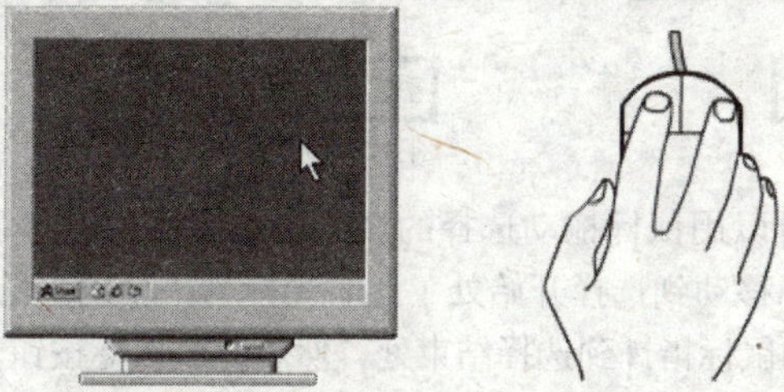

图 1-3

5. 如何拖放鼠标

拖放鼠标就是按住鼠标左键移动鼠标，也就是按住鼠标左键移动鼠标到另一位置，然后再放手，这个动作叫做拖动。把鼠标指针移到桌面某图标上再拖动，这个动作称为拖动某图标。操作完成后，被拖动的图标就会移到新的位置上。拖放鼠标用于改变对象的位置，如拖动桌面上的图标可以改变图标在桌面上的位置，如图 1-4 所示。

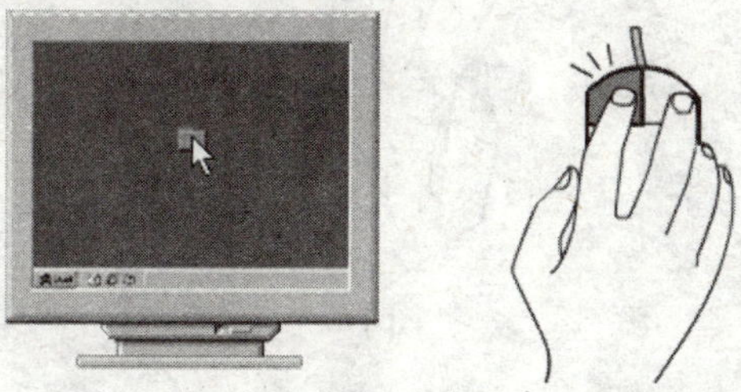

图 1-4

例如：要移动屏幕上的对象，首先把鼠标指针放在对象上。然后，按鼠标左键移动鼠标指针到要放置对象的地方，然后释放鼠标按钮。如图 1-5 所示描述了如何把文档“陈前进的简历”拖放到“我的文档”中。

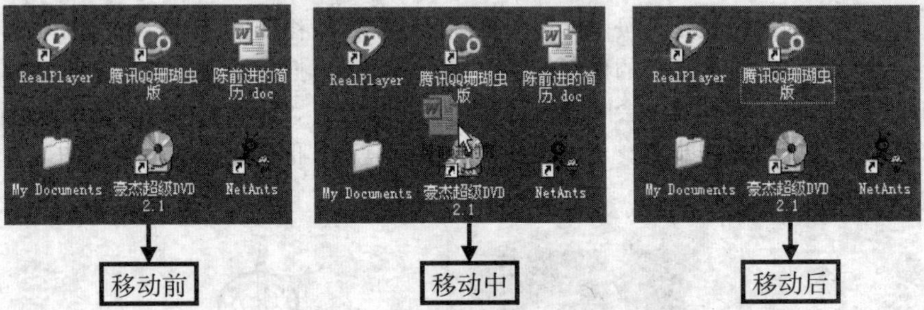

图 1-5

此外，还可以用鼠标拖动选择的文本，如文档中的单词等。选择文本时，首先把光标移动到选择开始处（此时光标为一个闪烁的竖线），按住鼠标左按钮，移动鼠标指针到选择结束处，然后释放鼠标按钮。最后，再拖动选定的文本。

6. 怎样握鼠标才算是正确的

鼠标的正确握法是把食指放在鼠标左键上，中指放在鼠标右键上，用大拇指和无名指、小拇指轻轻握住鼠标，如图 1-6 所示。

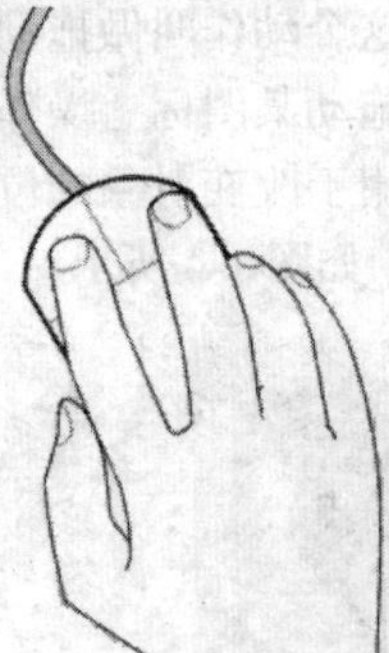

图 1-6

1-2 窗口操作命令

1. 什么是窗口

窗口是一个桌面内的框架，用于显示文件和程序的内容。每个窗口的名称显示在顶端的标题栏中，如图 1-7 所打开的窗口，我们可以看到它的名称为“第 1 章 Windows 中的常用操作命令”。

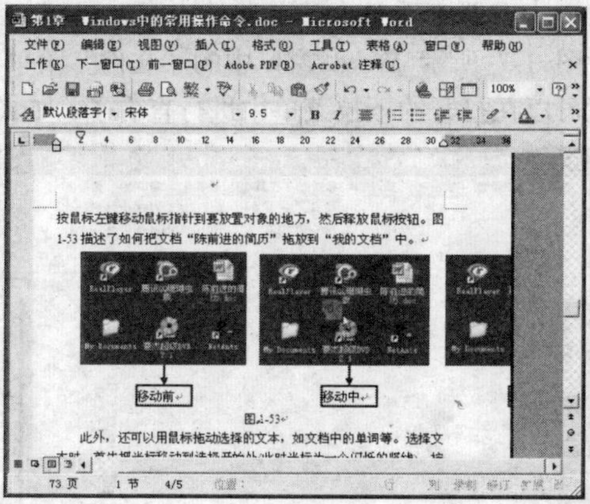

图 1-7

2. 如何关闭窗口

在打开的窗口中，单击右上角的关闭按钮，就可以将当前正在使用的窗口关闭。

3. 如何移动窗口

在打开的窗口中，通过拖动方式可以移动窗口。单击标题栏，同时按住鼠标，在计算机屏幕移动鼠标指针来移动窗口。

4. 如何收缩窗口

在打开的窗口中，单击位于标题栏右侧的最小化按钮，就可以收缩窗口，此时它在任务栏上收缩为一个按钮图标显示。

5. 如何最大化窗口

在打开的窗口中，单击位于最小化按钮右边的最大化按钮，就可以最大化窗口。此操作使窗口充满桌面。再次单击该按钮可使窗口恢复到原始大小。

6. 如何查看窗口菜单

在打开的窗口中，要查看各个菜单项的内容，只需单击某个菜单项即可，比如要查看图 1-7 所示 Word 窗口中的“文件”菜单项，则单击“文件”菜单项，就可以在打开的下拉菜单中进行查看了，如图 1-8 所示。

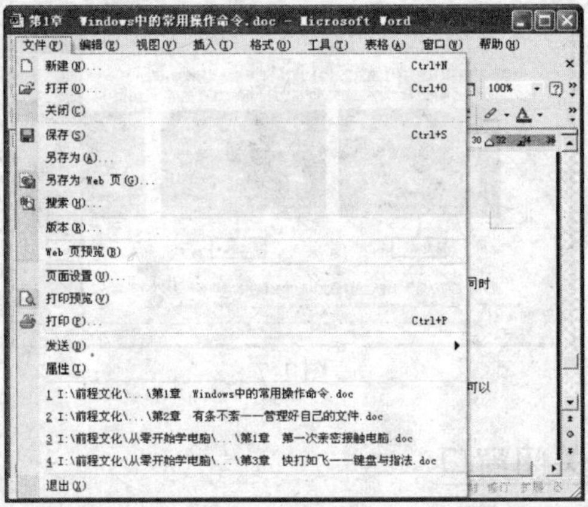

图 1-8

7. 如何快速关闭所有已被打开的窗口

不论打开的是应用程序，还是浏览网页窗口等，只要按下 Alt+F4 组合键，都可以关闭，一直按下 Alt+F4 组合键，就可以关闭所有窗口。

> **提示!!** 若所有被打开的窗口都已经被关闭了，此时再按一次 Alt+F4 组合键，关闭系统对话框就会被打开，此时轻轻按下 Enter 键，系统就会被关闭了。

另外，还有更快的方法，如果先按下 Ctrl 键，再用鼠标依次单击 Windows 操作系统任务栏上的打开的程序窗口，将所有的窗口都选中，此时您右键单击，在弹出的菜单中选择“关闭”命令，所有的窗口会立即关闭。

当然也可以选中部分窗口，然后将它们关闭。

8. 如何同时最小化多个窗口

我们只要单击任务栏上的“显示桌面”按钮，就可以将所有的窗口最小化。如果我们想一次把多个窗口最小化（注：不是把所有的窗口都最小化），则方法为：

（1）按住 Ctrl 键不放，用鼠标左键在任务栏上连续单击我们想要最小化的窗口按钮。

（2）按住 Ctrl 键，在任意一个要最小化的窗口按钮上右击鼠标，则出现一个快捷菜单。

（3）在出现的快捷菜单上选择“最小化”命令。

9. 如何使用“任务栏”切换窗口

在任务栏上，除了“开始”按钮和“时钟”外，其余的按钮都是与活动应用程序相对应的。

使用任务栏切换窗口的方法为：

在与要切换到的窗口相对应的活动应用程序按钮上单击鼠标即可。

10. 如何使用键盘切换窗口

使用键盘切换窗口的方法有如下三种：

方法 1：使用 Alt 键+Tab 组合键。

（1）同时按下 Alt 键和 Tab 键，就会出现一个窗口。

（2）按住 Alt 键，使用 Tab 键将墨绿色的方框移动到我们想要打开的窗口图标上，然后松开 Alt 键和 Tab 键，我们选择的窗口就会立即弹出。

方法 2：使用 Alt+Esc 组合键。

按住 Alt 键，使用 Esc 键就可以切换到我们想要打开的窗口。

方法 3：使用鼠标切换窗口。

在所要切换到的窗口的可见区域的任何位置单击鼠标。

11. 如何用键盘移动窗口

用键盘移动窗口的方法为：

（1）按下 Alt+<空格键>打开窗口的控制菜单。

（2）.移动光标键选定“移动”命令后按 Enter 键，则鼠标指针变成 4 个箭头的形状。

（3）用光标移动键移动窗口到合适位置后按 Enter 键即可。

12. 如何用键盘改变窗口大小

用键盘改变窗口大小的方法为：

（1）按下 Alt+<空格键>打开窗口的控制菜单。

（2）移动光标键选定“大小”命令后按 Enter 键，则鼠标指针变成 4 个箭头的形状。

（3）用光标移动键把指针移动到窗口的边框或者顶角上，指针相应的变成不同的形状。

（4）当指针位于边框或者顶角时，按光标移动键即可改变窗口的大小。按光标移动键后会出现一条灰色虚线，该虚线表示边框的新位置。

（5）认为灰色虚线的位置合适后按 Enter 键即可。

提示!!

①要取消用键盘改变窗口大小的操作，按 Esc 键即可。

②以上操作适合于窗口没有处于最大化或最小化状态。

第 2 章

Windows 中的常用运行命令

DOS Windows 命令速查 1000——本章内容

2-1 如何打开“运行”对话框

单击 Windows 任务栏最左侧的开始按钮

，在打开的菜单中单击“运行”，就可以打开如图 2-1 所示的“运行”对话框了。

图 2-1

2-2 如何快速打开辅助功能向导

在“运行”对话框中输入 accwiz.exe 后，按 Enter 键，就可以启用辅助功能向导了，打开的辅助功能向导如图 2-2 所示。

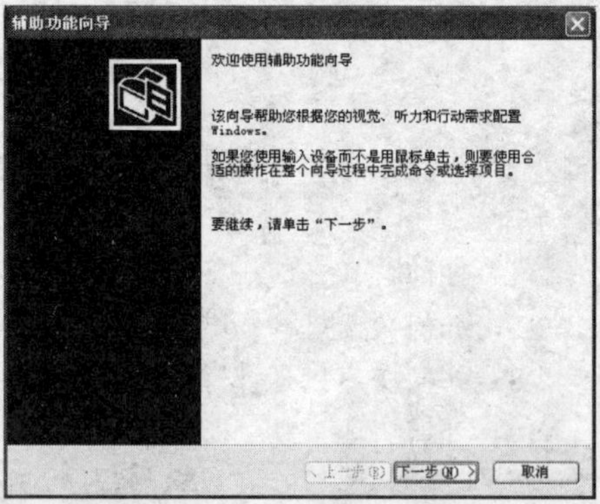

图 2-2

2-3 如何快速打开计算器

在“运行”对话框中输入 calc.exe 后，按 Enter 键，就可以启用计算器了，打开的计算器如图 2-3 所示。

图 2-3

2-4　如何快速打开字符映射表

在“运行”对话框中输入 charmap.exe 后，按 Enter 键，就可以启用字符映射表了，打开的字符映射表如图 2-4 所示。

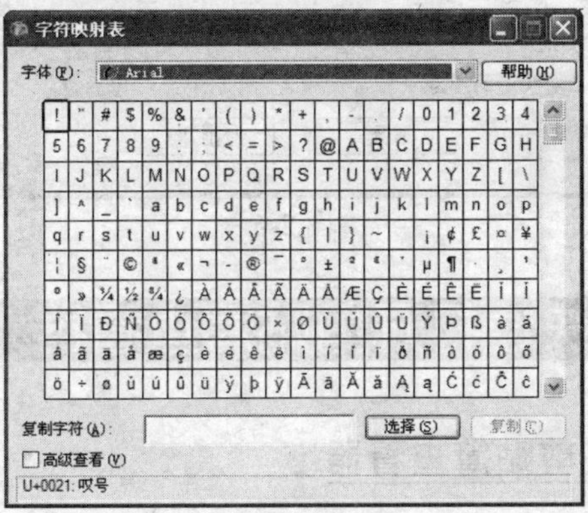

图 2-4

2-5　如何快速打开磁盘检测程序

在“运行”对话框中输入 chkdsk.exe 后，按 Enter 键，就可以启用磁盘检测程序了，如图 2-5 所示。

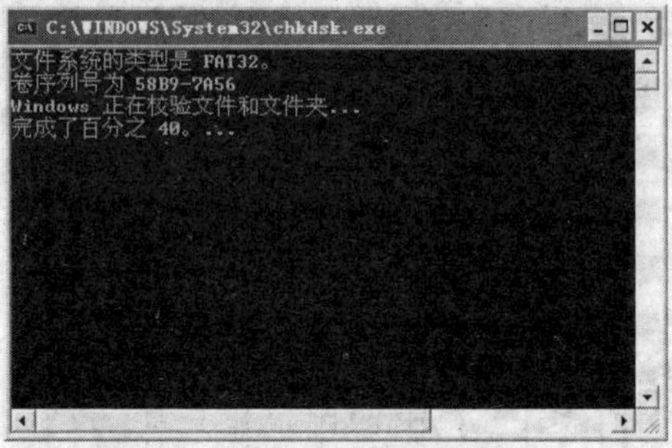

图 2-5

2-6 如何快速打开磁盘清理程序

在“运行”对话框中输入 cleanmgr.exe 后，按 Enter 键，就可以启用磁盘清理程序了，如图 2-6 所示。

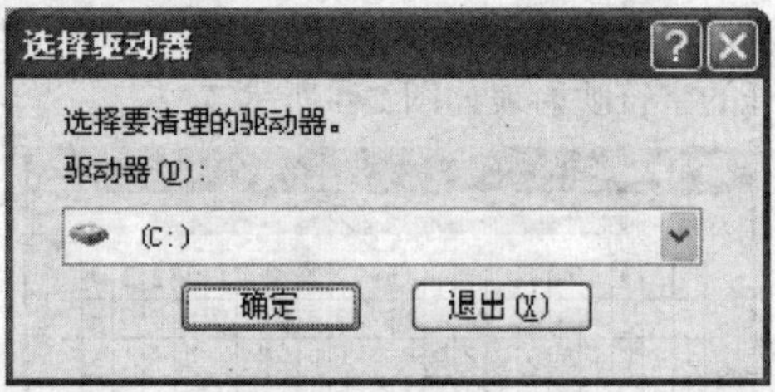

图 2-6

2-7 如何快速打开剪贴簿查看器

1. 什么是剪贴簿查看器

当你从某个程序剪切或复制信息时，该信息会被移动到剪贴板并保留在那里，直到你清除剪贴板或者你剪切或复制了另一片信息。“剪贴簿查看器”中的剪贴板窗口显示了剪贴板的内容。可以在任何需要的时候将信息从剪贴板粘贴到文件中。但是，信息仅暂时存储在剪贴板上。

2. 如何打开剪贴簿查看器

在“运行”对话框中输入 clipbrd.exe 后，按 Enter 键，就可以启用剪贴簿查看器了，如图 2-7 所示。

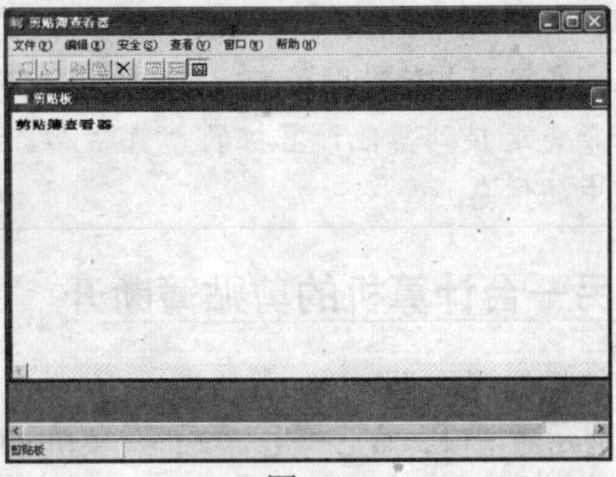

图 2-7

3. 如何将剪贴板内容保存至本地剪贴簿

要将剪贴板内容保存至本地剪贴簿中，方法为：

（1）在“剪贴簿查看器”中单击“窗口”菜单，然后单击“本地剪贴簿”。

（2）在“编辑”菜单上单击“粘贴”，然后在“页面名称”框中输入“剪贴簿”页的名称。

提示!!

如果要将该页提供给其他用户使用，则选中“立即共享”复选框，然后单击“确定”按钮。在“共享剪贴簿页”对话框中选择所需的共享选项即可。

4. 如何连接到另一台计算机上的剪贴簿以访问共享剪贴簿页面

要连接到另一台计算机上的剪贴簿以访问共享剪贴簿页面，方法为：

（1）在“文件”菜单下单击“连接”。

（2）在“计算机”框中输入包含要连接的“剪贴簿”的计算机名，或选择“选择计算机”列表中的名称。

这样，远程计算机上的“剪贴簿”就会在本地计算机上的“剪贴板查看器”中打开，并且可以使用共享的“剪贴簿”页。

> **提示!!**
>
> ①如果“剪贴簿”为空，则“剪贴簿”所有者没有将“剪贴簿”页面设为共享。
>
> ②在完成使用其他剪贴簿后，可以将其断开。
>
> ③必须先连接到其他计算机的“剪贴簿”上，才能使用共享页中的信息。

5. 如何与另一台计算机的剪贴簿断开

要与另一台计算机的剪贴簿断开，方法为：

单击连接到的剪贴簿窗口，然后单击“文件”菜单上的“断开”即可。

6. 如何打开剪贴板文件

打开剪贴板文件的方法为：

（1）在“剪贴簿查看器”中单击“窗口”菜单，然后单击“剪贴板”。

（2）单击“文件”菜单上的“打开”，在打开的对话框的“文件名”框中输入待保存文件的名称。如果“剪贴板”中已有信息，会显示确认消息问你是否要从“剪贴板”将该信息清除。单击“是”按钮就可从“剪贴板”清除该内容并打开所指定的文件。

2-8 如何快速进入 Windows 2000/XP 的 DOS 窗口

在“运行”对话框中输入 cmd.exe 后，按 Enter 键，就可以进入 Windows 2000/XP 的 DOS 窗口了，如图 2-8 所示为打开的 Windows XP 的 DOS 窗口。

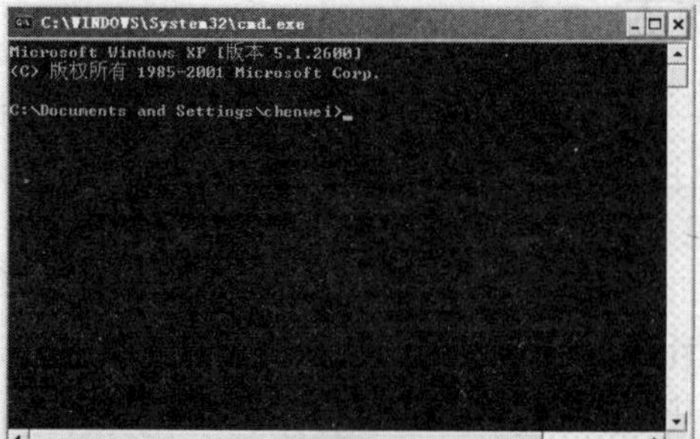

图 2-8

2-9 如何启用 NetMeeting 聊天工具

在“运行”对话框中输入 conf 后，按 Enter 键，就可以启用 NetMeeting 聊天工具了。

2-10 如何快速启用 XP 密码管理

在“运行”对话框中输入 control userpasswords2 后，按 Enter 键，在打开的如图 2-9 所示的“用户账户”对话框的“用户”标签选项卡中单击“重设密码”按钮，就可以重新设置当前用户的密码。

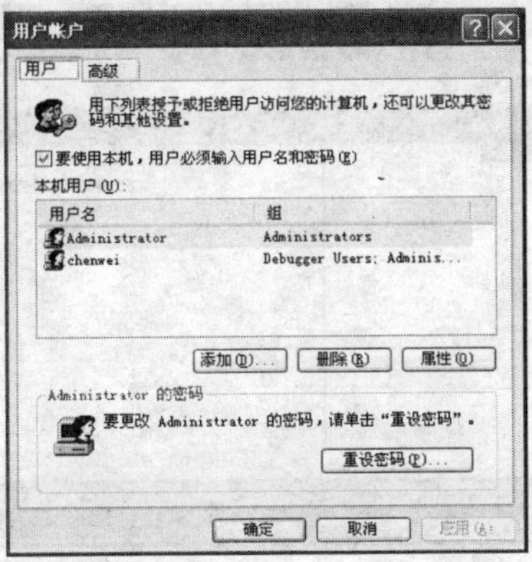

图 2-9

单击“高级”标签选项卡，然后单击“管理密码”按钮，就可以管理存储在这台计算机上的所有密码。

2-11 MMC

1. 什么 MMC

MMC 是 Microsoft Management Control 的简称。可以使用 MMC 创建、保存或打开管理工具（称为 MMC 控制台）来管理硬件、软件和 Windows 系统的网络组件。MMC 可在各种 Windows 98/NT/2000/XP 操作系统上运行。

MMC 不执行管理功能，但集成管理工具，可以添加到控制台的主要工具类型称为管理单元，其他可添加的项目包括 ActiveX 控件、指向网页的链接、文件夹、任务板视图和任务。

2. MMC 控制台有哪些组成部分

新建的 MMC 控制台由分成两个窗格的窗口组成，如图 2-10 所示。左边窗格显示控制台树。控制台树显示给定控制台中可以使用的项目。右边的窗格包括细节窗格。细节窗格列出这些项目的信息和有关功能。随着单击控制台树的不同项目，细节窗格中的信息也将变化。细节窗格可以显示不同信息，包括网页、图形、图表和列等。

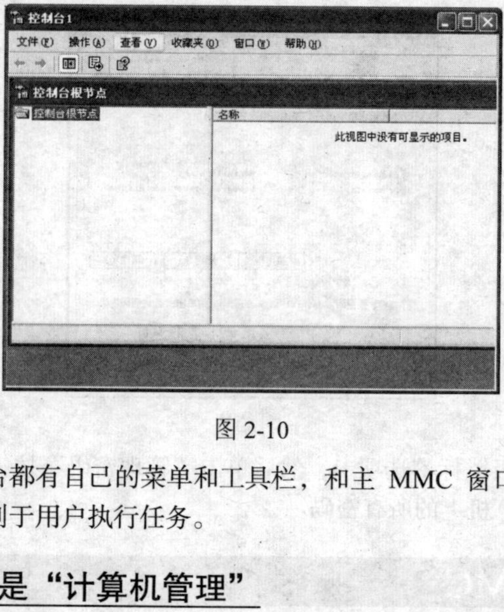

图 2-10

每个控制台都有自己的菜单和工具栏，和主 MMC 窗口的菜单和工具栏分开，这有利于用户执行任务。

3. 什么是“计算机管理”

“计算机管理”具有与“Windows 资源管理器”相似的双窗格视图。控制台树在左窗格，结果或详细信息在右窗格。当从控制台树中选择项目时，关于该项目的信息将显示在细节窗格中。该信息可能包括选定项目可用的内容、数据或子工具的详细信息。例如，单击“系统工具”的“共享文件夹”下的“会话”，可以查看目标计算机上当前用户会话（如果存在）的信息。

控制台树包含下面三个项目：系统工具、存储以及服务和应用程序。

4. 什么是组策略

只有管理员才可使用组策略来限制或允许访问指定管理单元，或者限制用户或组在 MMC 中使用作者模式的能力。这适用于已配置组策略的网络中。

要设置特定计算机的用户策略，必须是该计算机的管理员或有相等的权力。要设置域中组织单元的策略，必须是该域的管理员或有相等的权力。不能使用该版本的 MMC 来创建计算机策略，只能创建用户策略。

5. 如何打开计算机管理窗口

在“运行”对话框中输入 compmgmt.msc 后，按 Enter 键，就可以进入“计算机管理”窗口了，如图 2-11 所示。

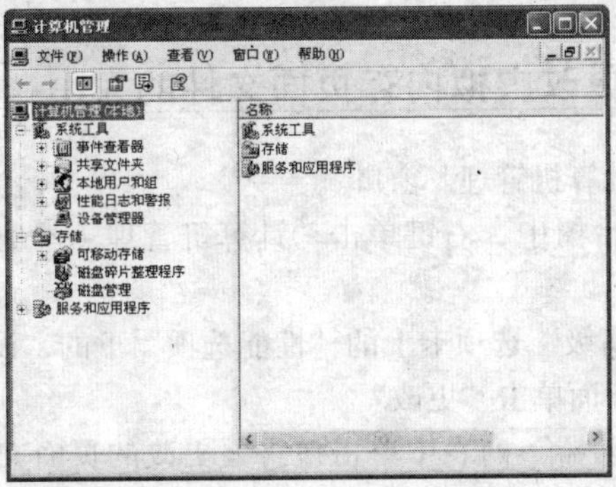

图 2-11

6. 什么是“系统工具”

“系统工具”是“计算机管理”控制台树中的第一个项目。可以使用默认工具（事件查看器、共享文件夹、本地用户和组、性能日志、警报以及设备管理器）管理目标计算机上的系统事件和性能。

7. 什么是“存储”

“存储”是“计算机管理”控制台树中的第二个项目。它显示在你所管理的计算机上安装的存储设备。可以使用默认工具（可移动存储、磁盘碎片整理程序和磁盘管理）管理存储设备的属性。

8. 什么是"服务和应用程序"

"服务和应用程序"是"计算机管理"控制台树中的第三个项目。它包含几个默认工具，帮助你管理目标计算机上的服务和应用程序。例如，可以使用"服务"查看和管理"即插即用"服务的属性。

9. 如何连接到其他计算机

（1）打开"计算机管理"窗口。

（2）在控制台树中，右键单击"计算机管理"，在打开的此单中单击"连接其他计算机"。

（3）在打开的"选择计算机"对话框中单击"其他计算机"，然后选择要管理的计算机即可。

10. 如何更改虚拟内存页面文件的大小

（1）打开"计算机管理"窗口。

（2）在控制台树中，右键单击"计算机管理（本地）"，然后单击"属性"。

（3）单击"高级"选项卡上的"性能选项"下的"设置"按钮，然后在"虚拟内存"下面单击"更改"。

（4）在"驱动器"列表中单击包含要更改的页面文件的驱动器；在"所选驱动器的页面文件大小"下面的"初始大小 (MB)"或"最大值 (MB)"框中以兆字节为单位输入新的页面文件大小，然后单击"设置"按钮。

提示!!

> 如果减少页面文件设置的最小值或最大值，则必须重新启动计算机来查看改动效果。增大通常不要求重新启动计算机。

11. 如何更改前台或后台程序的性能

（1）打开"计算机管理"窗口。

（2）在控制台树中，右键单击"计算机管理（本地）"，然后单击"属性”。

（3）单击“高级”选项卡上的“性能选项”下的“设置”按钮，然后在“应用程序响应”下，执行下面的一项操作：

①单击“应用程序”，对前台程序分配比后台程序更多的处理器资源。

②单击“后台服务”，对所有程序都分配相同数量的处理器资源。

12. 如何查看系统属性

（1）打开“计算机管理”窗口。

（2）在控制台树中，右键单击“计算机管理（本地）”，然后单击“属性”即可。

13. 如何添加或更改环境变量值

（1）打开“计算机管理”窗口。

（2）在控制台树中，右键单击“计算机管理（本地）”，然后选择“属性”。

（3）单击“高级”选项卡上的“环境变量”下的“设置”按钮。

（4）在打开的“环境变量”对话框的“用户变量”列表中选择用户，然后单击要更改或删除的用户或系统变量的名称，再执行如下操作：

①单击“新建”以添加新的变量名称和数值。

②单击“编辑”以更改当前变量的名称和数值。

③单击“删除”以删除变量。

（5）最后单击“确定”按钮，关闭打开的对话框。

14. 如何指定启动的默认操作系统

（1）打开“计算机管理”窗口。

（2）在控制台树中，右键单击“计算机管理（本地）”，然后单击“属性”。

（3）在“高级”选项卡上，单击“启动和故障恢复”下的“设置”按钮。

（4）如果没有从启动期间显示的列表中选择的话，那么在打开的“启动和故障恢复”对话框的“系统启动”下面的“默认操作系统”列表中，单击需要启动的操作系统；在“显示操作系统列表”框中，输入自动启动默认操作系统之前显示列表的秒数。

（5）最后单击“确定”按钮，关闭打开的对话框。

15. 指定系统意外停止时将会发生的情况

（1）打开“计算机管理”窗口。

（2）在控制台树中，右键单击“计算机管理（本地）”，然后单击“属性”。

（3）在“高级”选项卡上，单击“启动和故障恢复”下的“设置”按钮。

（4）在打开的对话框的“系统故障”中选择发生 STOP 错误时 Windows 将执行下述的哪些操作：

①将事件写入系统日志。

②发出系统管理级警报，。

③自动重新启动。

④写入调试信息。在该选项下选择当系统意外停止时 Windows 应记录何种类型的信息。

小内存转储：记录最小的有助于识别该问题的有用信息集。选择该选项后，每当系统意外停止时，Windows 都会创建新文件（大小为 64 KB）。这些文件的历史记录列在“小内存转储”下。

内核内存转储：仅记录内核内存，当系统意外停止时，该操作可以加速日志中信息的记录过程（与“完全内存转储”相比较）。对于“内核内存转储”，页面文件所需的可用空间量取决于计算机的随机存取内存 (RAM) 的大小（对于“内核内存转储”，其所需的可用空间量最大值为 2060 MB）。下表提供了这方面的原则：

RAM 大小	页面文件应不小于
256MB~1373MB	RAM 大小的 1.5 倍
1374 MB 或更大	2060 MB（内核内存转储中的最大数据量）

完全内存转储：在具有 4GB RAM 或使用物理地址扩展 (PAE) 的系统上不可用。系统意外停止时，完全内存转储记录系统内存的全部内容。如果选中了该选项，则必须使启动卷上的页面文件足够大，以便容纳所有的物理 RAM，另外附加 1 MB 的空间。

16. 如何执行远程关闭

（1）打开“计算机管理”窗口。

（2）在控制台树中，右键单击“计算机管理（本地）”，然后单击“连接到另一台计算机”。

（3）在“选择计算机”对话框中，单击“另一台计算机”，输入要重新启动或关闭的计算机的名称，然后单机“确定”。也可以单击“浏览”来查找计算机的名称。

（4）在控制台树中，右键单击“计算机管理（远程计算机名称）”，然后单击“属性”。

（5）在“高级”选项卡上，单击“启动和故障恢复”。

（6）单击“关闭”按钮以打开“关闭”对话框。

（7）在“操作”下，选择要在连接的计算机上执行的操作。

（8）在“强制应用程序关闭”下，选择当关闭或重新启动计算机时在哪些情况下要强制应用程序关闭，然后单击“确定”。

17. 如何查看计算机的网络标志

（1）打开“计算机管理”窗口。

（2）在控制台树中，右键单击“计算机管理（本地）”，然后单击“属性”。

（3）单击“网络标志”选项卡。该选项卡显示计算机名、所属的工作组或域以及对计算机的简短说明。

18. 什么是设备管理器

“设备管理器”为你提供计算机中所安装硬件的图形显示。你可以使用设备管理器来更新硬件设备的驱动程序（或软件）、修改硬件设置和解答疑难问题。

19. 如何查看设备和资源设置

（1）打开“计算机管理”窗口。

（2）单击“设备管理器”。

（3）在“查看”菜单上，单击下列选项之一：

选项	说　明
依类型排序设备	按已安装设备的类型显示设备，例如监视器或鼠标。连接名在类型下方列出。这是默认的显示方式
依连接排序设备	按照计算机中设备的连接方式来显示设备。每个设备都列在该设备所连硬件的下面。例如，如果列出小型计算机系统接口 (SCSI) 卡，那么连接到 SCSI 卡的设备将被列在其下方
依类型排序资源	按照使用这些资源的设备类型来显示所有已分配资源的状态。这些资源是：直接内存访问 (DMA) 信道、输入/输出端口（I/O 端口）、中断请求 (IRQ) 和内存地址
依连接排序资源	按照连接类型显示所有已分配资源的状态。这些资源是：DMA 信道、I/O 端口、RQ 和内存地址

20. 如何查看设备状态

（1）打开“计算机管理”窗口。

（2）单击打开“设备管理器”，然后双击要查看的设备类型。

（3）右键单击指定设备，在打开的菜单中单击“属性”。

（4）在打开的对话框的“常规”选项卡上的“设备状态”便是该设备状态的描述。

21. 如何查看 USB 集线器的电源分配

（1）打开“计算机管理”窗口。

（2）单击打开“设备管理器”，然后双击“通用串行总线控制器”。

（3）右键单击“USB Root Hub”，然后单击“属性”。

（4）在“电源”选项卡上，就能够查看“连接的设备”列表中每台设备消耗的电能。

22. 如何查看 USB 主控制器的带宽分配

（1）打开“计算机管理”窗口。

（2）单击打开“设备管理器”，然后双击“通用串行总线控制器”。

（3）右键单击系统的“USB 通用主控制器”，然后单击“属性”。

（4）在“高级”选项卡上，在“带宽消耗设备”列表中，就能够查看每台设备消耗的带宽。

23. 如何打印有关特定设备的信息

（1）打开“计算机管理”窗口。

（2）单击打开“设备管理器”，然后双击要打印信息的设备类型，再单击特定的设备将其选定。

（3）接下来单击“操作”菜单上的“打印”。

（4）在“打印”对话框的“报告类型”下，单击“所选类别或设备”。

也可从该对话框打印其他类型的报告。下列表格描述了可以打印的报告类型。

表 2-1

选项	说　明
系统摘要	打印计算机上已安装的设备摘要，或打印正在管理的远程计算机上的设备摘要。摘要包括产品的版本号、总线类型、注册的所有者和资源信息，例如中断请求 (IRQ) 的使用或输入/输出 (I/O) 端口的使用
所选类别或设备	打印选定设备或硬件类型的报告。该报告包括设备名称、设备驱动程序的位置、版本和制造商信息以及分配给该设备的资源，例如 I/O 端口和内存地址
所有设备和系统摘要	打印计算机上安装的每种设备或硬件类型的报告以及系统摘要。如果系统上安装了许多设备，该文档可能很大

24. 如何启用设备

（1）打开“计算机管理”窗口。

（2）单击打开“设备管理器”，然后双击要启用的设备类型。

（3）右键单击所需的特定设备，然后单击“启用”即可。

（4）最后单击“确定”按钮即可。

25. 如何禁用设备

（1）打开“计算机管理”窗口。

（2）单击打开“设备管理器”，然后双击要禁用的设备类型。

（3）右键单击所需禁用的特定设备，然后单击“禁用”即可。

（4）最后单击“确定”按钮即可。

26. 如何更改设备的资源设置

（1）打开“计算机管理”窗口。

（2）单击打开“设备管理器”，然后双击要更改的设备类型。

（3）双击待更改的指定设备。如果设备包含可更改的资源设置，则对话框中将出现“资源”选项卡。

（4）单击“资源”选项卡，然后清除“使用自动设置”复选框。只有选定非即插即用设备时该复选框才可用。

①在“设置基于”中，单击要更改的硬件配置。

②在“资源设置”的“资源类型”下面，单击要更改的资源。直接内存访问 (DMA)、中断请求 (IRQ)、输入/输出 (I/O) 端口或内存地址。

③单击“更改设置”，然后为资源类型输入一个新值。

④根据需要重复此操作。

（5）最后单击“确定”按钮即可。

27. 如何更改网卡设置

（1）打开“计算机管理”窗口。

（2）单击打开“设备管理器”，然后双击“网络适配器”。

（3）右键单击要更改设置的网络适配器，然后单击“属性”。

（4）在“高级”选项卡上进行所需的更改即可。

（5）最后单击“确定”按钮即可。

28. 如何更改端口设置

（1）打开“计算机管理”窗口。

（2）单击打开“设备管理器”，然后双击“端口（COM 和 LPT）”。

（3）右键单击要更改设置的端口，然后单击“属性”。

（4）在“端口设置”选项卡上进行所需的更改。

（5）最后单击“确定”按钮即可。

29. 如何更改 PS/2 鼠标设置

（1）打开“计算机管理”窗口。

（2）单击打开“设备管理器”，然后双击“鼠标和其他指针设备”。

（3）右键单击“PS/2 兼容鼠标”，然后单击“属性”。

（4）在“高级设置”选项卡上进行所需更改。

（5）最后单击“确定”按钮即可。

30. 如何更改 IDE 控制器设置

（1）打开“计算机管理”窗口。

（2）单击打开“设备管理器”，然后双击“IDE ATA/ATAPI 控制器”，右键单击要更改高级设置的集成设备、电子 (IDE) 设备，然后单击“属性”按钮。

（3）在“高级设置”选项卡上，进行必要的设置，然后单击“确定”按钮。

31. 如何更改 DVD 驱动器的区域设置

（1）打开“计算机管理”窗口。

（2）单击打开“设备管理器”，然后双击“DVD/CD-ROM 驱动器”，右键单击要更改区域设置的 DVD 驱动器，然后单击“属性”。

（3）在“DVD 区域”选项卡上进行所需的更改。

（4）最后单击“确定”按钮即可。

提示!!

由于许多软件解码器在工作时需要“直接内存访问 (DMA)”，因此应该检查集成设备电路 (IDE) ATA/ATAP 控制器的设置，以确保在“传送模式”中选取“DMA (若可用)”。如果可用，还需要检查“辅助 IDE 通道”的设置。

32. 如何更改 ISDN 适配器设置

（1）打开“计算机管理”窗口。

（2）单击打开“设备管理器”，然后双击“网络适配器”，右键单击要更改设置的综合业务数字网(ISDN) 适配器卡，然后单击“属性”。

（3）在“ISDN”选项卡的“选择交换类型或 D 通道协议”列表中，单击交换类型或 D 通道协议，然后单击“配置”，在此进行所需的更改。

（4）最后单击“确定”按钮即可。

33. 如何更改设备的电源管理设置

（1）打开“计算机管理”窗口。

（2）单击打开“设备管理器”，然后双击要更改电源管理设置的设备类型。

（3）右键单击指定设备，然后单击“属性”。

（4）在“电源管理”选项卡中，更改电源管理设置。

（5）最后单击“确定”按钮即可。

34. 如何启用或禁用数字 CD 音频

（1）打开“计算机管理”窗口。

（2）单击打开“设备管理器”，然后双击“DVD/CD-ROM 驱动器”，右键单击 CD-ROM 驱动器，再单击“属性”。

（3）在“属性”选项卡上，选中或清除“为此 CD-ROM 设备启用数字 CD 音频”复选框。

提示!!

> 此复选框允许某些 CD-ROM 驱动器以数字化方式从音频 CD 中读取音频数据，然后将数据发送到声卡或一对通用串行总线 (USB) 扬声器。如果有 USB 扬声器，可以欣赏 CD。

（4）最后单击“确定”按钮即可。

35. 如何配置多媒体设备

（1）打开“计算机管理”窗口。

（2）单击打开“设备管理器”，然后双击“声音、视频和游戏控制器”。

（3）右键单击要配置的连接，然后单击“属性”。

（4）在“属性”选项卡上找到设备类型，然后双击该类型，更改设备的配置。

（5）最后单击“确定”按钮即可。

36. 如何从单处理器升级为多处理器

（1）打开“计算机管理”窗口。

（2）单击打开“设备管理器”，然后双击“计算机”。

（3）右键单击计算机型号，然后单击“属性”。

（4）在“驱动程序”选项卡上，单击“更新驱动程序”。这将启动“硬件更新向导”。

（5）单击“从列表或指定位置安装”，然后单击“下一步”。

（6）单击“请选择搜索和安装选项”页中的“不查找。我将选择要安装的驱动程序”，然后单击“下一步”。

（7）在“选择设备驱动程序”页中，单击“型号”列表中相应的计算机类型。

（8）连续两次单击“下一步”，然后单击“完成”。

37. 如何卸除设备

（1）打开“计算机管理”窗口。

（2）单击打开“设备管理器”，然后双击要卸载的设备类型。

（3）右键单击要卸载的特定设备，然后单击“属性”按钮。

（4）在“确认设备删除”对话框中，单击“确定”按钮。

（5）卸载设备完成后，请关闭计算机，然后将设备从计算机中移除。

> **提示!!**
>
> ①通常不要使用设备管理器来卸载即插即用设备。只要断开即插即用设备同计算机的连接即可。可能需要重新启动计算机。
>
> ②卸除设备不会从计算机的硬盘驱动器中删除设备驱动程序。

38. 如何重新安装即插即用设备

（1）打开“计算机管理”窗口。

（2）单击打开“设备管理器”，然后双击要重新安装的驱动器类型。

（3）右键单击所需的特定设备，然后单击“卸载”按钮。

（4）在“确认设备删除”对话框中，单击“确定”按钮。

（5）要重新安装设备，可单击“操作”菜单上的“扫描硬件更改”。

（6）接下来按照屏幕上的提示进行操作即可。

39. 如何更新或更改设备驱动程序

（1）打开“计算机管理”窗口。

（2）单击打开“设备管理器”，然后双击要更新和更改的设备类型。

（3）右键单击要更新或更改的特定设备驱动器，然后单击“更新驱动程序”以打开“硬件更新向导”。接下来按照安装向导的提示进行操作即可。

40. 如何查看有关设备驱动程序的信息

（1）打开“计算机管理”窗口。

（2）单击打开“设备管理器”，然后双击要查看的设备类型。

（3）右键单击指定设备，然后单击“属性”。

（4）在“驱动程序”选项卡上，单击“驱动程序详细信息”，此时就可以看到该设备驱动程序的信息了。

41. 如何启动或停止非即插即用驱动程序

（1）打开“计算机管理”窗口。

（2）单击打开“设备管理器”，然后单击“查看”菜单，再单击“显示隐藏的设备”。

（3）双击“非即插即用驱动程序”，右键单击驱动程序，然后单击“属性”。

（4）在“驱动程序”选项卡上，单击“启动”或“停止”以启动或停止驱动程序协议，再单击“确定”按钮。

42. 如何初始化新磁盘

（1）打开“计算机管理”窗口。

（2）在控制台树中单击“磁盘管理”。

（3）右键单击要初始化的磁盘，然后单击“初始化磁盘”。

（4）在“初始化磁盘”中，选择要初始化的磁盘。

提示!!

如果运行 Windows XP 64-Bit Edition，可以选择使用主启动记录 (MBR) 或 GUID 分区表 (GPT) 分区形式。

这样磁盘就被初始化为基本磁盘。

43. 如何查看磁盘属性

（1）打开“计算机管理”窗口。

（2）在控制台树中单击“磁盘管理”，然后右键单击要初始化的磁盘，然后单击“属性”。

（3）在打开的对话框的“常规”选项卡中就可以查看磁盘属性了。

44. 如何更新磁盘信息

（1）打开“计算机管理”窗口。

（2）在“操作”菜单上，单击“重新扫描磁盘”。

45. 如何重新激活丢失或脱机的动态磁盘

（1）打开“计算机管理”窗口。

（2）在控制台树中单击“磁盘管理”，然后在控制台树中单击“磁盘管理”。

（3）右键单击标有“丢失”或“脱机”的磁盘，然后单击“重新激活磁盘”。

（4）重新激活磁盘之后，应当将其标记为“联机”。

46. 如何指派、更改或删除驱动器号

（1）打开“计算机管理”窗口。

（2）在控制台树中单击“磁盘管理”。

（3）右键单击分区、逻辑驱动器或卷，然后单击“更改驱动器号和路径”。

（4）执行以下任一操作：

①要指派驱动器号，请单击“添加”，单击要使用的驱动器号，然后单

击“确定”。

②要修改驱动器号，请依次单击该驱动器号、“更改”按钮和要使用的驱动器号，然后单击“确定”。

③要删除驱动器号，请单击该驱动器号，然后单击“删除”。

提示!!

①指派驱动器号时要十分小心，因为许多 MS-DOS 程序和 Windows 程序都要引用特定的驱动器号。例如，Path 环境变量显示与程序名称关联的特定驱动器号。

②必须以管理员或 Administrators 组成员身份登录才能完成该过程。如果计算机与网络连接，则网络策略设置也可以阻止你完成此步骤。

③每台计算机最多可以使用 26 个驱动器号。驱动器号 A 和 B 是为软盘驱动器保留的，但是如果计算机没有软盘驱动器，则可将它们指派给可移动驱动器。计算机的硬盘驱动器接收的驱动器号为 C 到 Z，而指派给映射网络驱动器的驱动器号则与之相反（Z 到 B）。

④不能更改系统卷或引导卷的驱动器号。

⑤如果要对卷、CD-ROM 驱动器或其他可移动媒体设备指派驱动器号，屏幕上出现错误消息，这可能是由于系统中的某个程序正在使用。如果发生这种情况，请关闭正在访问该驱动器或卷的程序，然后再次单击“更改驱动器号和路径”命令。

⑥Windows 2000 和 Windows XP 允许静态指派卷、分区以及 CD-ROM 驱动器上的驱动器号。这意味着可以把某个驱动器号永久地指派给特定分区、卷或 CD-ROM 驱动器。把新硬盘添加到现有的计算机系统时，不会影响静态指派的驱动器号。

47. 如何将基本磁盘转化为动态磁盘

（1）打开“计算机管理”窗口。

（2）在控制台树中单击“磁盘管理”，然后在控制台树中单击“磁盘管理”。

（3）右键单击需要转化的基本磁盘，然后单击“转化为动态磁盘”，接着按照屏幕上的提示进行操作。

提示!!

如果没有看到本菜单项，可能是右键单击了卷而不是磁盘，且磁盘可能以前已转化为动态磁盘，或者该计算机是便携机。便携式计算机，可移动磁盘，使用通用串行总线 (USB) 或 IEEE 1394（也称为“火线”）接口的可分离磁盘，以及连接到共享 SCSI 总线的磁盘并不支持动态磁盘。此外，不能将已连接到共享 SCSI 或光纤通道总线的群集磁盘转化为动态磁盘，因为群集服务只支持基本磁盘。

48. 如何将动态磁盘改为基本磁盘

（1）备份或移动要从动态磁盘转化为基本磁盘的磁盘上的所有卷。

（2）打开“计算机管理”窗口。

（3）在控制台树中单击“磁盘管理”，然后在控制台树中单击“磁盘管理”。

（4）右键单击要转化为基本磁盘的动态磁盘，然后对磁盘上的每个卷，单击“删除卷”。

（5）删除磁盘上各个卷后，右键单击该磁盘，然后单击“转化为基本磁盘”。

49. 如何管理远程计算机上的磁盘

（1）打开“计算机管理”窗口。

（2）在控制台树中，右键单击“计算机管理（本地）”，然后单击“连接到另一台计算机”。

（3）在打开的“另一台计算机”中，输入要远程管理的计算机的名称即可。

50. 如何创建分区或逻辑驱动器

（1）打开“计算机管理”窗口。

（2）在控制台树中单击“磁盘管理”。

（3）右键单击基本磁盘的未分配区域，然后单击“新建分区”，或者右键单击扩展分区中的可用空间，然后单击“新建逻辑驱动器”。

（4）在“新建分区向导”中，依次单击“下一步”、“主分区”、“扩展分区”或“逻辑驱动器”，然后按照屏幕上的提示进行操作。

51. 如何删除分区或逻辑驱动器

（1）打开“计算机管理”窗口。

（2）在控制台树中单击“磁盘管理”。

（3）右键单击要删除的分区，逻辑驱动器或卷，然后单击“删除分区”。

提示!!

①删除分区后，所删除分区或逻辑驱动器上的所有数据都将丢失。

②不能恢复已删除的分区或逻辑驱动器。

52. 如何开始、停止、暂停、恢复或重新启动服务

（1）打开“计算机管理”窗口。

（2）双击打开“服务和应用程序”，再单击“服务”。

（3）在右边的详细信息窗格中，执行以下操作之一：

①选择要执行操作的服务，然后在“操作”菜单上，单击“开始”、“停止”、“暂停”、“恢复”或“重新启动”。

②右键单击要执行操作的服务，然后单击“开始”、“停止”、“暂停”、“恢复”或“重新启动”。

53. 什么是“服务”

服务是一种应用程序类型，它在后台运行，与 UNIX 后台应用程序类似。服务应用程序通常可以在本地和通过网络为用户提供一些功能，例如客户端/服务器应用程序、Web 服务器、数据库服务器以及其他基于服务器的应用程序。

使用服务可以：

（1）启动、停止、暂停、恢复或禁用远程和本地计算机上的服务。要启动、停止、暂停、重新启动或禁用服务，必须拥有适当的权限。

（2）管理本地和远程计算机（只在运行 Windows XP、Windows 2000

或 Windows NT 4.0 的远程计算机）上的服务。

（3）设置服务失败时的故障恢复操作，例如，重新自动启动服务或重新启动计算机（仅在运行 Windows XP 或 Windows 2000 的计算机上）。

（4）为特定的硬件配置文件启用或禁用服务。

（5）查看每个服务的状态和描述。

54. 如何选择将运行服务的账户

（1）打开“计算机管理”窗口。

（2）双击打开“服务和应用程序”，再单击“服务”。

（3）右键单击要分配给用户或组账户的服务，然后单击“属性”。

（4）单击“登录”选项卡，然后执行下述操作之一：

①要指定服务使用 LocalSystem 账户，请单击“本地系统账户”。

②要指定服务使用 LocalService 账户，请单击“本账户”，然后输入 NT AUTHORITY\LocalService。

③要指定服务使用 NetworkService 账户，请单击“本账户”，然后输入 NT AUTHORITY\NetworkService。

④要指定另一个账户，请依次单击“本账户”、“浏览”，然后在“选择用户”对话框中指定用户账户。

完成操作后，单击“确定”。

（5）在“密码”和“确认密码”框中输入用户账户的密码，然后单击“确定”。

提示!!

更改默认服务设置可能导致关键服务无法正确运行。更改配置为自动启动的服务的“启动类型”和“登录为”设置时，使用警告非常重要。

55. 如何为硬件配置文件启用或禁用服务

（1）打开“计算机管理”窗口。

（2）双击打开“服务和应用程序”，再单击“服务”。

（3）右键单击要启用或禁用的服务，然后单击“属性”。

（4）在“登录”选项卡上，单击要配置的硬件配置文件。

（5）单击“启用”或“禁用”，然后单击“确定”。

56. 如何设置当服务失败时将执行故障恢复操作

（1）打开“计算机管理”窗口。

（2）双击打开“服务和应用程序”，再单击“服务”。

（3）右键单击要设置故障恢复操作的服务，然后单击“属性”。

（4）在“故障恢复”选项卡的“第一次失败”、“第二次失败”和“后续失败”中分别单击所希望的操作，然后单击“确定”。

57. 如何查看服务的依存关系

（1）打开“计算机管理”窗口。

（2）双击打开“服务和应用程序”，再单击“服务”。

（3）右键单击要查看的服务，然后单击“属性”。

（4）单击“依存关系”选项卡，在此就可以查看所选服务与系统组件的相互依存关系。

第 3 章

DOS 基础

DOS/Windows 命令速查 1000——→本章内容

3-1 DOS到底是什么

1. DOS是什么

DOS是Disk Operating System的英文缩写，是磁盘操作系统的意思。它在PC电脑的发展过程中占有非常重要的作用，曾几乎一统天下，在世界上有众多的使用者与爱好者。DOS有很多版本也有很多种，其中最常用的是MS-DOS。最实用的是MS-DOS 7.10，MS-DOS的最高版本是8.0（它可以用来运行Windows 9x或ME），最自由开放的则是FreeDOS。

2. 你了解DOS的历史吗

MS-DOS 1.0 发行于1981年，作为IBM PC的操作系统，支持16KB内存及160KB的5.25英寸软盘。

MS-DOS 1.1 更正了1.0版中的许多问题，它支持320KB的5.25英寸软盘。

MS-DOS 2.0 于1983随IBM XT一起发行，它增加了许多命令，并支持5MB硬盘。

MS-DOS 2.1 在2.0的基础上增加了少许功能。

MS-DOS 3.0 增加了对新的IBM AT硬件以及部分局域网功能的支持。

MS-DOS 3.1 增加了更多局域网功能支持。

MS-DOS 3.2 支持720KB的5.25英寸软盘。

MS-DOS 3.3 支持新的IBM PS/2设备以及1.44MB的3.5英寸软盘，并支持其他语言的字符集。

MS-DOS 4.0 增加了DOSSHELL操作环境，并且有一些其他增强功能及更新。

MS-DOS 5.0 于1991年发行，新增了很好的内存管理和宏功能，增强了DOSSHELL。

MS-DOS 6.x 大量增加图形界面程序（如SCANDISK，DEFRAG，MSBACKUP等），它增加了对586计算机，磁盘压缩等功能的支持，增强了对Windows的支持。

MS-DOS 7.0 增加了长文件名，LBA大硬盘等功能，增强了对新版Windows的支持，并加强了一些命令。

MS-DOS 7.1 全面支持FAT32分区、大硬盘、大内存等，并更新了一些功能，如四位年份的支持等，它是目前最实用的 DOS 版本。

3. DOS 有哪些种类

DOS 有许多种，除 MS-DOS 以外，还有 PC-DOS、ROM-DOS、DR-DOS、FreeDOS 等，但是由于受到 Microsoft 公司的挤压，故使用的人数不多，而大多数用户都在使用 MS-DOS。由于 Microsoft 开始放弃自己的 MS-DOS，而转以开发 Windows，引起了广大 DOS 使用者和爱好者的不满。而且，许多人通常所使用的 Windows 9x 像 SEAL、Windows 3.x 等一样，都只是 DOS 下的 32 位保护模式的 GUI 程序，它只能在 DOS 下才能运行。Windows 3.x/9x 作为 DOS 下的 GUI 程序，扩展和丰富了 DOS 世界。由此可见 DOS 的功能是非常强大的，以及 DOS 软件拥有巨大的开发潜能，因为像 Windows 那样强大的 DOS 增强程序都可以编出来。

4. 现在 DOS 还有用吗

DOS 是辉煌多时的操作系统，尽管现在 Windows 大放光彩，但 DOS 依然在发展；而 DOS 也有其强大的功能，有着其他操作系统尤其是 Windows 无法取代的特殊作用。

5. 为什么要用 DOS

（1）系统出现问题，用安全模式也不能进入 Windows 的时候，也要靠 DOS 引导系统进行维护修复。

（2）要成为一个合格的电脑 DIYer，就必须掌握一定程度的 DOS 操作。

6. 什么是汉字操作系统

汉字操作系统指的是 CC-DOS，它是英文 Chinese Character-Disk Operating System（汉字操作系统）的缩写，是原国家电子工业部六所在 PC-DOS 基础上，为 IBM-PC 及其兼容机开发出来的汉字操作系统。

任何一个操作系统都有它自己的版本号。版本号可以使用户了解所运行的操作系统是否是最新版本，以及当前各版本所支持的功能。

7. DOS 系统的组成

DOS 系统是由软盘或硬盘提供的一组重要程序组成的。DOS 系统的核心由三个启动模块和一个引导程序（Boot）组成。三个启动模块分别是输入输出模块（IO.SYS）、文件模块（MSDOS.SYS）和命令处理模块（COMMAND.COM）。引导程序的作用是在计算机启动时将两个隐含的 DOS 启动模块 IO.SYS 和 MSDOS.SYS 装入内存。

（1）IO.SYS 的主要作用是管理输入 / 输出设备。

（2）MS-DOS.SYS 的作用是对磁盘文件和系统资源进行管理。

（3）COMMAND.COM 是整个 DOS 系统最外层的模块，它的任务是对用户输入的命令进行解释并执行。

8. 什么是 DOS 系统的启动

要使用磁盘上的 DOS 系统，必须把 DOS 系统调入计算机的内存储器，这就称为 DOS 系统的启动。

除了在开机时需要启动 DOS 以外（这种启动，一般称为冷启动），在微机运行中，如果由于某种原因，微机运行处于“死循环”或其他“死机”情况，也需要重新启动 DOS（这种启动，一般称为热启动）。按 Ctrl 十 Alt 十 Del 组合键可重新启动 DOS。有的微机面板上配有一个 Reset 按钮，按该钮也可重新启动 DOS。

DOS 的启动可以分成从软盘（A 驱动器中）启动和从硬盘（也称为 C 盘）启动两种。对装有硬盘的微机，可通过对 CMOS 的修改，设定这两种途径的优先次序。如果设定的优先次序为“A:，C:”，则启动时先在驱动器 A 中查找有无 DOS 系统，有则从 A 盘启动，若无则从硬盘 C 中查找有无 DOS 系统；反之，若设定的优先次序为“C:，A:”，则启动时先从硬盘 C 中查找 DOS 系统，若无再从软盘 A 中查找。

在 DOS 文件中，还有两个重要文件，它们在同一启动盘的根目录中：

（1）config.sys 是系统配置文件。用户用它可以预先规定内存的安排等等，使系统的硬件更好地发挥作用。

（2）autoexec.bat 是系统规定的启动时自动执行的批处理文件。它可在用户进行键盘操作前自动执行一系列 DOS 命令（内部命令和外部命令），它可以设置系统环境变量、搜索路径、系统提示符、屏幕或打印机模式，还可以启动用户程序。

（3）以80286、80386、80486为CPU的各种微机的主机内部装有高能电池，在关机后，时钟能继续运行，在开机时能自动读出日期和时间。

【例1】用软盘启动DOS

（该盘上没有autoexec.bat文件）。

把启动盘插入A驱动器并关上门。

开机后屏幕上显示如下信息：

Current date is Wed ll-24-1993

Enter new date （mm-dd-yy）：

如果显示日期和当天日期有误差，则可输入正确值（按格式：月—日—年）后按回车键加以校正，否则直接按回车键即可。询问日期后，屏幕上显示如下信息：

Current time is 11:52:50.38a

Enter new time ：

可同日期操作一样处理询问时间的操作。

启动正常结束的标志是屏幕上出现DOS提示符A：\ >，这表示微机目前处于DOS系统的控制下，等待用户输入命令。字母“A”则表示“当前盘”是A盘。

在微机配备了一个以上的磁盘驱动器时，如A盘、B盘、C盘时，若要将某个盘设置为当前盘，则在命令提示符下输入如下命令后按Enter键。

d:（d：为盘符）

若要将当前盘从A盘转为C盘，则在命令提示符下输入如下命令后按Enter键。

A:\ > C：

屏幕显示：

C:\ >

【例2】用硬盘C启动DOS。

A驱动器门不要关。

开机后屏幕一般显示如下内容：

C:\ >

9. DOS 命令的重要意义

虽然 DOS 已经退出桌面操作系统的舞台，但是 DOS 命令仍然有着 Windows 无法替代的作用。我们可以通过 DOS 命令执行 Windows 下无法（或无法高效）完成的系统操作。

（1）用 DOS 命令执行 Windows 拒绝执行的操作

一些常用的程序无法在 Windows 下运行，但是很多操作又必须借助这些程序来完成，比如 Ghost 是大家常用的系统备份工具，但是如果要对系统盘进行备份，在 Windows 中是无法完成这个操作的。如果我们强行在 Windows 直接运行 Ghost.exe，系统就会弹出运行错误的提示，但是在 DOS 下，Ghost 就可以轻易完成这些操作，如图 3-1 所示。

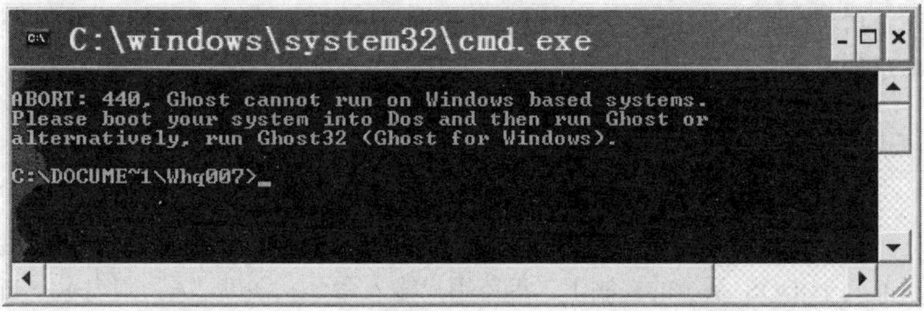

图 3-1

（2）用 DOS 命令执行 Windows 无法高效完成的操作

一些操作虽然在 Windows 下可以执行，不过工作效率却不高，而借助 DOS 则可以高效完成操作。比如要获取“c\mydocument”下的文件目录，只要在 DOS 下输入“dir c:\mydocument /s >g:\mulu.txt↙”（DOS 命令均不含外双引号，↙表示按下回车键，下同），这样就可以把上述文件夹下所有文件列出并输出到“g:\mulu.txt”这个文本文件中。

（3）用 DOS 命令执行 Windows 无法完成的操作

由于 Windows XP 是 32 位操作系统，一些 16 位 DOS 命令，在 Windows 下就无法运行。比如，一些经典 DOS 游戏，就只能在 DOS 下运行。此外，检查一些网络配置时，仅仅通过图形界面时无法完成操作的。比如，要查看本机网络配置状况，在 Windows XP 命令提示符下输入 ipconfig 并按 Enter 键后，即可轻易获取如网卡地址、本机 IP 等网络信息，但我们无法在一个图形界面获取这些信息。

3-2　文件和命令

1. DOS 文件是什么

文件是操作系统中最基本的概念之一，它指的是一些相关信息的集合。一个文件是一个整体，它可以存放到磁盘中，或者在被运用时，从磁盘读到内存中。文件作为一个整体，有自己的名字、一定的长度、被修改的最后日期等许多特有的附带的信息来把它与别的文件区别开来。

2. DOS 文件是如何命名的

要想在磁盘上找到一个文件，就应该告诉 DOS 这个文件的名字。在 DOS 中，文件名是由主文件名和扩展名组成的，这两部分之间必须用“·”隔开。

文件名由主文件名和扩展名两部分组成，扩展名通常也叫文件后缀，主文件名和扩展名之间用圆点“·”隔开,图 3-2 所示为文件名的格式。

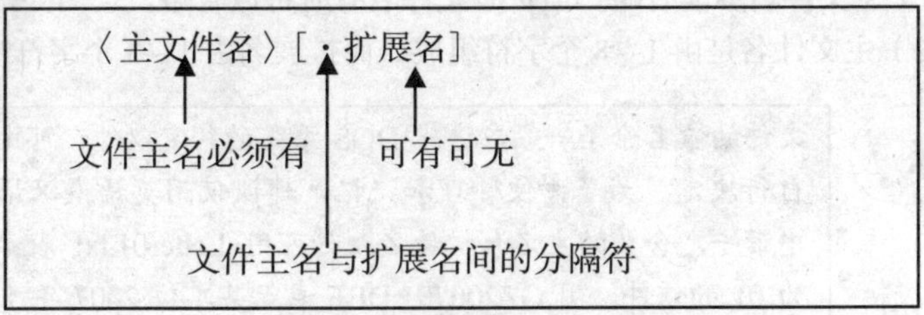

图 3-2

例如，用来启动 DOS 的磁盘都包括 COMMAND.COM 这个文件，其中，COMMAND 为主文件名，COM 为扩展文件名。

3. DOS 文件名中可使用哪些字符

DOS 规定，主文件名部分可用 1~8 个字符表示，扩展名至多用 3 个字符表示。

主文件名、扩展名可用字符如下：

（1）26 个英文字母 a ~ z 或其大写 A ~ Z，大小写字母等价，小写字母自动转换为大写字母。

（2）10 个阿拉伯数字 0 ~ 9。

（3）汉字。

（4）一些专用字符，如$、#、■、&、%、(、)、-、! 等等。

例如：play.Exe，aw16.exe，guanl.gas，Zgomp.dbf，Wang！% #，mei .bat，这些都是合乎 DOS 规定（合法）的文件名。

提示!!

主文件名不可引用如下字符:;:.，…″ ± × + −

下面举出一些非法的文件名，来说明取名中要避免的现象：

（1）Gu an. Gas——Gu 和 an 之间有空格，错误。

（2）Z80，CMP——文件名中不能有逗“，”，错误。

（3） COM——主文件名不能省略，错误。

4. DOS 文件名有何具体规定

在 DOS 中关于文件名有如下规定：

(1) 主文件名不能省略，但扩展文件名有时可以省略。

（2）主文件名是由 1 ~ 8 个字符组成，而扩展名由 1 ~ 3 个字符组成。

提示!!

文件的命名除了一般应遵守 DOS 系统的约定以外，可由用户自行决定。为了方便管理和记忆，建议使用英语或汉语拼音中带一定含义的主名和扩展名。如可用 Letter01.txt 表示序号为 01 的信件，用 GZ200701.DBF 表示某单位 2007 年 1 月份的工资数据库。

5. 什么是树状目录

一张磁盘初始化时就建立了目录，这个目录称为磁盘的根目录，我们可以把文件依次放在根目录中。

随着磁盘技术的发展，磁盘容量越来越大，一张磁盘容纳成百上千个文件不再是困难的事。但是，把大量文件放在根目录内，会带来两方面的问题：

一是 DOS 系统建立的根目录所能容纳的最大文件数是有限制的，360KB 磁盘的根目录至多容纳 112 个文件，1.2MB 和 1.44MB 磁盘则至多容纳 224 个文件；二是把大量文件集中在一个目录内显得杂乱无章，用户和 DOS 系统操作起来都不方便。

这就好像图书馆对图书的管理一样：如果对购进的书按购进的次序编号，就会给查找等工作带来诸多不便，所以图书馆把图书分成语文、数学、外语等大类，语文类又可再分成小学、中学等进行管理，它的形状好像一棵倒挂的树。

同样， DOS 系统采用了树状目录结构，即 DOS 系统不仅允许在目录中存放文件，而且允许在一个目录中建立它的下级目录，称为子目录；如果需要，用户可以在子目录中再建立该子目录的下级目录……这样在一个磁盘上，它的目录结构可能是由一个根目录和若干个子目录以及子目录的子目录等所构成的。

有了树状目录结构，我们常把同一应用系统的文件集中在一个子目录中，或者把同一个类型的文件集中在一个子目录中，或者为不同的用户设立不同的子目录，各人使用各自的子目录，互不干涉。

6. 什么是多义文件名和文件名通配符

一个文件名一般用以指定一个文件。在实际使用时，有时需要同时处理一批文件。例如，要一次复制好几个文件，或是列出一群相关的文件名称，我们可利用通配符“？”及“*”来处理，就可方便地达到目的。

（1）字符“？”：表示在该位置可以是任意一个字符。

（2）字符“*”：表示从它所在位置开始可以是任意字符串。

表 3-1 示为几个多义文件名及其所表示的文件实例。

表 3-1

多义文件名	表示的文件
*.DOC	test1.doc，test2.doc，test3.doc…
T*.*	test1.doc，test2.doc，temp1.dot，temp2.d，te1.6a…
?R*.*	program1.prg，program2.prg，graph.img，gra.img…
PRO*.*	program1.prg，program2.prg…
G??.*	gl.dbf，g.bas，gra.img…
GR？.*	gra.mg
TE？？1.*	te8t1.doc，temp1.dot
TEST？.*	t68t1.doc，t68t2.doc
*.??	te1.ba letter

7. 您知道有哪些特殊的文件扩展名吗

DOS 系统下的文件扩展名有些具有特殊的意义，有些可以由一些特定的软件自动生成，如表 3-2 示。

表 3-2

扩展名	特殊的定义（或特定软件产生）
COM	可执行的文件
EXE	可执行的文件
BAT	批处理文件
SYS	系统配置文件
BAK	备用文件，如字处理软件所保留的旧文件
BAS	BASIC 语言产生的程序文件
DBF	dBASE（或 FoxBASE）系统产生的数据库文件
PRG	dBASE（或 FoxBASE）系统产生的程序文件
DOC	WORD 字处理软件产生的文档文件
C	C 语言产生的程序文件
PSD	Photoshop 图形处理软件产生的文档文件
FLA	Flash 动画设计软件产生的文档文件
MAX	3ds Max 动画制作软件产生的文档文件
DWG	AutoCAD 图形绘制软件产生的文档文件
CDR	CorelDRAW 图形处理软件产生的文档文件

8. 什么是文件标识符

有了树状目录结构，在一个盘中要指明一个文件，不仅要给出该文件的文件名，还应给出该文件的路径——查找途径。当您要计算机工作时，您就要告诉计算机从何处去拿，然后放在何处，这就好像您寄信时在信封上写明收信人与写信人的地址，而不能光写姓名。DOS 中路径是指从根目录（或者当前目录）开始，到达指定的文件所经过的一组目录名，如果路径中的第一个符号是反斜杠（“\”），则其表示根目录。各个目录名之间也用反斜杠（“\”）相互分隔，

在一台微机上，往往安装几个驱动器，这样， DOS 在进行文件操作时要指明一个文件，必须给出如下三要素：盘符、路径、文件名，这三个要素组成了一个文件的文件标识符。文件标识符的一般形式为：

[盘符][路径]（文件名）

路径和文件名之间一般也用反斜杠（“ \ ”）分隔。

根据文件标识符的概念，不难理解：

（1）在同一个目录（即相同的路径）中，DOS 不允许两个文件同名。

（2）在不同的路径中，DOS 允许两个或更多文件同名。

这就好像同一大楼中不许两套房间采用同样编号，但允许在不同大楼中的两套房间采用相同的编号。

DOS 系统在建立子目录时把它作为一个特殊的文件来对待，因此要指明一个子目录也有三个要素：盘符、路径、子目录名。目录标识符的一般形式为：

[盘符][路径]（子目录名）

路径和子目录名之间一般也用反斜杠（“ \ ”）分隔。

在建立了树状目录的磁盘上，存在许多不同的目录，有根目录、一级子目录、二级子目录……其中有一个目录被称为当前目录（对文件来说，称为当前路径）。那么如何识别当前盘？当前目录呢？如果执行了 DOS 命令 PROMPT PG 后，提示符“ > ”前的一串字符中的第一个字母即为当前盘，冒号到提示符“ > ”前的一串字符即为当前目录。

9. DOS 文件分为几类

在 DOS 中文件分为两大类，即可执行文件和不可执行文件。这里的可否执行是指在 DOS 环境中而言，在 DOS 的提示符后输入可执行文件的文件名（扩展名可以省略）；该文件就被执行。而不可执行文件，如果进行这样的操作，系统应该给出错误信息：

Bad command or file name

例如，假设插在 A 驱中的一张盘上有 PE.EXE 和 PE.HLP 两个文件，前者可执行，后者不可执行。如果在 DOS 命令行下输入 PE.HLP 后按 Enter 键，则系统就会提示如下错误信息：

Bad command or file name

10. 如何辨别可执行文件

在 DOS 中，可执行文件可从它们的扩展名中辨别出来。DOS 只承认三种类型的可执行文件，它们的扩展名分别是：COM，EXE 和

BAT。

其中，扩展名为 BAT 的文件，叫做 DOS 批处理文件，它是由一系列 DOS 命令组成的，可以直接阅读，而另两类可执行文件都是由机器码组成的，不能直接阅读。

除三种可执行文件用固定的扩展名标志以外，还有一些用不可执行文件的扩展名也比较通用。例如，扩展名为 TXT 的文件是文本文件，可以直接阅读。在许多软件中，都包含一个 README.TXT 文件，README 的意思是“阅读我”，这里面写着关于以上软件的一些重要的信息，如果您会英文，可以把它打印出来看一看。多数软件中还有一个以 HLP 为扩展名的文件，例 PE 软件中有 PE.HLP 文件，PCSHELL 软件中有 PCSHELL.HLP 文件，它们也都是文本文件，可以阅读。

还有图形文件，用来存放图形，扩展名常为 DWG；BASIC 语言编的程序，扩展名为 BAS；存放数据的数据库文件，扩展名为 DBF 等等。

11. 什么是 DOS 命令

和文件一样，命令也是计算机运用中的一个普通的基本概念。简单地说，命令就是向机器输入一句话，告诉机器去做某件事情。在 DOS 操作系统和其他各种软件系统中，命令的使用都是在提示符后面输入一串字符，然后按 Enter 键确认。计算机接到这个命令之后，先以它能理解的“语法”去解释，如果命令“合法”，它就执行；如果不合法，它就会不懂，将显示出错误信息，请您重新输入。

这种使用命令的方式叫做“人机对话方式”。这种方式是最早的方式，也是现在应用最广泛的方式。

除此之外，还有“窗口菜单”的方式，在许多应用软件和新的操作系统中使用，如 Windows，这种方式不需要逐个输入字符，只要将光标移到需要的菜单项后确认即可，直观方便。

在 DOS 的高版本中有一个叫 DOSSHELL.EXE 的文件，运行这个文件，就可以用菜单方式进行一些较简单的 DOS 操作。

12. DOS 命令有哪几种

在 DOS 中，命令分为三种：

（1）内部命令。DATE、TIME、VER、DIR 等都是内部命令，它们不需要单独的程序来存放，而是它们共同存放在一个 COMMAND.COM 文件中。在 DOS 引导盘中，都有这个文件，DOS 一启动，它就被调入内存，于是所有的内部命令就都可以使用了。

（2）外部命令。外部命令都是各自由一个单独程序来储存的，例如：FORMAT.EXE 只有在命令被使用时才调入内存，并且在执行完毕后就从内存中删掉了。因此，执行外部命令时，先要找到有关文件。

（3）批处理命令。在 DOS 中，可以把多条命令集中在一起，放在一个文件中，这种文件就叫做批处理命令文件。这种文件的扩展名就是前面讲的 BAT。运行批处理命令，就是输入批处理命令文件的（主）文件名，再按 Enter 键。这样，包含在文件中的多条命令就可以连续执行而无需分别输入了。DOS 的可执行文件的运行方法，就是输入（主）文件名后按 Enter 键。这里可以看出，DOS 命令的使用实质上就是执行可执行文件。

3-3 DOS 中使用的功能键

1. DOS 的功能键包括哪些

（1）Enter（回车）键。每当在 DOS 提示符后输入了一行符号组成的 DOS 命令（或可执行文件名），都要按回车键，才能把这一行发送给计算机，才能开始解释和执行。没有按下回车键就不会起任何作用。

（2）Ctrl + Break 组合键。中断并取消当前的操作，它不是暂停，而是让操作中途结束。

（3）Ctrl + Enter 组合键。在输入某一命令时，可以按这两键的组合把光标移到下行，继续输入，系统将把两行的内容连在一起当成一个命令执行。因为 DOS 命令一般都不长，这个功能键不常用到。

（4）Ctrl+Num Lock 组合键。暂停系统操作，但不结束，可以按任一键继续。

（5）Pause 键和 Ctrl + Num Lock 组合键作用相同。

（6）Shift + Print Screen SysRq 组合键。把屏幕上现在显示的内容直接在打印机上打印出来。打印时屏幕显示状态和打印机状态应一致，打印时，计算机会暂停操作，等待打印完毕后再继续。

（7）Esc。在回车之前，按 Esc 键可以把这一行删掉，留下一个反斜杠（\）作为删除标志，光标移到下一行，您可以重新键入正确的一行。

（8）Ctrl+ Print Screen SysRq。把显示输出的信息输入到打印机上，这时打印机成了和显示器起同样作用的输出设备，所有在屏幕上应出现的信息，都会打印出来。但因为打印的速度比显示器显示要慢得多，这样会降低操作速度。再按一次这两个键的组合，可以恢复由显示器显示的状态，取消打印。

（9）退格键，英文是 Back space。退一格并消掉该位置上的字符。

2. DOS 的编辑键有哪些

DOS 的编辑键对输错的命令作修改，重新让系统执行。这个工作就叫“编辑”，相应的功能键叫做编辑键。这里“编辑”主要是对文字符号进行修改的意思。

（1）DEL。删除已输入内容中的一个字符，已输入内容中其余后续的内容向前进一位。

（2）INS。与 DEL 相反，按一下这个键，就可以插入新的字符，而已输入内容中从现在位置开始直到末尾的内容都向后推。

（3）F1 或→。从已输入内容内拷贝一个字符并显示出来。

（4）F2。拷贝所有字符到指定的某一字符为止。

（5）F3。从现在位置起向后拷贝所有字符。如果光标紧跟在提示符后，按 F3 就重复了上一行的内容。

（6）F4。跳过所有的字符直到一个指定的字符为止，和 F2 键作用相反。

（7）F5。接收一个被编辑行，以便能继续编辑。就是说用当前执行的内容存放模块替换原来内容，但不让系统执行（仍是回车前的状态）。

下面举一个例子来说明。例如上一行我们是这样输入的：

file not found

其中，文件名输入错了，应为 AUTOEXEC 少了一个字母“O”，系统没找到名为 AUTEXEC.BAT 的文件，给出了错误信息。现在我们要重新输入正确的命令，可以按住 F1 不抬起来，让它一个一个显示出上一行的字符，直到 T 停止：C > COPY A：AUT_

这一步也可用 F2 和 T 的组合来做到。

现在我们按一下 Ins，进入插入的状态，然后敲入一个字母“O”：

C＞COPY A：　AUTO

再按一下 F3 键，显示成为

C＞COPY A：　AUTOEXEC.BAT

这时就改好了，可以按 Enter 键让系统执行：

1 file（s）copied

灵活运用功能键和编辑键，对我们熟练方便地使用 DOS 很有帮助。

3-4　DOS 环境变量

1. 什么是环境

环境是 DOS 系统的变量存储区——一个高速暂存存储器，它保存于 RAM 中，是 DOS 系统保存重要信息以供批处理文件使用的场所。用户可以根据需要修正或改变它的信息。很多 DOS 参考书都忽略了它，但不管您知不知道，都在自觉或不自觉地使用着它。

2. 如何造访环境

造访环境有两种方法：

（1）通过 SET 命令来查看。SET 命令直观、方便，大多数 DOS 用户都喜欢使用它来设置和查看 DOS 环境。

（2）使用 DOS 系统的 DEBUG 命令来查看计算机的 RAM。

3. SET 命令有什么用

SET 命令可用于设置、修改和查看环境变量，输入无参数的 SET 命令可显示当前环境设置。这些设置一般包括 COMSPEC 和 PATH 环境变量，MS-DOS 用它们在磁盘上寻找程序。另外还有 PROMPT、DIRCMD、COPYCMD 等为 DOS 系统所使用的其他环境变量。这些环境变量大多在 AUTOEXEC.BAT 或 CONFIG.SYS 文件中用 SET 命令设置而生成。如下例：

C：\>SET COMSPEC=C：\COMMAND.COM

PROMPT=pg

PATH=C:\WINDOWS;C:\;C:\DOS;C:\FOXPRO25;C:\UCDOS;C:\GYPC;

C:\CCED;C:\HD;C:\SARP

TEMP=C:\DOS

4. DEBUG 命令有什么用

DEBUG 是 DOS 提供的调试程序的有力工具，利用它可以检验磁盘原始信息、查看内存单元、反汇编程序文件或生成新程序等等，然而 DEBUG 命令有一定的危险性，因此用户在使用过程中必须注意。

DOS 系统每运行一个程序都要生成一个 256 字节的内存块——程序段前缀 PSP(Program Segment Prefix)，它包含了一些比较重要的信息，如内存单元、矢量、命令行上输入的文件名、命令行本身(用户运行程序的命令行的拷贝)、各种保留缓冲器存储地点的信息。只要涉及环境，那些存储地点之一就会保存系统环境地址。

在 DEBUG 命令状态下查看环境，首先查看偏移量 2C 处的两个字节：

– D2CL2

1B41：0020　　90 09

数据 90 09 是在某系统上得到的计算机环境的段地址值(用户在操作时应以实际显示数为准)，把这两对数以相反的顺序，并在后面跟上偏移量 0，就能在 DEBUG 命令上显示系统环境。如下例：

– D0990：0

0990：0000　43 4F 4D 53 50 45 43 3D – 43 3A 5C 43 4F 4D 4D 41
COMSPEC=C：\COMMA

0990：0010　4E 44 2E 43 4F 4D 00 50 – 52 4F 4D 50 54 3D 24 70
ND.COM.PROMPT= $ p

0090：0020　24 67 00 50 41 54 48 3D – 43 3A 5C 57 49 4E 44 4F　$
g.PATH=C：\WINDO

0990：0030　57 53 3B 43 3A 5C 3B 43 – 3A 5C 44 4F 53 3B 43 3A
WS；C：\；C：\DOS；C：

0990：0040　5C 46 4F 58 50 52 4F 32 – 35 3B 43 3A 5C 55 43 44
\FOXPRO25；C：\UCD

0990：0050　4F 53 3B 43 3A 5C 47 59 – 50 43 3B 43 3A 5C 43 43
OS；C：\GYPC；C：\CC

0990：0060　45 44 3B 43 3A 5C 48 44 – 3B 43 3A 5C 53 41 52 50

ED；C：\HD；C：\SARP

0990：0070　00 54 45 4D 50 3D 43 3A－5C 44 4F 53 00 00 01 00 .TEMP=C：\DOS...

从上面所显示的环境可以看到，环境中的每项都被“空”字节 00 隔开，并且环境中的最后一项后面是两个空字符。

5. 什么是 COMSPEC 变量

COMSPEC 变量规定了 COMMAND.COM 文件的位置。通常，如果计算机由硬盘驱动器引导 COMSPEC 变量表示为：

COMSPEC=C：\COMMAND.COM

如果是从软盘驱动器引导的，则 COMSPEC 变量表示为：

COMSPEC=A：\COMMAND.COM

6. 如何使用 SET 命令改变 COMSPEC 的位置

使用 SET 命令能改变 COMSPEC 的位置，格式为：

SET COMSPEC=C：\DOS\COMMAND.COM

此命令在系统环境中把 COMSPEC 重新设置成 C 盘 DOS 目录中的 COMMAND.COM 文件，因为 COMMAND.COM 不需要在用户的根目录中。

7. 如何把 COMMAND.COM 放进其他子目录中

用户可以把 COMMAND.COM 放进其他子目录中，采用 CONFIG.SYS 的 SHELL 命令来完成这项工作。在计算机的启动过程中，CONFIG.SYS 是在 COMMAND.COM 装入之前运行的，用 SHELL 命令通知 DOS 系统 COMMAND.COM 在另一个目录中，则系统就到那个目录去找它。这有一个明显的优点，它保持了根目录的清洁。

另外，为保证系统能正常运行，用户还需在 CON FIG SYS 文件中加上这样一句：

SHELL=C:\DOS\COMMAND.COM /P [/E:1024]

此命令指示 DOS 在 C：\DOS 子目录中寻找并运行命令解释程序或外壳程序 COMMAND.COM。如果把此命令加到 CONFIG.SYS 文件中，可提前把 COMMAND.COM 移到 DOS 子目录中。P 选项指示

COMMAND.COM 在根目录中寻找 AUTOEXEC.BAT 文件并且运行它，如果没有此选项，则根目录下的 AUTOEXEC.BAT 文件不能运行。

当 DOS 系统没有更多的空间存储环境变量时，将会看到信息：

Out of environment space(环境空间溢出)

出现这种情况后，可利用 SHELL 命令加大 COMMAND.COM 的环境空间，可选项 E：1024 就是将环境空间扩大到 1KB(1024 字节)。

8. 什么是 PROMPT 变量

PROMPT 环境变量显示用户所设置的命令提示符。DOS 系统提示符一般设置为显示当前驱动器和路径后接一“>”符号，当然也可以设置为其他类型的命令提示符，这个变量一般在 AUTOEXEC BAT 文件中设置，命令使用的一般格式为：

PROMPT pg

提示!! 也可以使用 SET PROMPT=pg。

9. 什么是 PATH 变量

PATH 环境变量包括用 PATH 命令设置路径，使 DOS 系统能在指定的目录中搜索可执行的文件。

10. 什么是 DIRCMD 变量

DIRCMD 环境变量让用户确定 DIR 命令缺省使用的开关和参数集。用户可在 AUTOEXEC.BAT 文件中或命令提示符下使用 SET 命令定义 DIRCMD 环境变量，预先设置 DIR 的参数和选项的合法组合(可包括路径和文件名)。

例如，要把 DIRCMD 环境变量设置为满屏时暂停(／P)为缺省格式，在 AUTOEXEC.BAT 批处理文件或 DOS 命令提示符下输入：

SET DIRCMD=/P

这时使用 DIR 命令，在满一屏时将暂停并提示“按任意键继续”。

若不想使用这个缺省格式，可在命令行上使用：

DIR/－P

如要清除此缺省设置，在命令提示符下输入：

SET DIRCMD=

11. 什么是 COPYCMD 变量

用户可以通过设置 COPYCMD 环境变量，指定 COPY、MOVE、XCOPY 命令是否先给出提示，经确认后再覆盖文件。

若强制要求 COPY、MOVE、XCOPY 命令在所有情况下均先给出提示：

Overwrite Filename(YES / NO / ALL)?

这样就把 COPYCMD 环境变量设置成/－Y(SET COPYCMD=/－Y)，用户可以根据需要来选择是否覆盖。也可以强制要求 COPY、MOVE、XCOPY 命令在所有情况下都不提示就进行覆盖，则把 COPYCMD 环境变量设置成/Y(SET COPYCMD=/Y)。这里所设置的 COPYCMD 环境变量，优先于 COPYCMD 环境变量的所有缺省值和当前值。

12. 什么是 TEMP 变量

TEMP 是一个常用的环境变量，它告诉程序在何处建立临时文件，而有一些程序需要使用环境变量来识别它们要使用的目录，如下例：

SET TEMP=C:\DOS

在此例中，环境变量 TEMP 被 DOS 环境和一些其他程序使用，以确定当前文件子目录的位置。上面的目录 C：\DOS 被放入环境中，现在 DOS 系统知道把它们当前的文件放在哪里。在 AUTOEXEC.BAT 文件中，用户能够也应该设置环境的整个转换。

3-5 批处理文件

1. 什么是批处理文件

批处理文件（BATCHFILE，简称 BAT 文件）是一种在 DOS 下最常用的可执行文件。

批处理文件的构成没有固定格式，只要遵守以下规则就行了：每一行可视为一个命令，每个命令里可以含多条子命令，从第一行开始执行，直到最后一行结束，它运行的平台是 DOS。

批处理有一个很鲜明的特点：使用方便、灵活，功能强大，自动化程度高。

说得更为直观一些，批处理文件就是把要同时运行的多个 DOS 指令，存到一个扩展名为“.bat”的文本文件中，要执行这些指令，直接运行该 bat 文件即可。系统启动默认的批处理文件在 C:\autoexec.bat 里面，例如要在开时运行 WPS 文本处理程序，可以修改 C:\autoexec.bat 文件内容为：

```
@ECHO OFF/*命令显示关闭*/
C:\UCDOS\RD16 %1/*调入 ucdos 字库*/
C:\UCDOS\KNL %2/*调入 ucdos 显示内核*/
C:\UCDOS\PY/*调入 ucdos 拼音输入法*/
C:\UCDOS\RDFNT/*调入 ucdos 字体*/
C:\UCODS\WPS.COM/*运行 wps*/
```

2. 如何编辑一个 BAT 文件

编辑一个 BAT 文件是一件很简单的事，任何一个能编辑 ASCII 字符的程序都可以用来编辑或创建 BAT 文件。例如 DOS 下的 EDIT。COM、WPS 文字处理系统，WINDOWS 下的 NOTEPAD 等。最简单的方法是用 COPY CON [主文件名.BAT]来创建 BAT 文件，在创建完后按 Ctrl+Z 键来结束。但这种方法的缺点是只能写，不能改。

BAT 文件的编写规则也很简单，即一条命令单独占用一行，不能将两条命令写在同一行中。如果没有转移语句，BAT 文件将顺序执行每一条语句。

3. 环境变量与批处理文件有何关系

使用环境变量可以控制某些批处理文件和使程序可按照用户的意愿进行，可以控制 MS-DOS 显示与工作的方式。一般在 AUTOEXEC BAT 或 CONFIG SYS 文件中用 SET 命令设定用户环境，以便每次启动计算机时系统都能根据用户需要自动设置环境变量。

（1）在批处理文件中调用环境变量

从批处理文件中调用环境变量值时，必须用百分符(%)将变量值括起来。如设置名为 WIN32 的变量，使它等于字符串 C：\Windows\SYSTEM (C 盘中的目录)，可输入以下命令：

SET WIN32=C:\WINDOWS\SYSTEM

在批处理文件中可用%WIN32%代替 C：\WINDOWS\SYSTEM。在批处理文件中包括以下命令，显示 C：\WINDOWS\SYSTEM 环境变量的目录内容：

DIR %WIN32%

当 MS-DOS 处理该命令时，会用字符串 C：\WINDOWS\SYSTEM 代替%WIN32%。

（2）在批处理文件中保存和恢复原有环境下的路径

对每一个批处理文件，用户都可以修改环境变量，而各个批处理文件需要不同的 PATH 指明路径，以执行批处理下的程序，这就需要用户保存原有环境下的路径。用户可在批处理文件中使用一个环境变量暂时存储用户原来的路径，以便在需要时可以恢复，而不需要重新用 PATH 命令来设置：

SET OLDPATH=%PATH%

例如某计算机的设置如下：

SET OLDPATH=C:\WINDOWS;C:\;C:\DOS;C:\FOXPRO25; C:\UCDOS; C:\GYPC; C:\CCED;C:\HD; C:\SARP

批处理文件解释程序把%PATH%变量扩展成用户的当前路径，故 OLDPATH 变量等于此路径。如果此时系统因使用其他批处理文件而打乱了原系统路径，可简单地在批处理文件中使用下列语句恢复路径的原貌，以满足用户对不同环境的需要，如下例：

PATH %OLDPATH%

计算机将显示它的执行情况：

PATH
C:\WINDOWS;C:\;C:\DOS;C:\FOXPRO25;C:\UCDOS;C:\GYPC;C:\CCED;C:\HD;C:\SARP

其实，很多用户都可能在各自的 AUTOEXEC.BAT 文件中存有“OLDPATH”变量，由于此环境变量总包含原有路径的备份，因此可以很容易地恢复原有路径。

3-6 MSDOS.SYS 文件中有哪些设置

在 MS-DOS 6.x 及以下版本中，MSDOS.SYS 是一个非常重要的启动文件。不过，到了 MS-DOS 7.x 版本中，MSDOS.SYS 变成了一个设置文件，有点类似 CONFIG.SYS，仍具有较大的作用。现在介绍一下 MSDOS.SYS 文件中[Options]项中的一些设置。

（1）AutoScan：非正常关机后下次启动是否运行 ScanDisk。

（2）BootDelay：开机时热键按下前的等待时间（单位：秒）。

（3）BootGUI：启动时是否进入 Windows 的 GUI 界面，0 代表不进入 WIN，而是纯 MS-DOS 方式）。

（4）BootKeys：启动时热键是否有效。

（5）BootMenu：启动时是否显示启动菜单（否则要按下热键才显示）。

（6）BootMenuDefault：显示启动菜单时的默认项（即光标所在项）。

（7）BootMulti：是否允许启动其他的 MS-DOS 版本（如 6.xx）。

（8）BootWarn：在启动过程中失败后，下次启动是否提示进入安全模式。

（9）BootWin：启动时是否自动装入旧版 MS-DOS。

（10）DblSpace：启动时是否装入 DBLSPACE.BIN。

（11）DoubleBuffer：是否启动双缓冲区支持。

（12）DrvSpace：启动时是否装入 DRVSPACE.BIN。

（13）LoadTop：启动时是否将系统核心的一部分装入 HMA 高端内存。

（14）Logo：启动时是否显示 DOS 启动画面。

3-7 如何维护 DOS

一个系统只有进行好的维护，才能发挥出好的效果。那么，应当如何维护 DOS 系统呢？

（1）定期检查磁盘的错误。DOS 下有许多命令可以用来检查磁盘，如 CHKDSK，SCANDISK 等。而一个更强大的磁盘工具则是 Norton 的 Disk Doctor（磁盘医生），它有着友好的界面和强大的功能，可在本站的“磁盘工具”中下载。只有定期检查磁盘，才能保证磁盘使用的稳定性。

（2）定期检查病毒。计算机病毒是一种能严重危害系统安全和数据完整的破坏性程序，如果任其发作，可能会造成严重的损失。所以，定期检查病毒是非常重要和必要的。要检查病毒，需要使用好的杀病毒软件，而且注意经常升级病毒库，否则起不到应有的效果。实用的 DOS 下杀毒软件有 F-PROT，Norton Anti Virus，KV3000 等，尤其是前面的 F-PROT 和 NAV，皆由世界著名的大公司推出，而且正在不断地更新，所以效果非常好，可以在本站的“杀毒软件”中下载。然而，由于新的病毒是在不断地出现的，所以应定期下载这些杀毒软件的新的病毒库，以达到最好的效果。当然，光使用杀毒软件，却不注意防范，也是不行的。防毒通常比杀毒更有效，因为防毒可以大大减少病毒感染的可能性。防毒的方法有多种，如使用病毒防火墙程序，不要使用来历不明的软件等。通过这些方法，病毒通常无法侵入。

（3）定期备份重要的数据。因为即使采用了前面的两种措施，也只能大大降低数据被破坏的可能性，而不是高枕无忧了。由于误操作或硬件故障等原因造成的数据丢失情况随时都可能发生。因此，备份数据就十分必要了。通常可将它们备份到软盘或其他硬盘中以防不测，以免到时后悔莫及。对于磁盘分区表和引导记录等，也应该备份下来，很多工具都可以做到，如 SRC Tools、BFHF 等等。尤其是 SRC Tools，使用起来非常方便，可以在本站的“磁盘工具”中下载，本站的“DOS 文章”栏目中还有它的详细使用方法和介绍的文章。

（4）对于系统配置的维护也是非常重要的，也可以使用一些工具软件来进行自动维护，如用 MEMMAKER 等。这样可以有效地节省时间和精力。

（5）使用其他维护措施，如定期整理磁盘碎片，删除垃圾文件，以及将文件和软件归类以方便使用等。

3-8 如何制作 DOS 系统恢复盘

我们可以自己动手制作一张 DOS 系统恢复盘，一旦系统出现严重问题或崩溃，就可以使用该盘将系统恢复到正常状态。方法为使用 PowerQuest 的 Drive Image（在这里以分为了 C、D、E 三个区的硬盘为例进行讲解），该系统恢复软盘的制作过程如下：

（1）在 DOS 下用 Format A:/s 命令制作一张最小的系统引导软盘。

（2）从 PQ Drive Image 的安装（Windows 下）目录将 pqdi.exe、pqdi.ovl、pqdi.rtc 三个文件拷贝到该盘，再用文本编辑器在该盘上编写如下文件，最后将 config.sys 和 autoexec.bat 引用的所有文件拷入该盘（其中鼠标驱动程序可有可无，但文件名绝不能是 mouse.com）。

config.sys:（每段之间空一行）

[MENU]

```
menuitem=Unhide,Unhide partition 3
menuitem=Backup,Backup part1 to part3
menuitem=Restore,Restore partition 1
menuitem=Pqdi,Run Drive Image Pro
menudefault=Unhide,5
menucolor=15,0
[Unhide]
[Backup]
[Restore]
[Pqdi]
[COMMON]
device=himem.sys /testmem:off
dos=high,umb
files=40
buffers=22,0
lastdrive=F
```

autoexec.bat:（每段之间空一行）

```
@echo off
goto %config%
:Unhide
pqdi /cmd=unhide.txt /err=error.txt
:Backup
lh smartdrv 8192
deltree/y C:\Recycled
deltree/y C:\Windows\Temp
deltree/y C:\Windows\Tempor~1
del C:\Windows\win386.swp
pqdi /cmd=backup.txt /ERR=ERROR.TXT /img=E:\part1.pqi
:Restore
lh smartdrv 8192
pqdi /cmd=restore.txt /err=error.txt /img=E:\part1.pqi
:pqdi
lh msmouse
```

```
pqdi
backup.txt:
select drive 1
select partition first
store with compression low
select partition 3
hide
reboot
restore.txt:
select drive 1
select partition first
select image 1
restore
select partition 3
hide
reboot
unhide.txt:
select drive 1
select partition 3
unhide
reboot
```

这样，一张完整的系统恢复软盘就做好了。

每次用它启动电脑，都会出现多项选择菜单：

1.使隐藏分区可见；

2.备份；

3.复原；

4.进入 PQDI 图形操作界面。

默认选项是 1，等待时间为 5 秒（该时间可通过修改 config.sys 文件的第 5 行另行设置）。备份和恢复操作须先选择 1 并按回车 Enter 键（或干脆静等 5 秒钟），机器会重启动，再次出现菜单时选 2 或 3 按 Enter 键，出现蓝色进度条时取出软盘（切记！），操作会自动完成，并隐藏存放镜像文件的分区，最后自动重启。

3-9 FAT16 与 FAT32

1. FAT 是什么

FAT（File Allocation Table）是“文件分配表”的意思。顾名思义，就是用来记录文件所在位置的表格，它对于硬盘的使用是非常重要的，假若丢失文件分配表，那么硬盘上的数据就会因无法定位而不能使用了。不同的操作系统所使用的文件系统不尽相同，在个人计算机上常用的操作系统中，MS-DOS 6.x 及以下版本使用 FAT16；OS/2 使用 HPFS；Windows NT 则使用 NTFS；而 MS-DOS 7.10 及 ROM-DOS 7.10 同时提供了 FAT16 及 FAT32 供用户选用。其中我们接触最多的是 FAT16、FAT32 文件系统。

2. 什么是 FAT16 文件系统

FAT16 使用了 16 位的空间来表示每个扇区(Sector)配置文件的情形，故称之为 FAT16。

FAT16 由于受到先天的限制，因此每超过一定容量的分区之后，它所使用的簇(Cluster)大小就必须扩增，以适应更大的磁盘空间。所谓簇就是磁盘空间的配置单位，就像图书馆内一格一格的书架一样。每个要存到磁盘的文件都必须配置足够数量的簇，才能存放到磁盘中。FAT16 各分区与簇大小的关系如表 3-3 所示：

表 3-3

分区大小	FAT16 簇大小
16MB~127MB	2KB
128MB~255MB	4KB
256MB~511MB	8KB
512MB~1023MB	16KBB
1024MB~2047MB	32KB

如果您在一个 1000MB 的分区中存放 50KB 的文件，由于该分区簇的大小为 16KBB，因此它要用到 4 个簇才行。而如果是一个 1KB 的文件，它也必须使用一个簇来存放。那么每个簇中剩下的空间可否拿来使用呢？答案是不行的，所以在使用磁盘时，无形中都会或多或少损失一些磁盘空间。

3. FAT16 文件系统有什么缺点

FAT16 文件系统有两个最大的缺点：

（1）磁盘分区最大只能到 2GB。当您添购计算机的话，想必其中的硬盘大小必定不少于有 2GB，而 3.2GB、4.3GB 以上的硬盘比比皆是，且物美价廉。FAT16 文件系统已不能适应当前这种大容量的硬盘，必须被迫分区成几个磁盘空间。而分区磁盘的大小又牵扯出簇的问题来，可谓影响颇大。

（2）使用簇的大小不恰当。试想，如果一个只有 1KB 大小的文件放置在一个 1000MB 的磁盘分区中，它所占的空间并不是 1KB，而是 16KBB，足足浪费了 15KB！当前流行的 HTML 文件，其大小几乎多为 1KB、2KB，而制作一个网站往往用到数十个 HTML 文件。如果您的硬盘中有 100 个这种小文件的话，您浪费的磁盘空间可为 700KB(511MB 的分区)到 3.1MB(2047MB 的分区)。

以上这两个问题常常使得用户在“分多大的分区，才能节省空间，同时又可使硬盘的使用更加方便有效”的抉择中徘徊不定。

4. 什么是 FAT32 文件系统

为了解决 FAT16 存在的问题，开发出 FAT32 系统。FAT32 使用了 32 位的空间来表示每个扇区(Sector)配置文件的情形。利用 FAT32 所能使用的单个分区，最大可达到 2TB(2048GB)，而且各种大小的分区所能用到的簇的大小，也是恰如其分，上述两大优点，造就了硬盘使用上更有效率。现将分区与簇的大小汇整如表 3-4 所示，我们可仔细做个比较：

表 3-4

分区大小	FAT16 簇大小	FAT32 簇大小
16MB~32MB	2KB	不支持
32MB~127MB	2KB	512bytes
128MB~255MB	4KB	512bytes
256MB~259MB	8KB	512bytes
260MB~511MB	8KB	4KB
512MB~1023MB	16KBB	4KB
1024MB~2047MB	32KB	4KB
2048MB~8GB	不支持	4KB
8GB~16GB	不支持	8KB
16GB~32GB	不支持	16KBB
32GB 以上	不支持	32KB

以当前硬件所能支持的情况下，如将 8GB 硬盘划分为单个分区的话，使用的簇的大小也只有 4KB，比起以往的 FAT16 来说，真是节省了许多空间。

5. 什么是 NTFS

NTFS 是一种能够提供各种 FAT 版本所不具备的性能、安全性、可靠性与先进特性的高级文件系统。举例来说，NTFS 通过标准事务日志功能与恢复技术确保卷的一致性。如果系统出现故障，NTFS 能够使用日志文件与检查点信息来恢复文件系统的一致性。在 Windows 2000 和 Windows XP 中，NTFS 还能提供诸如文件与文件夹权限、加密、磁盘配额以及压缩之类的高级特性。

6. FAT32 有什么限制

看到这些优点，您一定迫不及待地想将 FAT16 转换为 FAT32。不过在转换之前，要注意下面几点：

（1）与其他的 PC 操作系统不兼容。当前支持 FAT32 的操作系统仅有 MS-DOS 7.10、ROM-DOS 7.10、FreeDOS 和 Windows 2000 以上版本，而其他操作系统则根本不能读取 FAT32 的分区。例如您以 MS-DOS 6.x 等旧版本的 DOS 启动盘开机的话，您硬盘中的 FAT32 分区就会凭空消失，完全看不到这个分区。另外，如果您要使用多重开机来启动多种不同的操作系统，建议您不要将 C：这个分区改为 FAT32。因为有一些操作系统会强迫一定要从 C：这个主要分区来安装、开机，如果您将 C：改为 FAT32，而该操作系统不认 FAT32，那就不能开机了。

（2）有些磁盘工具、防毒软件还不认得 FAT32，可能会造成转换后，磁盘工具软件不能对 FAT32 的分区进行磁盘处理工作，而防毒软件会不认得这种文件系统，误判为中毒现象。

（3）一些版本较旧的软件不能在 FAT32 的分区中执行，例如 Office 95 等。

（4）小于 512MB 的分区一般不能转换为 FAT32。虽说我们从前面的列表中发现小于 512MB 的分区只使用 512Bytes 大小的簇，但是在 Windows 98 中，您只能转换 512MB 以上的分区。如果想转换 32MB 到 512MB 之间的分区，必须使用 CVT.EXE 中的/MIN 命令，如 CVT D:

/CVT32 /MIN，或 FDISK /FPRMT。

（5）不能在 FAT32 分区中做磁盘压缩，即使使用 Windows 98 中的磁盘压缩也是行不通的。

（6）如果您主板的 BIOS 支持“suspend-to-disk”的功能，那么请将这项功能关闭，因为在 FAT32 分区中是不能使用的。

（7）Windows 98 所提供的转换工具只能将 FAT16 转换为 FAT32，并不能再从 FAT32 转换回 FAT16。要转换回来只有：重新进行分区(Partition)、格式化(Format)，然后重新安装系统、应用软件等。要从 FAT32 转换回 FAT16，还可以借助一项工具：PowerQuest 的 Partition Magic 3.0 或以上版本。这是一套能让您自由改变分区大小、文件系统，而毫不损坏磁盘数据的一套软件。您可以利用这套软件将 FAT32 转换为 FAT16，而不必重新格式化您心爱的硬盘。如果您没有该软件，那么要有“准备后悔”的念头，请在 FAT16 转换 FAT32 前先做好备份。同时我们提醒大家，如果您的计算机配置不是很高（即不是 PⅡ或同一级别的 CPU），最好不要将分区表转换成 FAT32，因为这样会影响硬盘读取速度。

3-10　如何安装 DOS 系统

（1）如果安装了 Windows 98，无需再安装 DOS 了，可采用 Windows 98 自带的 DOS7.X。

（2）如果安装了 Windows Me，不能开机进入 DOS 实模式，解决办法是安装 Windows Me 的 DOS 实模式补丁。

（3）如果只安装过 Windows2000/XP，一般认为不能再装 DOS 了，但是实际上是有办法的。以 Windows 2000 为例，如果分区格式是 FAT32，可以安装 Windows 98 自带的 DOS 7.X，方法为：

①复制 DOS 启动文件。在 Windows 2000 下把 Windows 98 启动盘的 IO.SYS，MSDOS.SYS，COMMAND.COM 等文件复制到 C:盘根目录下。

> 提示!! 如果是在 DOS 下复制，则不要使用 SYS 命令，否则 Windows 2000 无法启动。

②创建 C:\Bootsect.dos。该文件是 DOS 启动所需的 MBR 主引导记录文件，如果在 Windows 2000 安装前安装过 DOS/Windows 98，该文件会自动生成不用创建；但因为本例是在 Windows 2000 安装前未安装过 DOS，

所以要动手创建了。可以使用一个不到 3KB 的小程序 Bfhf，它可以备份/恢复 MBR，MPBR 和 CMOS，生成方法是把 Bfhf.exe 复制到 C:\中，然后进入 DOS，输入 Bfhf 后按 Enter 键，再输入 03（备份 MBR）后按 Enter 键，接下来输入 Bootsect.dos 后按 Enter 键，最后输入 00 后按 Enter 键。

③修改 C:\BOOT.INI 文件。先去掉其所有属性，然后编辑该文件，就是在[operating systems] 下添加一行:C:\="MS-DOS"。重新启动电脑，看看 MS-DOS 是不是可以与 Windows 2000 共存了。

Windows XP 的方法与其类似。

提示!!

如果您的系统是 Windows NT/2000/XP，而且磁盘分区格式是 NTFS，则先安装 Virtual PC（虚拟 PC），然后选择 Windows 98 就可以进入 DOS 实模式了，当然前提是必须有 Windows 98 的安装光盘。

第 4 章

DOS常用内部命令

DOS/Windows 命令速查 1000——本章内容

4-1 DIR——列文件目录

1. DIR 的功能是什么

（1）DIR 命令是 DOS 中使用频率最高的命令之一，它用于显示目录文件和子目录列表，利用 DIR 命令可以了解磁盘的全局结果和某一层的结构。

（2）如果在没有参数的情况下使用，则 DIR 命令会显示磁盘的卷标、序列号和默认磁盘上的目录和文件列表，包括它们的名称和最近修改的日期及时间。

（3）DIR 可以显示文件的扩展名以及文件的 bytes 大小。

（4）DIR 也可以显示列出的文件及目录的总数、累计大小和磁盘上保留的可用空间（以 bytes 为单位）。

2. DIR 命令的语法是怎样的

DIR 命令的语法为：

DIR[Drive:][Path][FileName][...][/p][/q][/w][/d][/a[:]attributes]] [/o[[:]Sort Ordeter]][/t[:]TimeField][/s][/b][/I][/n][/x][/c][/4]

3. DIR 命令的参数各有什么作用

（1）[Drive:][Path]：指定要以列表方式查看的驱动器和目录。

（2）[FileName]：指定要以列表方式查看的特定文件或一组文件。

（3）/p：每次以一个屏幕大小显示列表的一部分。要查看下一屏，应按键盘上的任意键。

（4）/q：显示文件所有权信息。

（5）/w：以宽格式显示列表，在每一行上显示多达 5 个文件名或目录名。

（6）/d 与/w 相同，但是文件按列排序。

（7）/a[:]Attributes]：只显示那些指定属性的目录名和文件名。如果省略/a，DIR 将显示除隐藏文件和系统文件之外的所有文件名。如果在没有指定 Attributes 的情况下使用/a，DIR 将显示所有文件（包括隐藏文件和系统文件）的名称。如表 4-1 所示，描述了每个可用于 Attributes 的值。冒号（:）是可选的。使用这些值的组合，并且不得用空格分隔这些值。

表 4-1

值	说　明
H	隐藏文件
S	系统文件
D	目录
a	准备好存档的文件
R	只读文件
-h	非隐藏的文件
-s	系统文件以外的文件
/d	只是文件（而非目录）
-a	自上次备份后没有更改过的文件
-r	非只读文件

（8）/o[[:]SortOrder]：控制 DIR 排序和显示目录名和文件名的顺序。如果省略/o，DIR 将按它们在目录中出现的顺序显示名称。如果在没有指定 SortOrder 的情况下使用/o，DIR 显示按字母顺序排列的目录名，然后显示按字母顺序排列的文件名。冒号（:）是可选的。如表 4-2 所示，描述了每个可用于 SortOrder 的值。使用这些值的任意组合，并不要用空格分隔这些值。

表 4-2

值	说　明
n	按名称的字母顺序
e	按扩展名的字母顺序
d	按日期和时间，最早的优先
s	按大小，最小的优先
g	在文件之前分组的目录
-n	按名称的逆序字母（从 z 到 A）排序
-e	按扩展名的逆序字母（从. ZZZ 到. AAA）排序
d	按日期和时间，最晚的优先
-s	按大小，最大的优先
-g	在文件之后分组的目录

（9）/t[[:]TimeField]：指定显示或用于排序的时间字段。如表 4-3 所

示，描述了每个可用于 TimeField 的信。

表 4-3

值	说　明
c	创建
a	上次访问
w	上次写入

（10）/s：列出指定目录及所有子目录中出现的每个指定的文件名。

（11）/b：列出每个目录名或文件名，每行一个（包含文件扩展名）。/b 不显示标题信息或摘要。/b 替代/w。

（12）/l：按小写字母显示未排序的目录名和文件名。/l 不会将扩展字符转换为小写字符。

（13）/n：显示长列表格式，文件名在屏幕最右边。

（14）/x：显示 NTFS 和 FAT 卷上文件生成的短名称。显示与/n 的显示相同，但是短名称显示在长名称之后。

（15）/c：按文件大小显示多个分隔符。

（14）/4：显示四位数字的年份格式。

（15）/?：在命令提示符显示帮助。

4. 在 DIR 命令中如何使用多个文件名

DIR 命令支持多个文件，多个文件之间用空格、逗号或分号分开。可以使用通配符（?和*）显示一组文件。

5. 在 DIR 命令中如何使用通配符

可以使用通配符（?和*）显示文件和子目录的子集列表。并支持（.）和（..）的目录格式。

6. 在 DIR 命令中如何指定文件显示属性

如果使用/a，并且属性中指定多个值，DIR 只显示那些包含所有指定属性的文件的名称。比如，如果利用/a：r-h 或/ar-h 指定/a，并以值 r 和 – h 作为属性，则 DIR 将只显示非隐藏的只读文件的名称。

7. 在 DIR 命令中如何指定文件名排序

如果指定了多个排序次序值，DIR 首先通过第一个标准对文件名进行排序，然后再通过第二个标准排序，以此类推。比如，如果使用/o：e-s 或/oe. s 指定了/o 以及排序次序的值 e 和－s，则 DIR 将根据扩展名对目录名和文件名从大到小进行排序，然后显示最终结果。扩展名按照字母排序使得没有扩展名的文件名最先显示，目录名次之，然后是具有扩展名的文件名。

8. 在 DIR 命令中如何使用重定向符号和管道

在使用重定向符号（>）将 DIR 输出发送到文件，或者使用管道（1）将 DIR 输出发送到其他命令时，使用/a：－d 和 b 只列出文件名。可以使用 FileName 以及/b 和/s 来指定 DIR 在当前目录及其子目录中搜索所有匹配 FileName 的文件名。DIR 对查找的每个文件名只列出驱动器号、目录名、文件名和文件扩展名以及每行一个路径。在使用管道重定向之前，应该在 Autoexec.nt 文件中设置 Temp 环境变量。

9. 如何预先设置 DIR 参数

通过将 SET 命令包含在 Autoexec.nt 中的 DIRCMD 环境变量中，可以预置 DIR 参数。可以使用 DIR 参数和 set DIRCMD 的任意有效组合，其中包含文件的位置和名称。

例如：

（1）要使用 DIRCMD 环境变量将宽行显示格式（/w）设置为默认格式，必须在 Autoexec.nt 文件中执行以下命令：

SET DIRCMD=/w

（2）要单独使用 DIR 命令，可用 DIRCMD 环境变量替代参数，在 DIR 命令提示符下输入要替代的参数（参数前面带上减号）即可，例如：

DIR/－w

（3）要更改 DIRCMD 默认设置，执行以下命令：

set=NewParameter

新的默认设置对所有后接的 DIR 命令有效，直到再次使用 set DIRCMD 或直到重新启动计算机。

（4）要清除所有默认设置，执行以下命令：

set DIRCMD=

（5）要查看 DIRCMD 环境变量的当前设置，执行以下命令：

set

> **提示！！** set 显示环境变量及其设置的列表。有关设置环境变量的详细信息，将在本书的后面章节中讲述。

10. 如何显示目录下包含的所有系统的或隐藏的子目录和文件

比如，要显示 C 盘根目录下包含的所有系统的或隐藏的子目录和文件，则在命令提示符下输入如下命令后按 Enter 键：

DIR/a

> **提示！！** 参数“/a”的作用就是能够显示具有特殊属性的文件。

执行后的结果如图 4-1 所示。

图 4-1

11. 如何显示磁盘当前目录下的目录和文件列表

比如，要显示 C:\Documentsand Settings\chenwei 当前目录下的目录和文件列表，则在命令提示符下输入如下命令后按 Enter 键：

DIR

执行后的结果如图 4-2 所示。

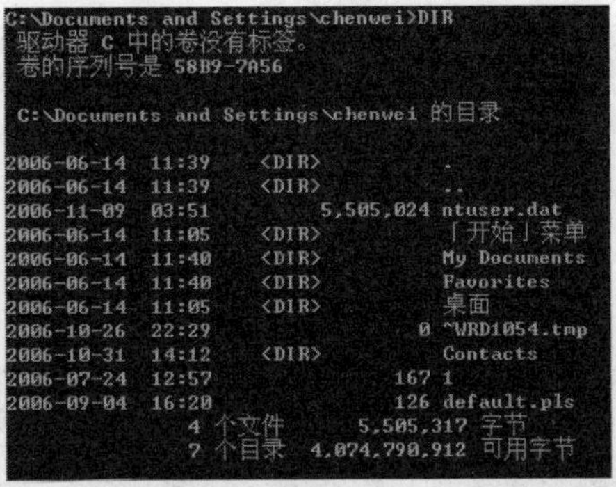

图 4-2

12. 如何显示指定目录下某个文件的所有权信息

如果要指定目录下某个文件的所有权信息，需要用双引号将目录名括起，比如，在命令提示符下输入如下命令后按 Enter 键：

DIR/q C:\"Documents and Settings"\"CHENWEI"\"SendTo"

执行后的结果如图 4-3 所示。

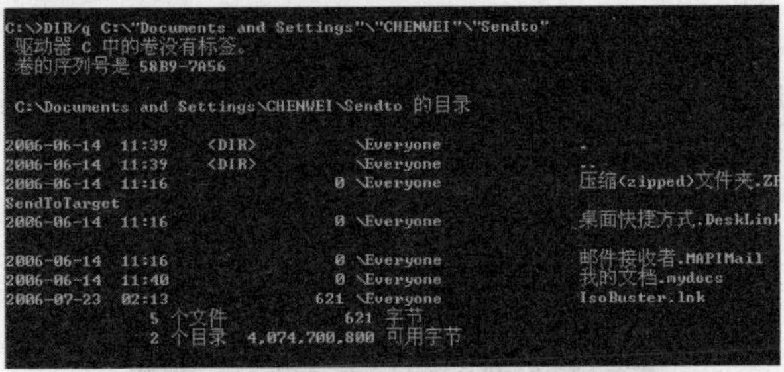

图 4-3

13. 如何以宽格式显示当前目录及其子目录和文件

比如，当前目录为 I:\CQDX，如果要以宽格式显示该目录下所有的子目录和文件，直至显示最末一层的文件为止，则在命令提示符下输入如下命令后按 Enter 键：

DIR/w/s

执行后的结果如图 4-4 所示。

```
I:\cqdx>dir/w/s
 驱动器 I 中的卷没有标签。
 卷的序列号是 4C91-DB4F

 I:\cqdx 的目录

[.]
[..]
21世纪高职高专规划教材——动画设计与制作.txt
Flash好莱坞2D动画革命.txt
培训目标.txt
蓝谷艺术学校.txt
               4 个文件         10,150 字节

     所列文件总数:
               4 个文件         10,150 字节
               2 个目录  4,665,966,592 可用字节
```

图 4-4

14. 如何分页显示目录下的信息

如果某一目录下（比如，I:\MOV）的子目录和文件太多，从而导致一个屏幕无法将信息完全显示出来的话，可以进行分页显示，比如，在命令提示符下输入如下命令后按 Enter 键：

DIR/w/s/p

参数“/p”的作用就是分页显示，执行结果如图 4-5 所示。在当前屏最后有一个“请按任意键继续”提示，即按任意键可以继续显示。

```
 I:\MOV 的目录

[.]                                  [..]
-reverse_0001.jpg                    -reverse_0002.jpg
-reverse_0005.jpg                    -reverse_0008.jpg
-reverse_0013.jpg                    0104dvd-onceuponatime01.gif
0112americanidol1.jpg                0112americanidol2.mov
0112americanidol3_big.jpg            0112growinggirl1.jpg
0112growinggirl2.mov                 0112growinggirl3.jpg
0112growinggirl4_big.jpg             0112hgtvholiday1.jpg
0112hgtvholiday2_big.jpg             0112joanarcadia1.jpg
0112joanarcadia2.mov                 0112joanarcadia3.jpg
0112joanarcadia4_big.jpg             0114appleipod1.jpg
0114appleipod2_big.jpg               0114appleipod3.jpg
0114appleipod4_big.jpg               0114appleipod5.jpg
0114appleipod6_big.jpg               0114appleipod7.mov
0114appleipod8.mov                   0114appleipod9.mov
0114dkpink1.jpg                      0114dkpink2.mov
0114dkpink3.jpg                      0114dkpink4_big.jpg
0114espnclassic1.jpg                 0114espnclassic2.mov
0114espnclassic3.jpg                 0114espnclassic4.mov
0114espnclassic5.jpg                 0114espnclassic6.mov
0114espnclassic7.jpg                 0114espnclassic8.mov
0114ladiesnight1.jpg                 0114ladiesnight2.mov
0114postoffice1.jpg                  0114postoffice2.mov
0114postoffice3.jpg                  0114postoffice4_big.jpg
0114postoffice5.jpg                  0114postoffice6_big.jpg
0114postoffice7.jpg                  0114postoffice8_big.jpg
0114trollchildren1.jpg               0114trollchildren2.mov
0115coldmountain1.jpg                0115coldmountain2.mov
0115eyeballelf1.jpg                  0115eyeballelf2.mov
0115eyeballelf3_big.jpg              0117EyeballComedy1.mov
0117EyeballComedy10.mov              0117EyeballComedy11.mov
0117EyeballComedy12.mov              0117EyeballComedy13.mov
0117EyeballComedy14.mov              0117EyeballComedy15.mov
0117EyeballComedy2.mov               0117EyeballComedy3.mov
0117EyeballComedy4.mov               0117EyeballComedy5.mov
0117EyeballComedy6.mov               0117EyeballComedy7.mov
0117EyeballComedy8.mov               0117EyeballComedy9.mov
0119cargills1.jpg                    0119cargills2_big.jpg
请按任意键继续. . .
```

图 4-5

15. 如何只显示当前目录下的文件名而不包括额外的信息

比如，要只显示 C 盘当前目录下的文件名，但不包括额外的信息，则在命令提示符下输入如下命令后按 Enter 键：

DIR C:/a/-d/b

（1）/d 的作用与/w 相同，但是文件按列排序。

（2）/b 的作用是列出每个目录名或文件名，每行一个（包含文件扩展名），不显示标题信息或摘要。

执行后的结果如图 4-6 所示。

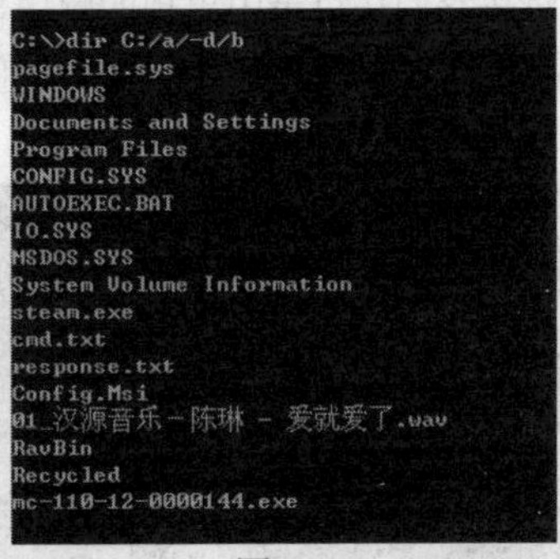

图 4-6

16. 如何只显示当前目录下的子目录

比如，只显示 C 盘当前目录下的子目录，则在命令提示符下输入如下命令后按 Enter 键：

DIR C:/a/d

执行后的结果如图 4-7 所示。

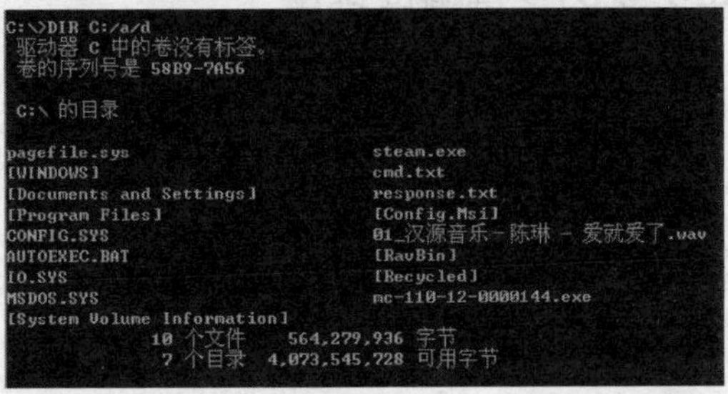

图 4-7

17. 如何显示当前目录下的文件列表且使显示的目录信息按名字的字母顺序排序

比如，要显示 C 盘当前目录下的文件列表，并且使显示的目录信息按名字的字母顺序排序，则在命令提示符下输入如下命令后按 Enter 键：

DIR/o/n

（1）参数“/o”的作用是控制 DIR 排序和显示目录名和文件名的顺序。如果省略/o，DIR 将按它们在目录中出现的顺序显示名称。

（2）“/n”的作用是显示长列表格式，文件名在屏幕最右边。

执行后的结果如图 4-8 所示。

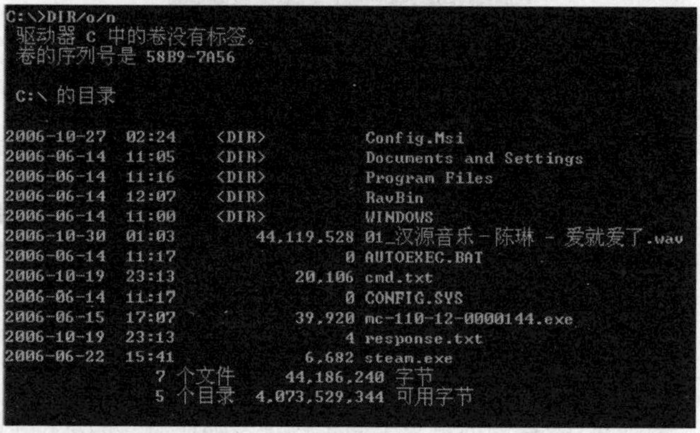

```
C:\>DIR/o/n
 驱动器 C 中的卷没有标签。
 卷的序列号是 58B9-7A56

 C:\ 的目录

2006-10-27  02:24    <DIR>          Config.Msi
2006-06-14  11:05    <DIR>          Documents and Settings
2006-06-14  11:16    <DIR>          Program Files
2006-06-14  12:07    <DIR>          RavBin
2006-06-14  11:00    <DIR>          WINDOWS
2006-10-30  01:03        44,119,528 01_汉源音乐 - 陈琳 - 爱就爱了.wav
2006-06-14  11:17                 0 AUTOEXEC.BAT
2006-10-19  23:13            20,106 cmd.txt
2006-06-14  11:17                 0 CONFIG.SYS
2006-06-15  17:07            39,920 mc-110-12-0000144.exe
2006-10-19  23:13                 4 response.txt
2006-06-22  15:41             6,682 steam.exe
               7 个文件     44,186,240 字节
               5 个目录  4,073,529,344 可用字节
```

图 4-8

18. 如何显示当前目录下的文件列表且使显示的目录信息按名字的字母倒序排序

比如，要显示 C 盘当前目录下的文件列表，并且使显示的目录信息按名字的字母顺序的倒序排序，则在命令提示符下输入如下命令后按 Enter 键：

DIR C:/o/-n

执行后的结果如图 4-9 所示。

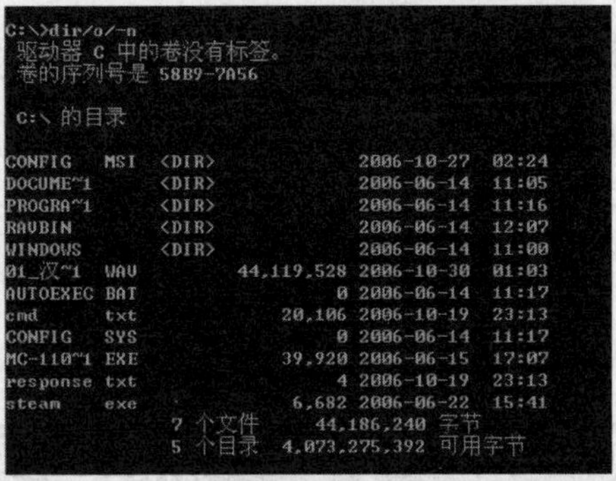

```
C:\>dir/o/-n
 驱动器 C 中的卷没有标签。
 卷的序列号是 58B9-7A56

 C:\ 的目录

CONFIG   MSI  <DIR>                2006-10-27  02:24
DOCUME~1      <DIR>                2006-06-14  11:05
PROGRA~1      <DIR>                2006-06-14  11:16
RAVBIN        <DIR>                2006-06-14  12:07
WINDOWS       <DIR>                2006-06-14  11:00
01_汉~1  WAV         44,119,528 2006-10-30  01:03
AUTOEXEC BAT                  0 2006-06-14  11:17
cmd      txt             20,106 2006-10-19  23:13
CONFIG   SYS                  0 2006-06-14  11:17
MC-110~1 EXE             39,920 2006-06-15  17:07
response txt                  4 2006-10-19  23:13
steam    exe              6,682 2006-06-22  15:41
               7 个文件     44,186,240 字节
               5 个目录  4,073,275,392 可用字节
```

图 4-9

19. 如何将显示出来的目录信息输出到打印机

比如，要将上一个例子中显示出来的目录信息输出到打印机，则在命令提示符下输入如下命令后按 Enter 键：

DIR>lptl

20. 如何将显示出来的目录信息输出到文件

如果要将显示出来的目录信息输出到 I:\下的一个名为 DIR Inf0.txt 的文件中，则在命令提示符下输入如下命令后按 Enter 键：

DIR>I:\DIR Inf0.txt

> 提示!! 如果 DIR Info.txt 文件不存在，则 DIR 命令将自动创建该文件；但是如果指定的目录不存在，系统将会报错，不能创建该目录。

21. 如何查看隐秘文件

Windows 的“资源管理器”、“我的电脑”下均可以列出磁盘文件，似乎不再需要 DIR 了，但是资源管理器无法列出某些特殊文件，比如，“回收站（recycled）”，即使在“选项”中选择“显示所有文件”，打开这个文件夹你什么也找不到。这时使用 DIR 就可显示这些特殊文件夹的内容。

例如：在 C:\recycled 文件夹下，如果是在 DOS 窗口下，用 DIR/as 就会发现很多东西。

22. 如何把硬盘文件存储情况写入文本文件

可以把硬盘文件存储情况做成一个文本文件，然后在 Windows 里用记事本打开，此时会列出包括文件路径、文件名以及扩展名、创建时间等详细资料。例如想把这些资料保存到 C:\data.txt 中，则在 DOS 下输入如下命令后按 Enter 键：

DIR C:/s>c:\data.txt

4-2 MD（MKDIR）——新建目录

1. MD 命令有什么样的功能

MD 命令的功能就是创建目录或子目录。

2. MD 命令的语法是怎样的

MD 命令的语法为：

mkdir [Drive:]Path
md [Drive:]Path

3. MD 命令的参数各有什么作用

Drive：指定要创建新目录的驱动器。

Path：指定新目录的名称和位置。单个路径的最大长度由文件系统决定。

/?：在命令提示符下显示帮助信息。

4. 使用 MD 命令要注意什么

使用 MD 命令时要注意如下几个问题：

（1）命令中的盘符和路径分别指出要把新的子目录建在哪个盘上、哪个目录下。

（2）命令中的最后一个子目录名是要建立的新子目录名，是不能缺省的。

（3）在某个目录下不能建立同样的子目录，在不同的目录下可以建立同名的子目录。

5. 如何在当前目录下创建单个目录

比如，当前目录为 E 盘根目录，要在该目录下创建一个 backup 文件夹，则在命令提示符后输入如下命令后按 Enter 键：

MD BACKUP

6. 如何在当前目录下创建多级目录

比如，当前目录为 E 盘根目录，要在该目录下创建一个 Office 文件夹，再在 Office 文件夹下面创建一个 Files 子文件夹，最后在 Files 子文件夹下再创建一个 CW 子文件夹，共 3 级目录，则在命令提示符后分别输入如下命令后按 Enter 键：

MD Office

CD Office

MD Files

CD Files

MD CW

执行上次命令后，便在 E 盘下创建了 backup 文件夹、Office 子文件夹和 files 子文件夹。此时可在命令提示符后输入如下命令后按 Enter 键进行查看：

DIR D:\backup

执行后的结果：创建的文件夹 backup 便出现在 D 盘的目录中。

7. 如何在当前目录下创建其他目录下的子文件夹

比如，当前目录为 C 盘根目录，要在 E 盘下创建一个 AA 文件夹，则在命令提示符后输入如下命令后按 Enter 键：

MD E:\AA

然后就可以使用 DIR I:\AA 查看所创建的目录了。

8. 使用 MD 命令一次能创建多个目录吗

不能。

使用 MD 命令一次不能创建多个目录，只能建立一个目录。

提示!!

在 Windows XP/2000 的 DOS 窗口中，可直接使用一条命令来直接创建多层目录，即 MD:\Office\Files\CW，十分方便。

4-3 RD——删除目录

1. RD 命令的功能是什么

RD 命令的功能就是删除目录（文件夹）。必须注意的是，该命令只能删除空目录，并且不能删除当前目录。

2. RD 命令的语法是怎样的

RD 命令的语法形式为：

rmdir [drive:]path[/s][/q]

rd [drive:]path[/s][/q]

3. RD 命令的参数有什么作用

[drive:]path：指定要删除目录的位置和名称。

/s：删除指定目录和所有子目录以及包含的所有文件。使用/s 来删除目录树。

/q：在安静模式中运行 RD，不经确认即删除目录。

4. 使用 RD 命令要注意什么

使用 RD 命令要注意以下事项：

（1）不能删除包含文件（包括隐藏或系统文件）的目录。应该先使用 DIR 命令列出隐藏和系统文件，然后再用 attrib 命令删除文件的隐藏和系统属性。

（2）路径参数使用反斜杠字符。如果在路径的第一个目录名前插入一个反斜杠字符（\），该目录将被视为根目录的子目录，而不考虑当前目录。如果没有在路径的第一个目录前插入反斜杠，该目录将被视为当前目录的子目录。

（3）不能使用 RD 删除当前目录。必须先切换到另一个目录（不是当前目录的子目录），然后使用包含路径的 RD 命令。

5. 如何不带参数删除指定目录下的空文件夹

比如，要删除 I:\PC\200601 中的 PC 和 20060101 文件夹，其中 PC 和 20060101 文件夹下都不存在任何文件，在不使用参数的情况下，可以在命令提示符下依次执行这样操作：

CD I:\PC\20060101

I:

RD 20060101

CD ..

RD PC

执行后便可删除 PC 文件夹及 20060101 子文件夹。

6. 如何不经确认就删除指定目录下带有文件的文件夹

不带参数的 rd 命令只能删除空目录，它并不能将目录及子目录和文件一起删除。因此使用不带参数的 rd 命令删除目录的操作比较烦琐。建议使用参数 s 删除目录。/s 的作用是删除目录树，即删除目录及目录下的所有子目录和文件。

比如，要删除 I:\PC\200601 中的 PC 和 20060101 文件夹，其中 PC 和 20060101 文件夹下都存在文件，则在命令提示符下输入如下命令后按 Enter 键：

RD I:\PC\20060101/s

执行后，系统提示是否确认（Y/N）？

输入 Y 后按 Enter 键，即可将 20060101 目录及该目录下的所有文件删除。

然后继续在命令提示符下输入如下命令后按 Enter 键：

RD I:\PC/s

执行后，系统提示是否确认（Y/N）？

输入 Y 后按 Enter 键即可。

7. 如何快速删除指定目录下带有文件的文件夹

如果想快速删除指定目录下带有文件的文件夹，可同时使用/q 参数，即在命令提示符下输入如下命令后按 Enter 键：

RD I:\JP/s/q

那么在进行删除操作时，系统将不会出现确认提示信息，而直接将 JP 文件夹相当于旧 DOS 版本中 delTREE 命令中的参数 "/Y"。

4-4 CD——改变目录

1. CD 命令的功能和语法是怎样的

CD 命令的功能是改变当前盘符中的当前目录，从而进入当前盘符中的其他的指定目录。

CD 命令的语法形式为：

chdir [[/d][Drive:][Path][..]][[/d][Drive:][Path][..]]

cd [[/d][Drive:][Path][..]][[/d][Drive:][Path][..]]

注意：只能进入当前盘符中的目录。其中"CD\"为回到根目录，"CD.."为回到上一层目录。

2. CD 命令的参数各有什么作用

/d：更改当前驱动器或驱动器的当前目录。

[drive:][Path]：指定要改为的驱动器（如果不是当前驱动器）和目录。

[..]：指明要改到父文件夹。

/?：在命令提示符显示帮助。

3. 使用 CD 命令要注意什么

（1）如果启用命令扩展（默认情况下），则当前目录字符串会被转换成使用磁盘上文件名的大小写，即当前目录路径会使用与磁盘上文件名相同的大、小写文件夹名称，就像它们在硬盘上显示的一样。比如，如果硬盘上的文件夹名为 C:\Temp，则 CD，d C:\TEMP 会将当前目录设置为 C:\Temp，与硬盘上该文件夹的文件夹名称格式相匹配。

要禁用某个特殊过程的命令扩展，应输入如下命令后按 Enter 键：

cmd e：off

当禁用命令扩展时，chdir 命令不会将空格作为分隔符处理。这样，不用将[Path]放在引号中，就可以更改到含有空格的子目录名。比如，下述路径可更改到“开始菜单”子目录：

例如在扩展功能启用的情况下，可以使用下述命令进入 Windows XP 的开始菜单。

cd C:\Documents and Settings\usename\[开始]菜单

但是，在扩展命令禁用的情况下，则必须输入以下命令。否则该命令会将空格作为分隔符处理。因此，必须用引号将包含空格的子文件夹名引起来。

cd “\winnt\profiles\username\programs\start menu”

（2）CD 命令只能应用于同一个驱动器下的目录。

（3）CD 语句可以改变缺省目录位置，但不会改变缺省驱动器位置。比如，如果缺省的驱动器是 C，则如下命令可以改变驱动器 D 上的缺省目录，但是 C 仍然是缺省的驱动器：

CD d:\temp

（4）故障恢复控制台提供了带有不同参数的 CD 命令。

4. 如何显示当前目录

使用 CD 命令时仅带一个驱动器号，则显示当前驱动器名称和文件夹。在不含参数的情况下，使用 CD 命令只显示当前驱动器和目录。比如，在命令提示符下输入如下命令后按 Enter 键：

CD D:

则系统显示为 I:\。

5. 如何更改到根目录

根目录是驱动器的目录树状结构的顶层。要返回到根目录，应输入如下命令后按 Enter 键：

CD\

6. 如何从其他驱动器更改某个驱动器上的默认目录

要从当前所在的驱动器上更改某个驱动器上的默认目录，应输入如下命令之一：

chdir[Drive:\[directory]]

cd[Drire:\[directory]]

要验证对该目录所作的更改，应输入下述命令之一：

chdir[Drive:]

cd[Drive:]

7. 如何返回到上一层目录

如果当前路径为 I:\PC\20060102，要返回到上一层目录 PC 下，则输入如下命令后按 Enter 键：

cd..

此时当前路径就变为了 I:\PC。

再执行一次“cd..”操作，则返回到“I:\”目录。

8. 如何进入下一层目录

如果想进入下一层目录，在当前命令提示符下输入 cd[目录名]。比如，当前目录为 I:\PC\，输入如下命令后按 Enter 键：

CD 20060102

此时当前路径就变为了 I:\PC\20060102。

如果使用时含有驱动器号，则 cd 则显示该驱动器的当前目录。

9. 如何由一个驱动器目录进入另外一个驱动器的默认目录

如果想改变当前驱动器的目录 C:\document and settings>，进入到 D 驱动器默认目录，则在当前命令提示符下输入如下命令后按 Enter 键：

D：

10. 如何由一个驱动器目录进入另外一个驱动器的指定目录

如果想从当前驱动器 C 上将默认目录更改为 I:\PC，则输入如下命令后按 Enter 键：

CD I:\PC

I：

此时系统显示的当前目录就为 I:\PC。

11. 如何快速进入到另外一个驱动器的指定目录

如果当前目录是 C:\Document and Settings，要切换到 I:\PC\20060103，如果在命令提示符下输入如下命令后按 Enter 键：

CD I:\PC\20060103

I：

上述切换过程就太过繁琐，其实使用参数“/d”就可以快速改变当前目录，如果使用“/d”参数可以用 DOS 命令快速切换目录，也就是在命令提示符下输入如下命令后按 Enter 键：

CD/D I:\PC\20060103

提示!! 参数“/d”只在 Windows 2000/XP 下的 DOS 环境有效。

4-5 COPY——拷贝文件

1. COPY 命令的功能是什么

COPY 命令的功能就是拷贝文件，即将一个（或多个）文件从一个位置复制到其他位置。所谓复制，就是指在原来的文件没有任何改变的情况下，重新产生一个或多个内容与原文件没有任何差别的文件副本。

2. COPY 命令的语法是怎样的

COPY 命令的语法形式为：

Copy[/d][/v][/n][{/y|/-y}][/z][{/a|/b}]Source[{/a|/b}][+Source[{/a|/b}] [+...]] [Destination[{/a|/b}]]

3. COPY 命令的参数各有什么作用

/d：允许将复制的加密文件在目标处作为解密文件保存。

/v：验证是否正确写入新文件。

/n：在复制名字超过 8 个字符，或者文件扩展名超过 3 个字符的文件时使用短文件名（如果有的话）。

/y：禁止提示您确认要覆盖现存的目标文件。

/-y：提示确认要覆盖现存的目标文件。

/z：在重启模式中复制网络文件。

/a：表明 ASCII 格式复制、合并文件。

/b：表明以二进制格式复制、合并文件。

Source：必须指定要复制的文件或文件集的所在位置。source 可以由驱动器号和冒号、文件夹名、文件名或这几者的组合所构成。

Destination：必须指定要将文件或文件集复制到的位置。Destination 可以由驱动器号和冒号、文件夹名、文件名及这几者的组合所组成。

/?：在命令提示符显示帮助。

4. 使用 COPY 命令时，目的目录一定要存在吗

使用 COPY 命令进行文件拷贝时，目的目录一定要存在，否则，系统将提示找不到该目录，从而出错。

5. 使用/a 参数时要注意什么

（1）无论/a 是出现在命令行的文件列表之前还是文件列表之后，它都适用于所有已列出的文件，直到 COPY 命令遇到/b 参数。在这种情况下，/b 应用于文件前面的/b。

（2）/a 参数的作用取决于它在命令行字符串中的位置。当/a 紧随 Source 之后时，copy 会将文件当作 ASCII（文本）文件，并复制第一个文件结束符前的数据。

（3）当/a 紧随 Destination 之后时，copy 会添加文件结束符作为文件的最后一个字符。

6. 使用/b 参数时要注意什么

（1）/b 是 copy 的默认值，除非 copy 用于合并文件。/b 指定命令解释器读取目录中由文件大小指定的字节数。

（2）无论/b 在命令行中位于文件列表之前（或之后）时，它都适用于所有已列出的文件，直到 copy 遇到/a。在这种情况下，/a 应用于文件前面的/a。

（3）/b 的作用取决于它在命令行字符串中的位置。当/b 紧随 Source 之后时，copy 复制包含任何文件结束符的整个文件。

④当/b 紧随 Destination 之后时，copy 不会添加文件结束符。

7. 使用/V 参数时要注意什么

如果写入操作不能校验，则会出现错误消息。尽管使用 copy 很少发生记录错误，但是仍可以使用/v 来确保重要的数据已正确记录。因为要检查驱动器上记录的每一个扇区，所以该/v 命令行选项也会使 COPY 命令的运行速度减慢。

8. 使用/Y 和/–Y 参数时要注意什么

如果在 copy 环境变量中预先设置了/y 参数，可以通过在命令行使用/-y 来替换该设置。默认情况下，在替换该设置时会提示用户，除非该 COPY 命令在批处理脚本中执行。

9. 使用附加文件时要注意什么

如果要附加文件，应为 Destination 指定单个文件，但要为 Source 指定多个文件（使用通配符或文件 1+文件 2+文件 3 的格式）。

10. 使用/Z 参数时要注意什么

如果在复制阶段连接丢失（比如，如果服务器脱机切断了连接），copy/Z 将在重新建立连接后继续复制。/Z 同时会显示每个文件已完成的复制操作的百分比。

11. 复制到设备以及从设备复制时要注意什么

可以用设备名替换一次或多次出现的 Source 或 Destination。

当 Destination 是设备时（比如，Coml 或 Lptl），/b 将以二进制模式将数据复制到该设备。在二进制模式下，copy/b 会将所有字符（包括特殊字符，比如，CTRL+C、CTRL+S、CTRL+Z 以及换行符等）作为数据复制到设备。但是，如果省略了/b，则会以 ASCII 模式将数据复制到设备。在 ASCII 模式下，特殊字符可能导致 Windows XP 在复制过程中合并文件。

12. 使用默认目标文件时要注意什么

如果不指定目标文件，将使用与源文件相同的名称、创建日期、创建时间来创建副本，并将新副本置于当前驱动器的当前目录中。如果源文件位于当前驱动器的当前目录中，而您没有为目标文件指定其他驱动器或目录，则 COPY 命令将终止并显示下列错误消息：

File cannot be copied onto itself（文件不能自我拷贝）

0 File（s） copied（拷贝了 0 个文件）

13. 合并文件时要注意什么

如果指定了使用加号（+）分隔的多个 Source，那么 copy 操作会将这些文件合并在单个文件之中。如果在 Source 中使用了通配符（*或?），但在 Destination 中指定了单个文件名，则 copy 会将所有与 Source 中的文件名匹配的文件合并，并使用在 Destination 中指定的文件名来创建单个文件。除非使用了/b 命令行选项，否则在任一种情形中，copy 都会假定合并的文件是 ASCII 文件。

14. COPY 命令能复制空文件吗

Copy 不会复制 0 字节长度的文件，即空文件。若要复制空文件，使用：xCOPY 命令。

15. 如何将当前的时间和日期指派给文件而不修改文件

如果要将当前的时间和日期指派给文件而不修改文件，应使用以下语法：

copy/b Source+,

逗号表明省略了 Destination 参数。

16. 如何备份下载文件

在使用计算机时，也许会遇到这样的麻烦：网际快车里有下载了一半和已下载完的文件管理列表，一旦计算机发生故障，不得不重装系统时，会导致这个列表丢失，非常麻烦。怎样才能备份这些下载信息呢?

网际快车的下载信息主要保存在两个地方：一个是安装目录下的default.jcd文件，该文件是网际快车下载数据库文件，保存了下载文件和下载文件完成情况等有关信息；另一个是网际快车的下载文件夹，默认是"C:\downloads"目录，里面保存了已下载和正下载的文件。重装系统之前需要将它们备份，可以使用COPY命令实现。

如果要将C:\downloads目录中的内容备份到E:\网际快车备份，则在C盘根目录下输入如下命令后按Enter键：

copy c:\downloads E:\网际快车备份

也可以直接在当前命令提示符下输入如下命令后按Enter键：

copy dowsloads e:\网际快车备份

用同样的方法将default.jcd文件备份。

以后要恢复的时候，只需把default.jcd文件和下载文件复制回原路径即可。

17. 如何备份驱动程序

重装系统之后，必须重新安装驱动程序。从Windows 2000/XP开始，在C:\windows\driver cache\i386（Windows 2000则是C:\winnt\driver cache\i386）文件夹下会自动建立一个driver.cab文件，该文件里打包了Windows中所有的通用驱动程序。这样新增硬件的时候系统就不会提示插入Windows系统光盘了（区别于Windows 98），而是直接从driver.cab里提取。因此，在重装系统之前，备份driver.cab文件是至关重要的。

如果要将driver.cab文件备份到"E:\驱动备份"目录中，则在当前命令提示符下输入如下命令后按Enter键：

cd windows\driver cache\i386\

copy driver.cab E:\驱动备份

也可以输入如下命令：

copy C:\Windows\driver cache\i386\driver.cab E:\驱动备份

18. 如何将某个文件复制到另外一个驱动上的某目录下

比如，在 C 驱动器当前目录下，要将 A 盘中的文件 CONFIG.SYS 复制到 C:\system 目录下，则在命令提示符下输入如下命令后按 Enter 键：

copy A:\ CONFIG.SYS C:\ system

如果目标盘上已有同名文件，则会出现类似“改写 C:\ system CONFIG.SYS 吗（Yes\No\All）>:”的提示信息，此时输入“Y” 后按 Enter 键，则覆盖当前文件；输入“N” 后按 Enter 键，则保留原来的文件；输入“A” 后按 Enter 键，则覆盖此后的所有文件而不再提问。

> 提示!! 如果 system 目录不存在，则系统将 CONFIG.SYS 文件复制到 C 盘根目录下。

19. 如何将某类型的文件复制到另外一个驱动上的某目录下

比如，要将 H:\DL 下所有扩展名为.doc 的文件复制到 K:\beifen 目录中，则在当前命令提示符下输入如下命令后按 Enter 键：

COPY H:\DL*.doc K:\beifen

20. 在同一个目录下，如何将同类型的文件合并保存在一个文件中

比如，把 H:\DL 目录下的 ch1.txt 和 ch2. txt 两个文件合并，并将结果保存在该目录下名为 ch3. txt 的文件中，则在当前命令提示符下输入如下命令后按 Enter 键：

COPY ch1. txt+ch2. txt ch3. txt

如果当前目录不是 C 盘根目录，则在当前命令提示符下输入如下命令后按 Enter 键：

COPY H:\DL\ch1. txt+ch2. txt H:\DL\ch3. txt

这两种命令执行后的结果相同，根据自己的实际环境灵活使用即可。

最后打开 ch3. txt 文档，即可发现该文件中的内容是 ch1.txt 和 ch2. txt 这两个文件中内容的合并。

提示!!

使用 COPY 命令不能将 DOC 类型的 Word 文件合并保存，但是可以将其他类型的文件合并后保存在 Word 文件中。

21. 在同一个目录下，如何将不同类型的文档文件合并保存在一个文件中

比如，要将 C:\document and settings 目录下所有扩展名为.txt 的文件合并，然后再将所有扩展名为.ref 的文件合并，最后将结果存放在 C:\document and settings 下 files.doc 中，则在当前目录下输入如下命令后按 Enter 键：

COPY *.txt+*.ref *.doc

22. 如何以二进制格式复制、合并文件

比如，要把 D:\download 目录下的 3 个 mpg 文件 1.mpg，2.mpg 和 3.mpg 合并成一个名为 4.mpg，则在当前目录下输入如下命令后按 Enter 键：

COPY/b D:\download\ b 1.mpg+2.mpg+3.mpg 4.mpg

然后输入如下命令后按 Enter 键，以查看合并后的效果：

start 4.mpg

23. 如何隐藏重要文件

一般情况下，COPY 命令合并文件的功能主要用于合并相同类型的文件，比如，将两个文本文件合并为一个文本文件、将两个独立的 MPEG 视频文件合并为一个连续的视频文件等。如果用 COPY 命令合并两个不同类型的文件，例如将一个文本文件合并到一个非文本文件中，可以实现隐藏秘密的作用。

比如，你有一段私人信息要隐藏起来，应先录入并保存为文本文件，假设保存为 001. txt,，另找一个非文本文件，最好为图片文件或可执行文件。以图片文件为例，假设它的文件名为 002.jpg。如果把它们都放到 D 盘根目录下，那么在 Windows 的 DOS 方式下执行以下命令：

d:\Copy 002.jpg/b+001.txt/a 003.jpg

其中参数/b 指定以二进制格式复制、合并文件；参数/a 指定以.ASCII

格式复制、合并文件。这里要注意文件的顺序，二进制格式的文件应放在加号前，文本格式的文件放在加号后。

执行该命令后，生成了一个新文件 003.jpg。回到 Windows 中用图片浏览软件打开它，你会发现它与 002.jpg 的显示结果一模一样，不过用记事本打开 003.jpg（在记事本的“打开”对话框中选择“文件类型”为“所有文件”才能打开非 txt 文件；或者直接用鼠标把图片拖进记事本窗口），会出现一堆乱码。但如果按下 Ctrl+End 键将光标移至文件的尾部，就会发现 001.txt 文件中的内容。

按照上述方法，可以很轻松地将一些重要信息隐藏起来，如用户 ID、密码、聊天记录、邮件信息等。根据笔者的经验，在文本文件的前面最好保留 3 行以上的空行，否则，很可能造成记事本文件头部内容的丢失。

24. 如何利用 COPY 命令解除 CMOS 密码

利用 COPY 命令解除 CMOS 密码的方法为：

（1）开机，当系统自检完毕准备引导 Windows 时，如果此时按下 F8 键，在选择“安全命令模式（Safe mode command prompt only）”后，在 DOS 提示符下输入如下命令后按 Enter 键：

COPY CON YK.COM

然后按 Enter 键，在编辑环境里输入如下信息后按 F6 键保存：

ALT+179
ALT+55
ALT++136
ALT+216
ALT+230
ALT+112
ALT+176
ALT+32
ALT+230
ALT+113
ALT+254
ALT+195

ALT+128
ALT+251
ALT+64
ALT+117
ALT+241
ALT+195

提示!!

输入以上数据时，是先按下 Alt 键，再按下键盘右边区域里的数字键盘里（按键盘上面那一排数字键是没有作用的）的数字键，输完一段数字后再松开 Alt 键，然后再按下 Alt 键输入下一段数字。输入过程中，每松开一次 Alt 键，屏幕上都会出现一个乱字符，此时不必理会。

（2）保存退出后，直接运行 YK.COM 文件，屏幕上应该没有任何提示信息。

（3）重新启动计算机，即可清除 CMOS 里的密码。当然，CMOS 里的其他设置也会同时被清除，这就需要重新设置了。

25. 如何将另外一个驱动器中某个目录下的所有文件复制到当前驱动器的根目录下

比如，如果当前驱动器为 C，要将 H 盘 backup 目录下的所有文件复制到 C 盘根目录下，则在命令提示符下依次输入如下命令并按 Enter 键：

```
CD H:\backup
COPY *.* C:\
```

26. 如何将另外一个驱动器中某个目录下的所有文件复制到当前目录下

比如，如果要将 H 盘 backup 目录下的所有文件复制到 C 盘当前目录下（提示符的缺省目录），则在命令提示符下依次输入如下命令并按 Enter 键：

```
CD H:\backup
COPY *.* C:
```

4-6 DEL——删除文件

1. DEL 命令的功能是什么

DEL 命令的功能就是删除磁盘上指定的文件。

2. DEL 命令的语法是怎样的

DEL 命令的语法形式为：

del [Drive:][Path]FileName[...][/p][/f][/s][/q][/a[:attributes]]

erase [Drive:][Path]FileName[...][/p][/f][/s][/q][/a[:attributes]]

3. DEL 命令的参数各有什么作用

[Drive:][Path]FileName：指定要删除的文件或文件集的位置和名称。FileName 可以使用多个文件名，用空格、逗号或分号分开。

/p：提示确认是否删除指定的文件，这是 DEL 命令中最常用的一个参数。

/f：使用此参数可强制删除只读文件。

/s：从当前目录及其所有子目录中删除指定文件，显示正在被删除的文件名。使用此参数即“rd/s”，可删除目录及目录下的所有子目录和文件。

/q：指定静音状态。使用/s 同时使用参数/q，可取消删除操作时的系统确认。

/a：根据指定的属性删除文件。删除指定属性或指定属性以外的文件，/ar、/ah、/as、/aa 分别表示删除只读、隐藏、系统、存档文件，/a-r、/a-h、/a-s、/a-a 表示删除除只读、隐藏、系统、存档以外的文件。例如“del/ar*.*表示删除当前目录下所有只读文件，“del/a-s*.*表示删除当前目录下除系统文件以外的所有文件。

Attributes：指定表 4-4 所示文件属性中的任意一种。

表 4-4

属　性	说　明
R	只读
A	存档
S	系统
H	隐藏
-	前缀表明“非”

/?：在命令提示符下显示帮助。

4. 如何使用 DEL 命令的/p 参数

如果使用/p 参数，del 将显示是否确认删除文件的提示，Y 确认删除，N 取消删除并显示下一个文件名（如果指定了一组文件），或者按 CTRL+C 停止 DEL 命令。

5. 禁用命令扩展后会有什么后果

如果禁用命令扩展，/s 命令行选项显示没有找到任何文件的名称，而不是显示正在删除的文件名称。

6. 如何一次删除多个文件

DEL 命令可以删除文件夹中的所有文件。比如，下列命令可删除 Work 文件夹中的所有文件：

DEL\work

提示!!

> 还可以使用通配符（*和?）一次删除多个文件。但是，在使用 DEL 命令时要慎重地使用通配符，以避免无意中删除文件。建议在使用带通配符的 DEL 命令来删除一组文件之前，可以使用带相同通配符的 dir 命令来查看包含在组中的所有文件名的列表。

7. DEL 命令会删除目录下的文件吗

会。DEL 命令在删除子目录之前，会先删除目录中的所有文件，当目录或文件被删除之后，将无法恢复，因此删除目录或文件时要谨慎。

8. 如何使用 DEL 命令清除冰河木马程序

使用 DEL 命令清除冰河木马程序的方法为：

（1）在 Windows 桌面中单击任务栏最左侧的“开始”按钮，在打开的菜单中单击“运行”，在打开的“运行”对话框中输入 regedit 后按 Enter 键打开注册表编辑器窗口。

（2）找到如下注册表子项：

HKEY_LOCAL_MACHINE\SOFTWARE\Microsoft\Windows\CurrentVersion\Run

（3）在右侧窗口找到 “C:\Windows\System\Kemel32.exe” 和“C:\Windows\System\Sysexplr.exe”这两个值项，并将其删除。

（4）重新启动到 MS-DOS 方式，依次输入以下命令并按 Enter 键：

DEL C:\Windows\System\Keme132.exe

DEL C:\Windows\System\Sysexplr.exe

这样就可以删除两个木马程序。

> 提示!! 冰河 2.2 版的启动项和服务器名可能是随机产生的，所以要仔细查找一切可疑项。

（5）删除完后重新启动计算机即可。

9. 如何删除某个目录及其子目录下的所有文件

比如，要删除 H:\DL 目录及其子目录下的所有文件，则在命令提示符下输入如下命令后按 Enter 键：

DEL H:\DL/s

此时系统提示是否确认删除，输入 Y 后按 Enter 键，即可完成删除操作。当删除子目录中的文件夹时，同样给出提示。

10. 如何删除某个目录下的指定类型的文件

比如，要将 I:\my music 目录下扩展名是 mp3 的文件删除，则在 I 盘根目录输入如下命令后按 Enter 键：

DEL I:\“my music”*.mp3

提示!!　如果要删除的目录名中包含空格，必须用引号将其括起来。

然后输入 DIR 命令，可以看到 mp3 文件已经不存在了。

11. 使用通配符时要注意什么

使用通配符（*和?）千万要慎重，以避免无意中删除重要文件。在使用带通配符的 DEL 命令删除一组文件之前，最好用带相同通配符的 DIR 命令来查看包含在组中的所有文件名列表。

4-7　REN（RENAME）——改变文件名

1. REN 命令的功能是什么

REN 命令的功能是改变一个或多个文件名。可以改变所有匹配指定文件名的文件名称。不能跨越驱动器改变文件名，也不能将文件移到其他目录。要改变子目录名或移动文件，可使用 MOVE 命令。

对于 REN 命令，7.0 以后版本的 DOS，都支持对文件名和目录名的修改；而 7.0 以前的 DOS，只能修改文件名。

2. REN 命令的语法形式是怎样的

REN 命令的语法形式为：

rename [drive:][path]filename1 filename2

ren [drive:][path]filename1 filename2

3. REN 命令的参数各有什么作用

[drive:][path]filename1：指定要重命名的文件或文件集的位置和名称。

filename2：为文件指定新的名称。如果使用通配符（*和?），则是为多个文件指定新名称。

4. 可以在不同的驱动器之间使用 REN 命令吗

可以重命名符合指定文件名的所有文件，但是不能使用 REN 命令重命名驱动器之间的文件或者将文件移动到不同的目录位置。

5. 通配符在 REN 命令中有什么特殊意义

在任何文件名参数中均可以使用通配符（*和?）。如果在 filename2 中使用通配符，则通配符代表的字符与 filename1 中的相应字符完全相同。

6. 可以将某个文件重命名为一个已经存在的文件名吗

不可以。对于 filename2，如果指定的文件名已经存在，使用 REN 命令将显示以下消息：

Duplicate file name or file not found

7. 如何重命名当前目录下的文件夹

比如，当前为 C 盘工作目录，现在要将 H 盘下的 DL 文件夹改名为 DIANLI，则在命令提示符下输入如下命令后按 Enter 键，可实现文件夹的重命名：

REN H:\DL DIANLI

然后输入 DIR 命令展开 H 盘目录列表，就可以看到重命名后的结果。

8. 如何重命名带有空格的文件或文件夹

如果将 H 盘当前目录 DIANLI 下的文件夹“DIANLI DOC” 重命名为“DIANLI DOCS”，则在当前命令提示符下输入如下命令后按 Enter 键：

REN “DIANLI DOC” “DIANLI DOCS”

即可实现此文件夹的改名。然后可以 DIR 命令检查结果。

9. 如何重命名一组有类似文件名的不同种类的文件

如果要给一组有类似文件名的不同种类的文件重命名，则需要使用通配符，这样比对单个文件逐一操作要快捷方便得多。

比如，要给 H:\DIANLI 目录下所有文件名以 ch 开头的文件重命名，方法为：

（1）在命令提示符下输入如下命令后按 Enter 键：

DIR H:\DIANLI\ch*.*

这样就列出了 H:\DIANLI 目录下所有文件名以 ch 开头的文件，以便对进行重命名的文件进行查看。

（2）在当前命令提示符下输入如下命令后按 Enter 键：

REN H:\DIANLI\ch*.* document.*

执行后即完成了重命名。

（3）若要确认重命名是否成功，则在命令提示符下输入

DIR H:\DIANLI

便可以看到所有以 ch 开头的文件均更名为以 document 开头的文件。

4-8　TYPE——浏览文本

1. TYPE 命令的功能是什么

TYPE 命令的功能就是显示文本文件的内容，它只是用来查看文本文件的内容，而不会修改文件。

2. TYPE 命令的语法形式是怎样的

TYPE 命令的语法形式为：

type [Drive:][]Path]FileName

3. TYPE 命令的参数有什么作用

[Drive:][1 Path]FileName：指定要查看的一个或多个文件的位置和名称。用空格分开多个文件名。

/?：在命令提示符显示帮助。

4. 使用 TYPE 命令要注意什么

使用 TYPE 命令时，要注意如下事项：

（1）如果使用包含空格的 NTFS 驱动器和 FileName，则用引号引住文本，即“FileName”。

（2）如果显示二进制文件或由程序创建的文件，屏幕上将出现奇怪的字符，包括换页符和转义序列字符。这些字符代表二进制文件中使用的控制代码。通常情况下，不要使用 TYPE 命令显示二进制文件。

5. 如何显示某个目录下的某个文件的内容

比如，要显示 D:\Tencent 目录下的文本文件 test.txt 中的内容，则在命令提示符下输入如下命令后按 Enter 键：

```
TYPE D:\Tencent\test.txt
```

6. 如何分屏显示某个目录下的某个文件的内容

比如，要显示 D:\Tencent 目录下的文本文件 test.txt 中的内容，并且每次只显示一屏长文件的内容，则在命令提示符下输入如下命令后按 Enter 键：

```
TYPE D:\Tencent\test.txt|more
```

提示!!

“-more-”提示符显示在屏幕的底行，提示按任意键可以查看更多的内容。

4-9 PATH——设置路径

1. PATH 命令的功能是什么

设置 PATH 环境变量（用于查找可执行文件的目录集）中的可执行命令，也就是 COM、EXE、BAT 文件的路径。

2. PATH 命令的语法形式是怎样的

PATH 命令的语法形式为：

```
path [[%path%][Drive:1Path[;...]]
```

3. PATH 命令的参数各有什么作用

[Drive:]Path：指定命令目录中设置的驱动器和目录。

“;”：分隔命令路径中的目录。

%path%：将命令路径添加到 PATH 环境变量中列出的现有目录集中。

4. 使用“;”参数时要注意什么

使用“;”作为唯一参数时，“;”可以删除在 Path 变量中找到的现有的命令路径值。

5. 使用%path%会出现什么情况

当在语法中包含%path%时，cmd.exe 将使用在 PATH 变量中找到的命令路径值替换该参数，从而无需在命令行中手动输入这些值。

6. PATH 命令的长度有什么限制

PATH 命令的最大长度为 127 个字符。要在搜索路径中加入更多的目录，可以缩短路径名，使用 SUBST 命令把目录重定向到逻辑驱动器(它能缩短 PATH 命令行中的项)，或使用 APPEND /X:ON 命令。

7. 在搜索路径中有多个同名文件时会怎么样

在搜索路径中可能有多个文件名和扩展名都相同的文件。MS-DOS 先在当前目录中搜索指定文件，然后按 PATH 命令中的目录顺序搜索文件。

8. 如何指定多个搜索路径

在 PATH 命令中指定多个搜索路径时，可用分号“:”将各目录分开。

比如指定 Windows XP 可以搜索 3 个目录以查找外部命令，这些目录的 3 个路径是：C:\user\taxes、b:\user\invest 和 b:\bin，则在命令提示符后输入如下命令后按 Enter 键：

path C:\user\taxes；b:\user、inVest；b:\bin

9. 在 AUTOEXEC.BAT 文件中使用 PATH 命令有什作用

将 PATH 命令放在 AUTOEXEC.BAT 文件中，就可在启动计算机时自动地指定搜索路径。

10. 如何搜索 MS–DOS 子系统

如果将 path 命令放在 Autoexec.nt 文件中，每次登录到计算机时，该命令会自动将指定的 MS-DOS 子系统搜索路径添加到 Windows XP/2003 搜索路径中。cmd.exe 并不使用 Autoexec.nt 文件。从快捷方式启动时，cmd.exe 将继承 My Computer/Properties/Advanced/Environment 中设置的环境变量。

11. 如何搜索可执行文件

当我们执行一个文件时，计算机先在当前目录下查找这个文件，找到则执行，如果没有找到，则计算机按照 path 命令所指定的目录顺序去查找，先在 C 盘 DOS 目录下，然后在 Windows 目录下，最后在 C 盘根目录下寻找这个文件。操作很简单，就是在命令提示符后输入如下命令后按 Enter 键：

path=C:\DOS：C:\Windows；C:\

4-10 CLS——清除屏幕信息

1. CLS 命令的功能是什么

CLS 命令的功能就是清除显示器屏幕上的内容，使 DOS 提示符到屏幕左上角。

2. CLS 命令的语法形式是怎样的

CLS 命令的语法很简单，就是：

CLS 命令的参数只有一个，就是“/?”，用于在命令提示符显示帮助。

3. 如何清除显示在命令提示符窗口中的所有信息

要清除显示在命令提示符窗口中的所有信息，并返回空窗口，则在输入如下命令后按 Enter 键：

cls

此时就会发现屏幕已经被清除。

4-11　TIME——显示或设置系统时间

1. TIME 命令的功能是什么

TIME 命令的功能就是显示或设置 DOS 系统的时间。不带参数时，time 显示系统时间并提示您输入一个新时间。

2. TIME 命令的语法形式是怎样的

TIME 命令的语法形式为：

time [/t][/time][hours：[minutes[:seconds[.hundredths]]][{A|P}]]

3. TIME 命令的参数各有什么作用

/t：显示当前系统时间，不提示您输入新时间。

/time：与/t 作用相同。

Hours：指定小时。有效值范围为 0~23。

Minutes：指定分钟。有效值范围为 0~59。

Seconds：指定秒数。有效值范围为 0~59。

Hundredths：指定百分之一秒。有效值范围为 0~99。

{A|P }：为 12 小时格式指定 A.M 或 P.M。若不输入 A 或 P，则 time 将使用 A 来代表 A.M。

/?：在命令提示符显示帮助。

4. 使用 TIME 命令要注意什么

（1）不带参数使用 time 时，按 Enter 键保持同一时间。

（2）/t 命令行选项仅在启用命令扩展时（即默认时）可用。

（3）如果以无效格式指定时间，则会显示下列消息，同时系统会等待您以正确格式输入时间：

系统无法接受输入时间。

输入新时间：

5. 如何更改时间格式

通过更改 Windows 中的“控制面板”中的“日期和时间”的设置可以更改“时间”的格式。只对 MS-DOS 子系统，更改 Config.sys 文件中的 country 设置。根据选择的“国家（地区）”，将以 12 小时格式或 24 小时格式显示时间。如果按 12 小时格式设置时间，则将下午时间指定为 P。

6. 如何让 MS-DOS 在启动时提示时间

若希望 MS-DOS 在启动系统时提示当前时间，则可以在 AUTOEXEC.BAT 文件中增加 TIME 命令。如果无 AUTOEXEC.BAT 文件，则 MS-DOS 将自动提示时间。

7. 如何将计算机时钟设置为某个时间的 P.M.格式

比如，将计算机时钟设置为 3:36 P.M.，则在命令提示符后输入以下任意一条命令后按 Enter 键：

time 15:36

或 time 3:36P

4-12 DATE——显示和设置系统日期

1. DATE 命令的功能是什么

DATE 命令的功能就是显示和设置 DOS 的系统日期。

如果在不含参数的情况下使用，则 date 将显示当前系统日期设置并提示用户输入新日期。

2. DATE 命令的语法形式是怎样的

DATE 命令的语法形式为：

date [mm-dd-yy][/t]

3. DATE 命令的参数各有什么作用

mm-dd-yy：设置指定日期，此处 mm 指月，dd 指天，yy 指年。

/t：显示当前日期，但不提示输入新日期。

/?：在命令提示符显示帮助。

4. 使用 DATE 命令要注意什么

（1）必须用句点（.）、连字符（-）或斜线标记（/）将 mm、dd 以及 yy 分隔。

（2）mm 的有效值范围是从 1~12。

（3）dd 的有效值范围是从 1~31。

（4）yy 的有效值范围是从 80~99 或从 1980~2099。

（5）不论一个月有 28 天、29 天、30 天还是 31 天，Windows XP 都能自动更改月份和年份。

5. 在 AUTOEXEC.BAT 文件使用 DATE 命令有什么作用

如果将 DATE 命令写在 AUTOEXEC.BAT 文件中，则可在每次机器启动时向用户提示日期。

6. 如何显示当前的系统日期

要显示当前的系统日期，则在提示符下输入如下命令后按 Enter 键：

Date /t

这里显示的是当前的系统日期，运行结果如图 4-10 所示。

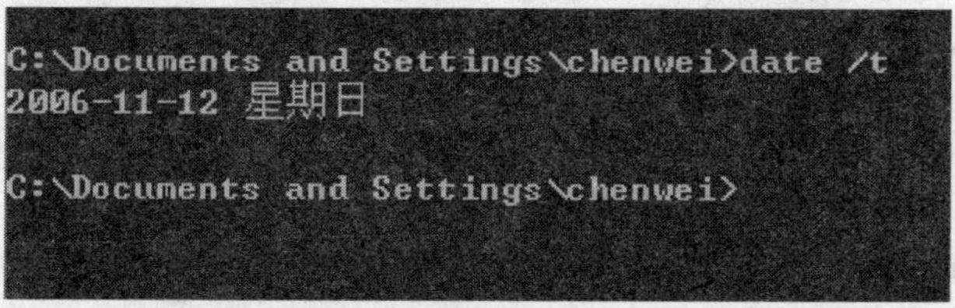

图 4-10

7. 如何修改当前的系统日期

如果要对当前日期进行修改，就分别输入年、月、日，然后回车，日期即可修改成功。例如要把当前日校正到"2007 年 1 月 1 日"，则先在提示符下输入如下命令后按 Enter 键：

Date

然后在出现的"输入新的日期：(年月日)"后输入：2007-1-1，按 Enter 键，命令执行后，可以再用 Dale /t 命令查看结果，如图 4-11 所示。

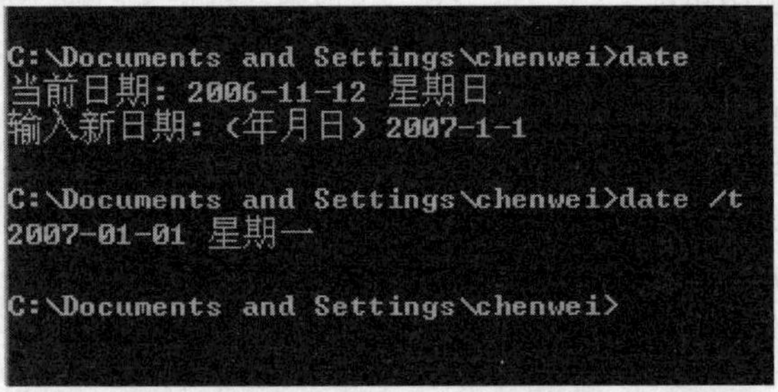

图 4-11

> 提示!!
>
> 对于日期的输入，合法的输入格式有：
>
> 2005.10.28
>
> 2005-10-28
>
> 2005/10/28 等。

4-13 VER——系统版本

1. VER 命令的功能是什么

VER 命令的功能就是显示正在运行的操作系统的版本号。如果是在纯 DOS 环境下运行 VER 命令，则显示的就是当前 DOS 系统的版本号；如果是在 Windows 的命令提示符下运行 VER 命令，则显示的就是当前 Windows 操作系统的版本号。

2. VER 命令的语法格式和参数是怎样的

VER 命令的语法格式很简单，就是：

ver

其参数只有一个，就是“/?”，用语在命令提示符下显示帮助。

3. 如何获取当前操作系统的版本号

要获取当前操作系统的版本号，分为两种情况：

（1）如果是在纯 DOS 环境下运行 VER 命令，在命令提示符后输入如下命令后按 Enter 键：

Ver

MS-DOS 将显示如下类似信息：

MS-DOS Version 6.22

（2）如果是在 Windows 环境下的命令提示符后运行 VER 命令，在命令提示符后输入如下命令后按 Enter 键：

Ver

则运行结果如图 4-12 所示。

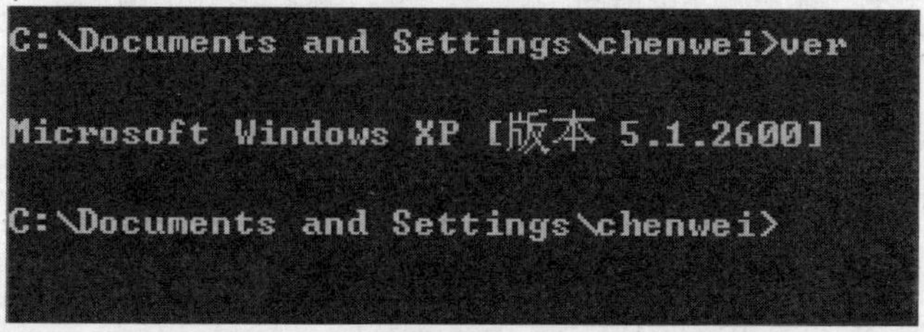

图 4-12

4-14　PROMPT——提示符

1. PROMPT 命令的功能是什么

PROMPT 命令的功能是更改 cmd.exe 提示符。如果不带参数使用，prompt 将命令提示符重置为默认设置，当前驱动器盘符后接当前目录和大于符号（>）。

2. PROMPT 命令的语法是怎样的

PROMPT 命令的语法形式为：

prompt [text]

其中，参数 text 指定要包含在系统提示符中的任何文本和信息。

3. 除字符串外，能够包括在 text 命令行选项中的字符组合有哪些

可以自定义命令提示符，以显示所需的任何文本，包括当前目录名、时间和日期以及 Windows XP 版本号等信息。

如表 4-5 所示列出了能够在 text 命令行选项中包含的字符组合，而不是（或除了）一个或多个字符串。列表包括对添加到命令提示符的每个字符组合的文本或信息的简要描述。

表 4-5

字符	说　明
$q	=（等号）
$$	$ （美元符号）
$t	当前时间
$d	当前日期
$p	当前驱动器和路径
$v	Windows XP 版本号
$n	当前驱动器
$g	>（大于号）
$l	<（小于号）
$b	|（pipe）
$_	回车符一换行符
$e	ANSI 转义代码（代码 27）
$h	退格键（删除已写入提示命令行的字符）
$a	&（与符号）
$c	（（左括号）
$F	）（右括号）
$s	Space

另外，当启用了命令扩展（即默认值）时，prompt 命令可支持表 4-6 中列出的格式化字符。

表 4-6

字符	说　明
$+	零个或多个加号（+）字符，取决于 pushd 目录堆栈的深度，每推入一级一个字符
$m	与当前驱动器盘符关联的远程名称，如果当前驱动器不是网络驱动器，则为空字符串

4. 使用$p 参数会有什么后果

如果在文本参数中包括$p 字符，系统将在输入每个命令后读取磁盘，以确定当前驱动器和路径。这样会比较浪费时间，特别是对于软盘驱动器。

5. 如何查看 Windows XP 版本号

要查看 Windows XP 的版本号，则在命令提示符后输入如下命令后按 Enter 键：

prompt vg

运行结果如图 4-13 所示。

图 4-13

如果想要恢复原来的设置，那么在命令提示符下输入如下命令后按 Enter 键：

prompt pg

或者 prompt

6. 如何将命令提示设置为当前驱动器和路径，并跟一个大于符号

以下命令将命令提示设置为当前驱动器和路径，并跟一个大于符号(>)：

prompt pg

7. 如何在第一行显示当前时间，在第二行显示党旗日期

以下命令显示两行命令提示，第一行显示当前时间，第二行显示当前日期：

prompt time is: t_date is: $d

运行结果如图 4-14 所示。

图 4-14

只要在星期后输入 prompt 就可以结束运行，退回到命令提示符状态。

4-15 DISKCOPY——磁盘复制

1. DISKCOPY 命令的功能是什么

DISKCOPY 命令的功能是复制出一个和原来磁盘内容一模一样的磁盘，也就是将源驱动器中软盘的内容复制到目标驱动器中已格式化或未格式化的软盘上。如果不指定参数，DISKCOPY 使用当前驱动器作为源盘和目标盘。

DISKCOPY 命令的主要用途就是用来备份。比如，我们的电脑在刚买来时，会随机附带一些设备驱动程序磁盘，这些驱动程序在以后都有可能用到，为防止这些磁盘的损坏，一定要将它们都备份一套，这时，使用 DISKCOPY 命令是比较快捷和方便的。

2. DISKCOPY 命令的语法形式是怎样的

DISKCOPY 命令的语法形式为：

DISKCOPY [drive1：[drive2:]][/1] [/V] [/M]

3. DISKCOPY 命令的参数有什么作用

drive1：指定包含源盘的驱动器。

drive2：指定包含目标盘的驱动器。

/1：仅拷贝第一面。

/V：验证拷贝信息是否正确。该开关项将使得拷贝速度放慢。

/M：强制 DISKCOPY 只能使用内存保存中间信息。默认情况下，DISKCOPY 也可以使用硬盘，这样可减少用户转换软盘的次数。

/?：在命令提示符下显示帮助。

4. DISKCOPY 命令能用于硬盘吗

DISKCOPY 只适用于可移动磁盘，例如软盘。DISKCOPY 命令不能用于硬盘。如果将 drive1 或 drive 2 指定为硬盘驱动器，DISKCOPY 将显示以下错误消息：

Invalid drive specification（无效的磁盘规格）

Specified drive does not exist or is nonremovable（该规格的磁盘不存在或不是可移动磁盘）

5. DISKCOPY 命令对用于复制操作的源盘和目标盘有何要求

如果有两个可移动驱动器可以用来磁盘对拷，这两个驱动器的规格必须是一样的，否则将显示以下错误消息：

Drive type or diskette type not compatible（磁盘类型不兼容）

如果复制的目标盘（drive 2 中的软盘）未格式化，DISKCOPY 将按与 drive 1 中的磁盘相同的面数和每道扇区数格式化软盘。DISKCOPY 在格式化磁盘和复制文件时显示以下信息：

Formatting while copying

如果源磁盘有卷序列号，DISKCOPY 将为目标盘创建新的卷序列号，并在复制操作完成时显示这个序列号。

6. 在省略驱动器参数的情况下会发生什么事情

如果省略 drive 2 参数，DISKCOPY 将把当前驱动器作为目标驱动器。如果省略这两个驱动器参数，DISKCOPY 将使用当前驱动器作为这两个参数，DISKCOPY 会提示您根据需要交换磁盘。

7. 使用一个驱动器进行复制时会发生什么事情

如果 drive 1 和 drive 2 是相同的，DISKCOPY 将提醒用户切换磁盘。如果省略这两个 drive 参数，并且当前磁盘驱动器为软盘驱动器，DISKCOPY 将在每次需要在驱动器中插入软盘的时候都提醒用户。如果磁盘包含的信息超过了可以保留的可用内存，DISKCOPY 将无法立即读取全部信息。DISKCOPY 从源磁盘读取，写入目标磁盘，然后提示您再次插入源磁盘。此进程持续到复制完整磁盘为止。

8. 如何避免磁盘碎片

由于 DISKCOPY 实际拷贝源盘到目的盘，任何源盘中的碎片都将拷贝到目的盘。

碎片是磁片上较小的未用空间。磁盘的碎片可导致查找、读、写文件速度放慢。为避免碎片的传递，可使用 COPY 或 XCOPY 命令拷贝。因为 COPY 和 XCOPY 顺序拷贝文件，因此新盘中没有碎片。

9. 如何拷贝启动盘

如果用 DISCOPY 命令拷贝一个启动盘，备份也将是一个启动盘。如果用 COPY 和 XCOPY 拷贝一个启动盘，备份一般都不再是启动盘。

退出代码

表 4-7 出了退出码（参数 ERRORLEVEL）及相应的简短说明。

表 4-7

退出码	说　明
0	复制操作已成功
1	发生非致命的读/写错误
3	发生致命硬错误
4	出现了初始化错误

10. 如何备份设备驱动程序磁盘

在电脑刚买来的时候，会随机附带一些设备驱动程序磁盘，这些驱动程序在以后都有可能用到，为防止这些磁盘的损坏，一定要将它们都备份一套，这时使用 DISCOPY 命令是比较快捷和方便的。

方法为：

（1）在提示符后输入如下命令后按 Enter 键：

DISKCOPY a：a：

此时可以看到 A 盘指示灯亮，说明正在读 A 盘。

（2）插入源盘，然后按下 Enter 键。

（3）稍等片刻，插入目标盘后回车，等到出现“是否复制另一张磁盘（Y/N）”时，表示当前磁盘已复制完成。

（4）如果还要复制另一张磁盘，就输入 Y；否则输入 N，然后按 Enter 键退出 DISKCOPY 命令，返回到 DOS 提示符。

（5）取出目标盘，完成整个操作。

提示!!

①用磁盘复制命令时，应确认目标盘没有可用信息。如果目标盘没有格式化，则磁盘复制命令自动对其进行磁盘格式化。

②如果该计算机上有两个软驱，并且其类型相同，就可使用 DISKCOPY a: b: 命令，而不必替换磁盘。

4-16　DELTREE——删除目录树

1. DELTREE 命令的功能是什么

在 Windows 98/Me 操作系统下，当用 rd 命令删除目录时，要先把目录中的文件删除，如果目录内还有子目录，就需要先进入此目录内，用 rd 命令把子目录删除。如果子目录下还有更深一层的子目录和文件，就要重复上述工作。可以想象，当目录层数很多时，删除起来就会相当麻烦。

为此，DOS 提供了一条快速删除目录的命令——deltree。deltree 命令的英文解释为：delete tree，它的作用是删除目录和目录下的所有子目录和文件。这条命令不管目录下面有多少子目录和文件，都会一次性删除。

在 Windows 2000/XP/2003 下的 DOS 命令集中，deltree 这条命令已经被 rd /s 所取代。“rd /s”的作用就是删除目录及目录下的所有子目录和文件，它可以取代 deltree 命令。也就是说由于微软增强了 rd 命令的功能，因此，也把原来 DOS 下的 deltree 命令去掉了。

2. Deltree 命令的语法是怎样的

deltree [/Y][drive:]Path[[drive:]Path[…]]

可以简单表示为：

deltree [盘符][路径]

3. Deltree 命令的参数各有什么作用

/Y：确定想要删除该目录的所有子目录，也就是直接执行 Deltree 命令，而不等待你的确认。

[drive:]Path：指定要删除目录的位置和名称。

4. 使用 Deltree 命令时要注意什么

（1）该命令可以删除一个或多个文件夹。当执行此命令时，该目录下所有的文件夹和文件将会被删除，所以要谨慎使用。

（2）在对一个文件夹进行操作的前提下，deltree 命令不带/Y 参数时的使用效果和 rd /s 是一样的，反之和 rd /s/q 的执行结果是一样的。

（3）也可以用该命令来删除文件，但是要指定具体文件名，而且不用考虑该文件是否为“只读”或者“隐藏”属性，即不必用 attrib 命令重置属性就可删除。

（4）Deltree 命令不能在 Windows 2000/XP/2003 环境下使用。

总而言之，使用任何删除命令都要小心翼翼，尽量不要将系统的确认提示关闭，避免不必要的误操作所带来的损失。

5. 如何快速删除文件夹

为增加硬盘空单间，打算卸载一个大游戏（安装在 K:\moto 里），因为该游戏没有卸载程序，要想卸载只好直接在 Windows 下删除 K:\moto。结果实际删除时发现速度奇慢，竟然用了 3 分钟，难道没有快一点的方法吗？

经过分析，导致删除速度慢的原因是由于被删目录（K:\moto）里的文件太多，而且 Windows 的本身的删除机制过于死板造成速度慢。经过反复试验，发现在 DOS 下用 deltree 命令删除目录树最快。

在命令提示符下输入如下命令后按 Enter 键：

Deltree K:/moto

在显示确认删除的提示后输入 y，不到一分钟就删除完毕。

6. 如何删除指定目录及该目录下的所有子目录和文件

在 Windows 98/Me 的 DOS 窗口中，如果要删除 K 盘下的 quewang 目录，包括 quewang 目录下的所有子目录和文件，则可以在命令提示符下输入如下命令后按 Enter 键：

deltre K:\ quewang

系统会提示是否确认删除，按下 y，即可删除。

如何只删除指定目录下的所有子目录和文件？

比如，要删除 K 盘 quewang 目录下的所有子目录和文件，只剩一个空的 quewang 目录，可以在命令提示符下输入如下命令后按 Enter 键：

deltree K:\ quewang*.*

执行后，系统会提示是否确认删除，按下 y，即可删除。

7. 如何只删除指定类型的文件

deltree 命令可以用来删除文件，在删除文件时不仅支持通配符，而且可以删除任何属性的文件。比如，要删除当前目录下所有扩展名为 txt 的任何属性的文件，可以在命令提示符后输入如下命令后按 Enter 键：

deltree *.txt

执行此命令时，系统在删除每个文件时会给出是否删除的提问。如果你不想让它出现这种提问，可以输入如下命令后按 Enter 键：

deltree /Y *.txt

参数/Y 的作用是确定想要删除该目录的所有子目录。

8. 如何快速把当前目录变成一个空目录

使用 deltree /Y，可以删除当前目录下的所有文件、所有子目录及其属下的文件而不管它们是什么性质的，即把当前目录变成一个空目录。

9. 如何快速格式化软盘

在命令提示符下输入如下命令后按 Enter 键：

deltree /Y a:

这样会将 A 盘上的所有文件及目录一并删去，其作用相当于对软盘的快速格式化。如果我们用 format /q 格式化软盘时，常常会出现“This disk cannot be Quick formatted”的提示，即不能用快速方式格式化，而用 deltree 就不会有这样的缺陷。

4-17 MEM——显示内存分配

1. MEM 命令的功能是什么

MEM 命令用于显示有关分配内存区域、可用内存区域和当前在 MS-DOS 子系统中加载进内存的程序信息，简单地说，就是查看你的计算机内存有多少，以及内存的使用情况。

2. MEM 命令的语法形式是怎样的

MEM 命令的语法形式为：

MEM [/CLASSIFY|/DEBUG|/FREE|/MODULE modulename] [/PAGE]

MEM [{/program|/debug|/classify}]

3. MEM 命令的参数各有什么作用

/program：显示正加载进入内存的程序状态。不能将/program 开关和/debug 开关或/classify 开关一起使用。可以将/program 缩写为/p。

/debug：显示当前加载程序和内部驱动程序的状态，并显示其他的编程信息。不能将/debug 开关和/program 开关或/classify 开关一起使用。可以将/debug 缩写为/d。

/classify：显示加载到常规内存和高端内存区（UMA）的程序状态。该开关项以十进制和十六进制标记列出了每个程序的大小，并且提供了内存使用摘要，并列出了可用的最大内存块。不能将/classify、开关、/program 开关或/debug 开关一起使用，可以将/classify 缩写为/c。

/module：先是某一个模块的内存使用情况，在命令后面，必须有一个模块名，在/module 和模块名之间，必须用冒号分开。

/page：在每一屏幕输出之后暂停，如果执行的命令结果太多，就可以用该命令来暂停显示，然后再按任意键继续。此开关可以和以上所有 MEM 开关一起使用。

4. 使用 MEM 命令要注意什么

（1）Windows Server 2003 不使用该命令。

（2）该工具在 64 位操作系统上不可用。

（3）只要分配内存超过 1MB，MS-DOS 子系统就会显示扩展内存的状态。

5. 如何自动指定/PAGE 开关

使用 DOSKEY 程序可将/PAGE 开关自动加到 MEM 命令。以后每次使用 MEM 时，输出一屏信息之后就会暂停（而不用在 MEM 命令行输入/P 开关）。在 AUTOEXEC.BAT 文件中加入以下命令行就可做到这一点：

```
c:\dos\doskey
doskey mem=mem.exe $* /p
```

6. 如何分配扩展内存

要同时分配 15h 中断内存和 XMS 内存，应在装入 HIMEM.SYS 设备驱动程序时使用/INT15 开关，详见 HIMEM.SYS。

7. 如何显示系统内存状态

假定 MS-DOS 子系统配置在扩展内存。要显示系统总内存（即常规内存、扩展内存和扩充内存）的状态以及当前加载到内存的程序列表，则在命令提示符后输入如下命令后按 Enter 键：

```
mem/program
```

命令运行结果如图 4-15 所示。0

```
025180      MSDOS       07AE60      -- Free --
09FFF0      SYSTEM      02F000      System Program

0CF000      IO          003350      System Data
              MOUSE     003340       System Program
0D2360      MSDOS       0003A0      -- Free --
0D2710      MSCDEXNT    0001D0      Program
0D28F0      REDIR       000A70      Program
0D3370      DOSX        000080      Data
0D3400      MSDOS       0003C0      -- Free --
0D37D0      NW16        0009D0      Program
0D41B0      MSDOS       000710      -- Free --
0D48D0      MSDOS       00B720      -- Free --


   655360 bytes total conventional memory
   655360 bytes available to MS-DOS
   598864 largest executable program size

  1048576 bytes total contiguous extended memory
        0 bytes available contiguous extended memory
   941056 bytes available XMS memory
          MS-DOS resident in High Memory Area

C:\>_
```

图 4-15

（1）total conventional memory（全部常规内存）是指分配给 MS-DOS 子系统的最多可达第一个 640KB 的虚拟内存大小。

（2）available MS-DOS（可用于 MS-DOS 子系统）是指分配的常规内存大小，包括 cmd.exe 需要的内存。

（3）largest executableprogram size（最大的可执行程序大小）是程序可用的常规内存的最大连续块。

（4）total EMS memory（全部 EMS 内存）是指为 MS-DOS 子系统配置的扩展内存大小（上例未显示）。

（5）free EMS memory（可用 EMS 内存）是指程序可用的扩展内存数量（范例中没有显示）。

（6）total contiguous extended（全部连续的扩展内存）是指 1MB 以上的内存数。

（7）available contiguous extendedmemory（可用连续的扩展内存）是指可用于中断 15h 接口的扩展内存。该内存不由扩展内存管理程序管理，例如 Himem.sys。某些较早的程序使用这种不同的扩展内存方案。

（8）available XMS memory（可用的 XMS 内存）是指由扩展内存管理程序（如 Himem.sys）管理且程序可以使用的内存。

8. 如何查看当前加载程序及内部驱动程序的状态

要显示当前加载程序和内部驱动程序的状态，以及其他程序信息，则在命令提示符后输入如下命令后按 Enter 键：

Mem /debug（或“/d”）

命令运行结果如图 4-16 所示。

```
025180        MSDOS        07AE60     -- Free --
09FFF0        SYSTEM       02F000     System Program

0CF000        IO           003350     System Data
                MOUSE      003340      System Program
0D2360        MSDOS        0003A0     -- Free --
0D2710        MSCDEXNT     0001D0     Program
0D28F0        REDIR        000A70     Program
0D3370        DOSX         000080     Data
0D3400        MSDOS        0003C0     -- Free --
0D37D0        NW16         0009D0     Program
0D41B0        MSDOS        000710     -- Free --
0D48D0        MSDOS        00B720     -- Free --


   655360 bytes total conventional memory
   655360 bytes available to MS-DOS
   598864 largest executable program size

  1048576 bytes total contiguous extended memory
        0 bytes available contiguous extended memory
   941056 bytes available XMS memory
          MS-DOS resident in High Memory Area

C:\>
```

图 4-16

9. 如何查看常规内存和高端内存区（UMA）的程序状态

如果要显示加载到常规内存和高端内存区（UMA） 的程序状态，则在命令提示符后输入如下命令后按 Enter 键：

Mem /classify（或“/c”）

命令运行结果如图 4-17 所示。

```
  Name                 Size in Decimal          Size in Hex
-------------      ---------------------      -------------
  SYSTEM             192496      (188.0K)        2EFF0
  DOSX                  128      (  0.1K)           80
  MOUSE               13120      ( 12.8K)         3340
  MSCDEXNT              464      (  0.5K)          1D0
  REDIR                2672      (  2.6K)          A70
  NW16                 2512      (  2.5K)          9D0
  FREE                  928      (  0.9K)          3A0
  FREE                  960      (  0.9K)          3C0
  FREE                 1808      (  1.8K)          710
  FREE                46880      ( 45.8K)         B720

Total  FREE :         50576      ( 49.4K)

Total bytes available to programs (Conventional+Upper) :     650528   (635.3K)
Largest executable program size :                            598864   (584.8K)
Largest available upper memory block :                        46880   ( 45.8K)

   1048576 bytes total contiguous extended memory
         0 bytes available contiguous extended memory
    941056 bytes available XMS memory
           MS-DOS resident in High Memory Area

C:\>_
```

图 4-17

10. 如何获取特定程序的信息

使用 MEM /MODULE 命令可列出指定程序模块已分配的内存信息。例如，要列出 WIN386 模块已分配的内存信息，可输入以下命令行：

mem /module win386

命令运行结果如图 4-18 所示。

```
WIN386 is using the following memory:

Segment  Region        Size          Type
---------------------------------------------
 005D2                   64    (0K)  Data
 00D02                  160    (0K)  Data
 00EF7                  240    (0K)  Environment
 00F07                28592   (27K)  Program
 0D7C0      1           976    (1K)  Data
 0EEBF      2          5120    (5K)  Data

Total size: 35152   (33K)
```

图 4-18

提示!!

有些程序（如 WIN386）分配多个内存区。这时 MEM / MODULE 命令显示所有分配的内存以及每个分配区的段址和大小。MEM/MODULE 还列出上端内存块的区号。Type 栏列出程序使用内存区的方式。“Total size”（上例中为 35152 字节，即 33k）列出 MS-DOS 为此程序分配的内存总量。

4-18 SYS——传递系统文件

1. SYS 命令的功能是什么

SYS 命令是一个传递系统文件命令，也就是将 DOS 的两个隐含的系统 IO.SYS 和 MSDOS.SYS 传送到目标磁盘的特定位置上，并将 COMMAND.COM 文件复制过去。完成后，目标盘成为 DOS 的启动盘。

2. SYS 命令的语法形式是怎样的

SYS 命令的语法形式为：

SYS [drive1:][path]drive2：

3. SYS 命令的参数各有什么作用

[drive1:][path]指定本地系统文件所在的位置。

drive2：指定系统文件拷贝的目的磁盘。

4. 使用 SYS 命令要注意什么

（1）SYS 命令只适用于 Windows 98 系统。

（2）MS-DOS 不再要求两个系统文件是连续的。这意味着当拷贝 MS-DOS 新版本到包含 MS-DOS 3.3 或更早版本的磁盘时，不需重新格式化磁盘。

（3）SYS 命令不能工作在压缩驱动器上。如果 C 盘被压缩，而您想将它当作引导盘，则要在 C 盘主驱动器上使用 SYS 命令。

提示!! 可使用 DRVSPACE /INFO C:命令来找出 C 盘主驱动器。

（4）SYS 命令不能工作在经过 ASSIGN、JOIN、SUBST 或 INTERLNK 重定向的驱动器上。

5. 如何将当前文件系统传送至 A 盘

要将当前文件系统传送至 A 盘，则从硬盘正确引导系统后，进入 DOS 命令提示符，输入如下命令后按 Enter 键：

sys A：

这样就可以将 A 盘制作为一张系统引导盘，而不必格式化该磁盘，从而保留其中的数据。

6. 如何将当前文件系统传送至 C 盘

要将当前文件系统传送至 C 盘，则从软盘或光盘正确引导系统后，进入 DOS 命令提示符，输入如下命令后按 Enter 键：

sys C：

这样 C 盘就可以成为可引导硬盘，非常适合只是系统文件出错而导致系统引导失败的情况。

第 5 章

DOS常用的外部命令

DOS Windows 命令速查 1000——本章内容

5-1 FORMAT——格式化命令

1. FORMAT 命令的功能是什么

FORMAT 命令用于格式化指定卷中的磁盘，创建磁盘的新根目录和文件系统。除此之外，它还能检查出磁盘上的坏区并删除磁盘上的所有数据。新磁盘在能使用之前必须用此命令格式化。

2. FORMAT 命令的语法是怎样的

FORMAT 命令的语法形式为：

format volume[/fs:file-system][/v:label][/q][/a:UnitSize][/e][/x]

format volume[/v:label][/q][/f:size]

format volume[/v:labeO[/q][/t:tracks /n:sectors]

format volume[/v:label][/q]

format volume[/q]

3. FORMAT 命令的参数各有什么作用

volume：指定要格式化的驱动器的装入点、卷名或驱动器号。如果不指定以下的任何命令行选项，format 将使用卷类型来决定磁盘的默认格式。

/fs：file.system 指定要使用的文件系统：FAT、FAT32 或 NTFS。软盘只能使用 FAT 文件系统。

/v:label 指定卷标。如果省略/v 命令行选项或使用它而不指定卷标，format 将在格式化完成后提示输入卷标。使用语法/v:来防止提示输入卷标。如果利用一个 format 命令格式化多个磁盘，则对所有磁盘指定相同的卷标。有关磁盘卷标的详细信息，应单击“相关部分”列表中的 Dir、Label 和 Vol。

/a:unitSize 指定要在 FAT、FAT32 或 NTFS 卷上使用的分配单位大小。如果没有指定 UnitSize，将根据卷的大小进行选择。如表 5-1 所示，列出了 UnitSize 的有效值。

表 5-1

值	说 明
512	每个簇 512 字节
1 024	每个簇 1 024 字节
2 048	每个簇 2 048 字节
4 096	每个簇 4 096 字节
8 192	每个簇 8 192 字节
16K	每个簇 16K 字节
64K	每个簇 32K 字节

/q：执行快速格式化。删除以前已格式化卷的文件表和根目录，但不在扇区之间扫描损坏区域。使用/q 命令行选项应该只格式化以前已格式化的完好的卷。

/f:size 指定要格式化的软盘大小。可能的话，使用此命令行选项取代/t 和/n 命令行选项。Windows 接受如下大小的值：

①160（或 160K 或 160KB）：160K，单面双密，5.25 英寸磁盘。

②180（或 180 或 180KB）：180K，单面双密，5.25 英寸磁盘。

③320（或 320K 或 320KB）：320K，双面双密，5.25 英寸磁盘。

④360（或 360K 或 360KB）：360K，双面双密，5.25 英寸磁盘。

⑤720（或 720K 或 720KB）：720K，双面双密，3.5 英寸磁盘。

⑥1200（或 1200K 或 1200KB 或 1.2 或 1.2M 或 1.2MB）：1.2MB，双面高密，5.25 英寸磁盘。

⑦1440（或 1440K 或 1440KB 或 1.44 或 1.44M 或 1.44MB）：1.44MB，双面高密，3.5 英寸磁盘。

⑧2880（或 2880K 或 2880KB 或 2.88 或 2.88M 或 2.88MB）：2.88MB，双面超高密，3.5 英寸磁盘。

/t:tracks 指定磁盘上的磁道数。应尽可能使用/f 命令行选项来代替该命令行选项。如果使用/t 命令行选项，必须同时使用/n 命令行选项。这两个命令行项提供指定格式化磁盘大小的另一种方法。不能将/f 命令行选项与/t 命令行选项同时使用。

/n:sector 指定每个磁道上的扇区数。应尽可能使用/f 命令行选项来代替该命令行选项。如果使用/n 命令行选项，必须同时使用/t 命令行选项。这两个命令行项提供指定格式化磁盘大小的另一种方法。不能将/f 命令行选项与/n 命令行选项同时使用。

/c：仅限于 NTFS。默认情况下，在新卷上创建的文件将被压缩。

/x：如果需要，在格式化之前卸除卷。对该卷任何打开的句柄不再有效。

/?：在命令提示符下显示帮助。

4. 在 Windows 下使用 Format 需要什么管理特权

要在 Windows 下使用 Format 命令，必须是 Administrators 组的成员才能格式化硬盘。

5. 新硬盘一定要格式化才能使用吗

使用 format 命令既可以创建磁盘的新根目录和文件系统，也可以检查磁盘上的损坏区域，并且它可以删除磁盘上的所有数据。要能够使用新的硬盘，必须首先用此命令格式化磁盘。

6. 使用 format 命令时一定要输入卷标吗

不一定。

在格式化软盘或硬盘后，format 会显示出下面的信息：

Volume label（11 characters，ENTER for none）?

卷标最多可以包含 11 个字符（包含空格）。如果不需要磁盘卷标，则直接按 Enter 键。

7. Format 命令对磁盘单元大小有何限制

FAT 文件系统限制磁族数不得多于 65 526。FAT32 文件系统将磁族数限制在 65 527~4 177 917。

对于大于 4096 的分配单元大小，不支持 NTFS 压缩方式。

8. 什么是 format 消息

在格式化完成后，format 显示总磁盘空间、标记为错误的空间以及文件可用的空间的消息。

9. 如何实现快速格式化

通过/q 命令行选项可以加速格式化过程。只有在硬盘上没有坏的扇区时才能使用该命令行选项。可以将/Q 开关和/U 开关一起使用，来提高格式化速度。使用/U 开关时，FORMAT 不保存以后做格式化恢复所需的信息。

10. 对重新分配的驱动器或网络驱动器有什么限制

不应该在通过使用 subst 命令准备的驱动器上使用 format 命令，也不能通过网络格式化磁盘。

11. 如何安全地进行格式化

若未使用/U 开关或其他以不同容量格式化磁盘的开关，则 FORMAT 进行安全格式化，只清除磁盘文件分配表和根目录而不删除任何数据，以后可用 UNFORMAT 命令恢复被格式化的磁盘。FORMAT 还要检查磁盘的每个扇区，以确保其能正确地存储数据。FORMAT 会标记不能存储数据的扇区，以阻止 MS-DOS 使用。

若使用/U 开关或将任何磁盘容量格式化成不同的大小的开关，则 FORMAT 进行无条件格式化，删除磁盘上的所有数据。

12. 格式化新磁盘有何技巧

在格式化从未格式化过的磁盘时，可以使用/U 开关可使格式化时间最短。

13. Format 的退出代码有什么含义

如表 5-2 所示，列出了 Format 命令的各个退出代码及其含义的简短说明。

表 5-2

退出码	说　明
0	格式操作成功
1	提供了不正确的参数
3	发生致命的错误（除 0、1 或 5 以外的任何错误）
4	用户按 N 键将响应提示“Proceed with Format（Y/N）?”以停止过程

> **提示!!** 通过使用 errorlevel 条件和 if 批处理命令，可以检查这些退出代码。

14. 如何格式化硬盘

刚刚进行完分区的硬盘，已经分成逻辑盘的盘符，必须经过格式化后才能使用，下面以对逻辑 E 盘进行格式化为例。

（1）则在命令提示符后输入如下命令后按 Enter 键：

format E:

运行结果如图 5-1 所示。

```
E:\>format e:
文件系统的类型是 NTFS。

警告，非移动磁盘驱动器 E:
上的所有数据将会丢失！
是否继续进行格式化(Y/N)?
```

图 5-1

（2）系统警告如果格式化就要使数据全部丢失，询问是否要进行格式化。此时输入 Y 后按 Enter 键，系统开始校验磁盘，校验完毕会提示用户设置卷标。

> **提示!!** 如果该盘符正在被使用，则会出现如图 5-2 所示的提示信息。此时输入 Y 后按 Enter 键即可。

```
由于该卷正在被另一个过程使用，无法进行格式化。
如果先卸下该卷，也许可以进行格式化。
该卷所有已打开的句柄到时都会无效。
要强制卸下该卷吗？ (Y/N)
```

图 5-2

（3）直接按 Enter 键即可开始执行格式化操作，格式化完成后会显示完成界面。

示例 2：快速格式化磁盘

如果硬盘已经被格式化过，那么再次对它进行格式化时，就可以加上一个参数/q 进行快速格式化。例如：C：>format d:/q 回车，确认格式化后，进入如图 F-52 所示的界面，完成 D 盘的快速格式化，顾名思义快速格式化的速度会比较快。

15. 如何格式化软盘并做成启动盘

要格式化软盘并做成启动盘，则在命令提示符后输入如下命令后按 Enter 键：

（1）进入 DOS，在 C：>后面输入如下命令后按 Enter 键：

format a:

（2）系统询问是否要格式化另外一张，如果需要就按下 Y 键，如果不需要格式化另一张，就按 N 键回到 C：>下，操作完毕。

16. 如何默认大小格式化驱动器 A 中的新软盘

要默认大小格式化驱动器 A 中的新软盘，则在命令提示符后输入如下命令后按 Enter 键：

format a:

17. 如何快速格式化驱动器 A 中已格式化的软盘

要快速格式化驱动器 A 中已格式化的软盘，则在命令提示符后输入如下命令后按 Enter 键：

format a: /q

18. 如何格式化软盘并删除磁盘上的所有数据

要格式化驱动器 A 中的软盘，并删除磁盘上的所有数据，则在命令提示符后输入如下命令按 Enter 键：

format a: /u

19. 如何格式化软盘并将卷标指定为“DATA”

要格式化驱动器 A 中的软盘，并将卷标指定为“DATA”，则在命令提示符后输入如下命令按 Enter 键：

format a: /v: DATA

5-2 LABEL——磁盘卷标

1. LABEL 命令的功能是什么

LABEL 命令的功能就是创建、修改或删除磁盘的卷标（名称）。使用不带参数的 lable 更改当前卷标或删除现有卷标。

2. LABEL 命令的语法是怎样的

LABEL 命令的语法形式为：

label [drive:][Jrabel]

label [/MP][volume][label]

3. LABEL 命令的参数各有什么作用

drive：指定要命名的磁盘的驱动器号（冒号分隔）。

Label：指定卷名称。

/MP：指定应作为装入点或卷名的卷。

Volume：指定驱动器号（冒号分隔）、装入点或卷名。如果指定了卷名，则不需要/MP 参数。

/?：在命令提示符下显示帮助。

4. Windows 系统是如何看待卷标的

Windows 将卷标显示为目录列表的一部分。如果存在卷序列号，Windows 也会显示此号码。

5. 卷标名有什么限制

对于 NTFS 卷来说，其卷标可以最多包含 32 个字符，对于 FAT 卷来说，其卷标最多可以包含 11 个字符，卷标中可以包含空格，但是不能包括制表符。

FAT 卷标不能包含下列字符（该限制并不应用于 NTFS 卷）：

- ? / \ . , ; : + = [ ] < > ”

对于 F/S/T 卷来说，不论卷标是否含有小写字母都将以大写字母存储。NTFS 卷标将保留并显示创建卷标时使用的大小写。

6. 如何为驱动器创建卷标

比如，要为逻辑驱动器 E 创建卷标“jzxh”，则方法为：

（1）在命令提示符后输入如下命令按 Enter 键：

label E：

运行结果如图 5-3 所示。

图 5-3

这里说明该逻辑盘没有卷标，卷序列号为 3025-521C。

（2）输入卷标名“jzxh”后按 Enter 键，完成操作。

（3）验证卷名。重新在命令提示符后输入如下命令按 Enter 键：

label E：

运行结果如常图 5-4 所示。

图 5-4

此时可以发现，驱动器 E 的卷标果然为“jzxh”。

（4）由于操作正确就不用再做修改，直接按 Enter 键后会询问是否删除当前的卷标，输入“N”键，保持当前的卷标名。

5-3　VOL——卷标

1. VOL 命令的功能是什么

VOL 命令的功能就是显示磁盘的卷标和序列号（如果存在的话），需要说明的是它只能显示使用 MS-DOS 4.0 版或更新版本格式化的磁盘的序列号。

2. VOL 命令的语法是怎样的

VOL 命令的语法形式为：

vol [Drive:]

3. VOL 命令的参数各有什么作用

Drive：指定包含要显示其卷标和序列号的磁盘的驱动器。

/?：在命令提示符下显示帮助。

4. 如何显示磁盘的卷标及其序列号

比如，要显示磁盘 E 的卷标和序列号（E 盘的标签和序列号均存在），则在命令提示符下输入如下命令按 Enter 键：

vol E：

运行结果如图 5-5 所示。

图 5-5

5-4 XCOPY——复制文件和目录

1. XCOPY 命令的功能是什么

XCOPY 命令的功能就是复制目录及其子目录和文件，除隐含和系统文件之外。

使用 XCOPY 命令，可以拷贝一个目录中的所有文件，包括该目录中的子目录的所有文件。

2. XCOPY 命令的语法是怎样的

XCOPY 命令的语法形式为：

xcopySource[Destination][/w][/p][/c][/v][/q][/q[/l][/g][/d[:mm-dd-yy]][/u][/i][/s[/e]][/t][/k] [/r][/h][{/a|/m}][/n][/o][/x][/exclude:file1[+[file2]][+Dqle3]][{/Y|/-Y}][/z]

3. XCOPY 命令的参数各有什么作用

Source：必需的。指定要复制的文件的位置和名称。该参数必须包含驱动器或路径。

Destination:指定要复制的文件的目标。该参数可以包含驱动器盘符和冒号、目录名、文件名或者它们的组合。

/w：在开始复制文件之前将显示以下消息并等待您的响应：

Press any key to begin copying file（s）

/p：提示用户确认是否要创建每个目标文件。

/c：忽略错误。

/v：在写入目标文件时验证每个文件，以确保目标文件与源文件完全相同。

/q：禁止显示 xcopy 消息。

/f：复制时显示源文件名和目标文件名。

/l：显示要复制的文件列表。

/g：创建解密的目标文件。

/d[:mm-dd-yy]：只复制那些在指定日期或指定日期之后更改过的源文件。如果不包括 mm-dd-yy 值，xcopy 会复制比现有 Destination 文件新的所有 Source 文件。该命令行选项使您可以更新更改过的文件。

/u：只从 source 复制 destination 中已有的文件。

/i：如果 Source 是一个目录或包含通配符，而 Destination 不存在，xcopy 会假定 destination 指定目录名并创建一个新目录。然后，xcopy 会将所有指定文件复制到新目录中。默认情况下，xcopy 将提示指定 Destination 是文件还是目录。

/s：复制非空的目录和子目录。如果省略/s，xcopy 将在一个目录中工作。

/e：复制所有子目录，包括空目录。同时使用/e、/s 和/t 命令行选项。

/t：只复制子目录结构（即目录树），不复制文件。要复制空目录，必须包含/e 命令行选项。

/k：复制文件，如果源文件具有只读属性，则在目标文件中保留该属性。默认情况下，xcopy 会删除只读属性。

/r：复制只读文件。

/h：复制具有隐藏和系统文件属性的文件。默认情况下，xcopy 不复制隐藏或系统文件。

/a：只复制那些具有存档文件属性设置的源文件。/a 不修改源文件的存档文件属性。

/m：复制具有存档文件属性设置的源文件。与/a 不同，/m 关闭在源中指定的文件的存档文件属性。

/n：使用 NTFS 短文件或目录名创建副本。将文件或目录从 NTFS 卷复制到 FAT 卷或者当目标文件系统需要 FAT 文件系统命名约定（即 8.3 个字符）时，需要/n。目标文件系统可以是 FAT 或 NTFs。

/0：复制文件所有权与自由选择的访问控制列表（DACL，）信息。

/x：复制文件审核设置和系统访问控制列表（SACI）信息（包含 0）。

/exclude：filenamel[+[filename2]][+[filename3]] 指定包含字符串的文件列表。

/y：禁止提示用户确认要覆盖现存的目标文件。

/-y：提示用户确认要覆盖现有目标文件。

/z：在可重启模式中通过网络复制。

/?：在命令提示符下显示帮助。

4. 使用/v 参数时要注意什么

使用/v 参数时要注意的是：Windows XP/2003 不能使用该命令。因为使用/v 参数时只是为了与 MS-DOS 文件兼容，其功能是自动实现的，所以在命令行使用时不起作用。

5. 使用/exclude 参数时要注意什么

使用/exclude 参数的作用是在每个文件的单独一行中列出每个字符串，如果列出的任何字符串与要复制的文件的绝对路径的任何部分匹配，就从复制进程排除该文件，比如：

（1）如果指定字符串“\obj\”，则会排除 obj 目录下的所有文件。

（2）如果指定字符串“.obj”，则排除具有.obj 扩展名的所有文件。

6. 可以在 COPYCMD 环境变量中使用/y 吗

可以在 COPYCMD 环境变量中使用/y。在命令行上使用/-y 可以覆盖该命令。在默认情况下，会提示用户覆盖，除非从批处理脚本内运行 xcopy 命令。

7. 复制加密文件时要注意什么

将加密文件复制到不支持 EFS 的卷会导致错误。应该首先解密文件或将文件复制到支持 EFS 的卷中。

8. 如何附加文件

要附加文件，请指定单个目标文件，多个源文件（使用通配符或文件 1+文件 2+文件 3 格式）。

9. 省略 Destination 会出现什么情况

如果省略 Destination，xcopy 命令就将文件复制到当前目录。

10. 使用 Destination 时会出现什么情况

如果 Destination 不包含现有目录且不以反斜杠（\）结尾，会出现下列消息：

Does destination specify，a file name
or directory name on the target
（F=file，D=directory）?

此时，如果要将一个或多个文件复制到一个文件，则按 F 键；如果要将一个或多个文件复制到一个目录，则按 D 键。

使用/i 命令行选项可抑制显示该消息，从而导致 xcopy 认定在源是多个文件或一个目录的情况下，目标是一个目录。

11. xcopy 和 DISCOPY 命令有什么异同

如果磁盘的子目录中包含文件，要将其复制到具有不同格式的磁盘中，则使用 xcopy 命令，而不要使用 DISCOPY。因为 DISCOPY 命令是一个磁道接一个磁道地复制磁盘，所以需要源磁盘和目标磁盘的格式必须相同。xcopy 命令没有该要求。

所以，在通常情况下请使用 xcopy，除非需要完整的磁盘图像副本。

12. xcopy 的退出码有什么含义

要处理 xcopy 返回的退出码，请在批处理程序的 if 命令行上使用 errorlevel 参数。表 5-3 列出了每一个退出码及其说明。

表 5-3

退出码	说　明
0	文件复制没有错误
1	没有找到要复制的文件
2	用户按 CTRL+C 终止了 xcopy
4	没有足够的内存或磁盘空间，或命令行上输入了无效的驱动器名称或语法出现了磁盘写入错误

13. 如何复制整个磁盘上的所有文件和子目录

比如，要将 A 盘上所有的文件和子目录（包括所有空的子目录）复制到 C 盘，则在命令提示符下输入如下命令后按 Enter 键：

xcopy a: c:/s/e

其中：

（1）/s 复制非空目录和子目录，如果不使用/s，则 xcopy 只复制 A 盘根目录下的文件和文件夹。

（2）/e 的作用是即使子目录是空的也会复制。

14. 如何复制整个磁盘上的所有文件和子目录，并包括任何系统文件和隐藏文件

比如，要将 A 盘下所有的文件和子目录（包括所有空的子目录）复制到 C 盘，并包括任何系统文件和隐藏文件，则在命令提示符下输入如下命令后按 Enter 键：

xcopy a:c:/s/e/h

其中 h 的作用是复制具有隐藏和系统文件属性的文件，在默认情况

下，xcopy 不复制隐藏文件和系统文件。

15. 如何使用指定日期之后更改过的文件更新另外一个目录中同名的文件

比如，要使用当前目录下的\Jdata 目录中于 2006-10-1 之后更改的文件更新\Reports 目录中的文件，则在命令提示符下输入如下命令后按 Enter 键：

xcopy \Jdata \reports /d:1-10-2006

命令执行后，就将 Jdata 目录下的 2006-10-1 后更改的文件全部复制到目标目录中。

16. 如何复制目录和目录下所有文件及文件的 ACL 信息

比如，要复制目录 Jdata 到\Reports 目录，同时复制目录以及文件 ACL 信息，则在命令提示符下输入如下命令后按 Enter 键：

xcopy \Jdata \reports/o

命令行成功执行，将 Jdata 目录下的所有文件全部复制到目标目录中。同时复制目录以及文件的 ACI 信息到目标目录下的相应文件中。

17. 如何复制目录和目录下所有文件的审核设置信息

比如，要复制目录 Jdata 到 LReports 目录，同时复制目录以及文件审核设置信息。

则在命令提示符下输入如下命令后按 Enter 键：

xcopy \Jata \reports/x

命令行成功执行，将 Jdata 目录下的所有文件全部复制到目标目录中，同时复制目录以及文件的审核信息到目标目录下的相应文件中。

18. 如何使用 xcopy 备份文件

（1）如果希望只将某个结构较为复杂的文件夹及其下属文件夹中作过修改的文件备份到指定文件夹下，而没有修改过的文件不备份，并且要求目标目录的结构和原文件夹相同。比如，把 2006 年 10 月 30 日以后修改的位于 I:\JZXHPC 文件夹及其子文件夹下的文件都备份到 K:\backup 下，则在命令提示符下输入如下命令后按 Enter 键：

xcopy I:\JZXHPC*.* K:\backup/d:10-30-2006

这里的/d:10-30-2006 参数是指日期为 2006 年 10 月 30 日以后修改过的文件。

（2）如果每次只需备份当天改过的文件，其他文件不动，则可以先把原文件夹中的内容完全复制到目标备份文件夹中，然后在每次工作完毕后使用如下命令进行文件更新备份：

xcopy I:\JZXHPC*.* K:\backup/d

19. 如何使用 xcopy 复制目录框架

如果有一个结构很复杂的文件夹（即其中有很多子文件夹嵌套），而且各级文件夹中还有好多文件，现在要把这个文件夹的目录结构复制一份，形成一个空的目录框架。比如，将 C:\windows 目录结构复制到 K 盘下的 temp 文件夹下，但不复制其中的文件，则在命令提示符下输入如下命令后按 Enter 键：

xcopy c:\windows K:\temp/t/e

20. 如何设置 COPYCMD 环境变量

COPYCMD 环境变量用于确定在执行 COPY、MOVE 和 XCOPY 命令时（不管是否以批命令的方式发出），若目标文件已存在，是否提醒用户进行确认。

若让 COPY、MOVE 和 XCOPY 命令在覆盖原有文件之前进行确认，则 COPYCMD 应设为/－Y；否则，应设为/Y。键入带开关/Y 或/－Y 的上述命令后，默认值和 COPYCMD 的当前设置均被覆盖。

5-5 FC——比较文件

1. FC 命令的功能是什么

FC 命令的功能就是比较两个文件并显示它们之间的差异。

2. FC 命令的语法是怎样的

FC 命令的语法形式为：

Fc[/a][/b][/c][/l][/LBn][/n][/t][/u][/w][/nnnn][drivel:][path]filenamel[drive2:] [path2]filename2

3. FC 命令的参数各有什么作用

/a：压缩 ASCII 比较的输出结果。fc 只显示每组差异中的第一行和最后一行，而不是显示所有不同的行。

/b：以二进制模式比较文件。fc 逐字节比较两个文件，并且在找到不匹配后将不尝试重新同步文件。这是包含如下文件扩展名的比较文件的默认模式：.exe，. com，.sys，. obi，. lib,或. bin.

/c：略字母大小写。

/l：以 ASCII 码模式比较文件。fc 逐行比较两个文件，并且在找到不匹配时将尝试重新同步。这是比较文件的默认模式，除了具有如下文件扩展名的文件之外：.exe，.com，.sys，.obj，.1ib 或 .bin。

/LBn：为内部行缓冲区设置行的 n 数量。默认的行缓冲区长度为 100 行。如果比较的文件包含超过此数目的相邻不同行，fc 将取消比较。

/n：显示 ASCII 比较过程中的行号。

/t：防止 fc 将制表符转换为空格。默认的操作是将制表符当作空格处理，在每 8 个字符位置停顿一下。

/u：将文件作为 Llnicode 文本文件进行比较。

/w：比较过程中压缩空白空间（制表位和空格）。如果行包含许多连续的空格和制表符，/w 将把这些字符作为一个空格处理。在与 /w 命令行选项一起使用时，fc 忽略（并且不比较）行首和行尾处的空格。

/nnnn：指定在 fc 考虑要重新同步的文件之前必须匹配的连续行数。如果文件中匹配的行数少于 nnn，fc 将匹配行显示为不同。默认值为 2。

[drivel:][path1]filename1：指定要比较的第一个文件的位置和名称。Filename1 为必需。

[drvie2:][path2]filename2：指定要比较的第二个文件的位置和名称。Filename2 为必需。

/?：在命令提示符下显示帮助。

4. FC 命令如何报告 ASCII 比较的文件之间的差异

用 FC 进行 ASCII 比较时，FC 按如下顺序显示两个文件之间的差异：

第一个文件的名称

文件之间存在差异的 filename 1 的行。

两个文件中匹配的第一个行。

第二个文件的名称

Filename 2 的不同的行

匹配的第一个行

使用/b 进行二进制比较

/b 显示二进制比较期间找到的不匹配项：

xxxxxxxx：yy zz

其中，xxxxxxxx 的值为每对字节指定相对的 16 进制地址，从文件的开头度量。地址起始于 00000000。16 进制值 yy 和 zz 分别代表了 filename 1 和 filename 2 中不匹配的字节。

5. 通配符在 FC 命令中的含义是什么

可以在 filename1 和 filename 2 中使用通配符（*和?）。如果在 filename1 中使用通配符，FC 将比较所有指定的文件和由 Filename 指定的文件。如果在 filename2 中使用通配符，FC 将从 filename1 中使用相应的值。

6. FC 命令是如何使用内存的

在比较 ASCII 文件时，FC 使用内部缓冲区（足够容纳 100 行）作为存储区。

（1）如果文件比缓冲区大，FC 将比较可以载入缓冲区的内容。

（2）如果 FC 在文件已加载的部分没有找到匹配，则停止并显示如图 F-2 所示消息。

（3）在比较大于可用内存的二进制文件时，FC 完整比较两个文件，使用磁盘的下一部分覆盖内存中的部分。输出和完全装入内存的文件内容相同。

7. 如何比较两个文件

如果要比较 F 盘根目录下的两个文件 ch1.txt 和 ch2.txt 的不同，则在 F 盘命令提示符下输入如下命令后按 Enter 键：

fc ch1.txt ch 2.txt

运行结果如图 5-6 所示。

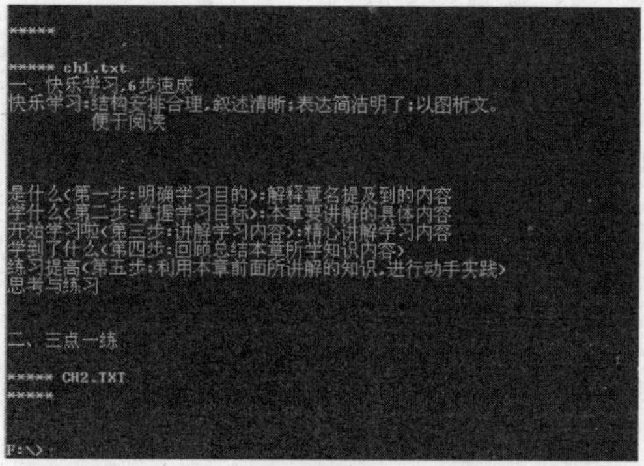

图 5-6

8. 如何比较两个 txt 文件并把比较结果保存到一个文件中

如果想比较 F 盘根目录下两个文件 ch1.txt 和 ch2.txt 的不同，并把比较的结果保存为另一个文件 ch 3.txt，则在 F 盘命令提示符下输入如下命令后按 Enter 键：

fc ch1.txt ch 2.txt>ch 3.txt

执行命令后，比较的结果不会显示在屏幕上，而是被保存到了 F 盘根目录下的 ch3.txt 文件中。

9. 如何比较两个批处理文件

如果要对两个名为 Auto.bat 和 Auto exec.bat 的批处理文件进行二进制比较，则在命令提示符后输入如下命令再按 Enter 键：

fc /b auto.bat autoexec.bat

执行此命令后结果如下：

```
c：>fc/b auto.bat autoexec.bat
Comparing files auto.bat autoexec.bat
00000000:   64   63
00000001:   69 3A
00000002:   72   5C
00000003:   2F   64
```

```
00000004:  77  6F
00000005:  0D  73
00000006:  0A  36
00000007:  76  5C
00000008:  65  6E
00000009:  72  6C
0000000A:  0D  73
0000000B:  0A  66
0000000C:  74  75
0000000D:  79  6E
0000000E:  70  63
0000000F:  65  0D
00000010:  20  0A
00000011:  61  63
00000012:  75  3A
00000013:  74  5C
00000014:  6F  64
00000015:  2D  6F
00000016:  62  73
00000017:  61  36
00000018:  74  5C
00000019:  0D  63
0000001A:  0A  68
fc: autoexec.bat longer than auto.bat
C:\>
```

如果两个文件相同，则显示下列信息：

fc：no differences encountered（没有发现不同之处）

10. 如何比较两个不同目录下的同类型文件

如果要将 C 盘根目录中每个批处理文件与 D 盘根目录中名称相同的文件进行比较，则在命令提示符后输入如下命令再按 Enter 键：

fc C:*.bat D:*.bat

11. 如何用 fc 命令比较注册表文件

如果想知道软件安装时在注册表里做了哪些改动，可以通过 fc 命令来实现。

如果在安装前先导出注册表保存为 C 盘的 reg1.reg 文件，安装后再把注册表导出为 reg 2 .reg 文件。然后在 DOS 下输入如下命令后按 Enter 键：

fc C:\reg1.reg C:\ reg 2.reg>C:\newreg.txt

打开 newreg.txt 文件就可以看到安装前后的注册表被改动的地方了。

5-6　ATTRIB

1. ATTRIB 命令的功能是什么

ATTRIB 命令是一个外部命令，用于显示、设置或删除指派给文件或目录的只读、存档、系统以及隐藏属性。如果在不含参数的情况下使用，则 attrib 会显示当前目录中所有文件的属性。

2. ATTRIB 命令的语法是怎样的

ATTRIB 命令的语法形式为：

ATTRIB [+R|-R] [+A|-A] [+S|-S] [+H|-H][[drive:][path]filename] [/S [/d]]

3. ATTRIB 命令的参数各有什么作用

+r：设置只读属性。

–r：清除只读属性。

+a：设置存档文件属性。

–a：清除存档文件属性。

+s：设置系统属性。

–s：清除系统属性。

+h：设置隐藏属性。

–h：清除隐藏属性。

[drive:][Path]FileName：指定要显示或更改文件属性的目录、文件或文件组的位置和名称。

/s：处理当前文件夹及其子文件夹中匹配的文件。

/d：处理当前文件夹及其子文件夹。

/?：在命令提示符下显示帮助。

4. 在 ATTRIB 命令中如何使用文件组

可以在 ATTRIB 命令的 FileName 参数中使用通配符（?和*）来显示或更改某一组文件的属性。

5. 对具有系统和隐藏属性的文件来说存在什么问题

如果某个文件设置为了系统或隐藏属性，则为了更改该文件的其他属性，必须首先清除其系统或隐藏属性。

6. 存档属性与文件备份之间存在什么关系

存档属性表示此文件、文件夹的备份属性，只是提供给某些备份程序使用。当选中时，备份程序就会认为此文件已经“备份过”，可以不再用备份了。

7. 如何查看某类型的文件属性

如果要查看 I:\Music 目录下所有.mp3 文件的属性，则在命令提示符后输入如下命令再按 Enter 键：

```
attrib I:\Music\*.mp3
```

8. 如何清除文件的系统和隐藏属性

如果要将 C:\Windows 下的文件 winnt.bmp 的系统、隐藏属性清除，则在命令提示符后输入如下命令再按 Enter 键：

```
attrib -s-h C:\Windows\winnt.bmp
```

提示!!

①如果文件设有隐藏和系统两个属性，那么即使仅仅欲清除隐藏属性，也要同时清除系统属性，反之亦然；否则将导致操作失败。

②如果仅仅想清除隐藏属性，那么就先清除系统和隐藏属性，然后再将系统属性恢复即可。

9. 如何一次性将某个目录及其子目录下的某类文件都设置为隐藏属性

如果一个目录下有许多 sys 文件，这些文件分别位于不同的子文件夹下，现在为了不允许一般用户看到文件，需要一次把它们的属性都设置为“隐藏”，这时可用 attrib 命令，并合理使用/s 参数和 h 选项即可。

如果要将 C:\下的文件及其之下的子文件夹中的 sys 文件都设置为隐藏属性，则在 C 盘根目录下输入如下命令再按 Enter 键：

attrib +h*.sys/s

10. 如何清除某个目录及其子目录中文件的只读属性

比如，要清除 K:\MJ 目录以及该目录下任何子目录中文件的只读属性，则在命令提示符后输入如下命令再按 Enter 键：

attrib -r K:\MJ*.*/s

然后在命令提示符下输入如下命令后按 Enter 键，就可以看到修改结果：

attrib MJ*.*/s

11. 如何在两个驱动器之间建立联系

如果希望创建一种联系，让驱动器 D 包含驱动器 E 的默认目录下除了扩展名为.bak 之外的全部文件。则可以使用 xcopy 复制那些用存档属性标记的文件。对于要复制的文件，需要事先为它们设置存档属性。

（1）首先需要为驱动器 D 中的所有文件设置存档属性，在命令提示符后输入如下命令再按 Enter 键：

attrib +a D:*.*

（2）其次，清除扩展名为.bak 的文件的存档属性，即输入如下命令后按 Enter 键：

attrib -a D:*.bak

（3）最后使用 xcopy 命令将文件从 D 盘复制到 E 盘上，输入如下命令后按 Enter 键：

xcopy D: E:/a

提示!!

参数“/a:”的作用是使 xcopy 仅复制那些标记有存档属性的文件。

如果需要 xcopy 在复制文件后清除每个文件的存档属性，则输入如下命令后按 Enter 键：

xcopy D: E:/m

这里使用的是参数/m，而不是/a。因为/m 的作用是复制具有存档文件属性设置的源文件，并关闭在源文件中指定的文件的存档属性。

5-7 TREE——目录结构

1. TREE 命令的功能是什么

TREE 命令的功能的就是图像化显示路径或驱动器中磁盘的目录结构，也就是显示目录树。

2. TREE 命令的语法形式是怎样的

TREE 命令的语法形式为：

TREE [Drive:][Path][/F][/A]

3. TREE 命令的参数有什么作用

Drive：指定包含要显示目录结构的磁盘的驱动器。

Path：指定要显示目录结构的目录。

/F：显示每个目录中的文件名。

/A：指定 TREE 使用文本字符而不是图形字符显示链接子目录的行。

/?：在命令提示符下显示帮助。

4. 使用 TREE 命令要注意什么

TREE 显示的结构取决于在命令行上指定的参数。如果没有指定驱动器或路径，TREE 将从当前驱动器的当前目录开始显示树结构。

5. 如何显示在当前驱动器上的所有子目录名

要显示在当前驱动器上的所有子目录名，则在命令提示符后输入如下命令再按 Enter 键：

TREE \

> 提示!! "\"和 TREE 命令之间有一个空格。

6. 如何分屏显示驱动器上的所有目录中的文件

比如，要一次一屏幕地显示驱动器 C 盘上所有目录中的文件，则在命令提示符后输入如下命令再按 Enter 键：

TREE C:\ /F|MORE

> 提示!! "C:\"与"/F"之间有一个空格。MORE 的作用是逐屏显示输出内容。

7. 如何打印前一范例的结果

如果要打印与上例显示相同的清单，则在命令提示符后输入如下命令再按 Enter 键：

TREE C:\ /F >PRN

8. 如何显示驱动器上的所有目录结果及其文件

如果要显示 C 盘的当前目录结构，包括普通文件，则在命令提示符下输入如下命令后按 Enter 键：

TREE C:/F

这里参数/F 的作用是显示每个目录中的文件名。

5-8　EDIT——编辑命令

1. EDIT 命令的功能是什么

EDIT 命令用于启动 MS-DOS 编辑器，它可以创建和更改 ASCII 文本文件。如果不使用参数，edit 将直接启动 MS-DOS 编辑器。

MS-DOS Editor 是一个全屏幕编辑器，用于建立、编辑、保存及打印 ASCII 文件。在 MS-DOS Editor 中，可从菜单中选择命令，还可在对话框中指定信息与选项。MS-DOS Editor 提供有关 MS-DOS Editor 使用及命令的扩展联机帮助。

2. EDIT 命令的语法是怎样的

EDIT 命令的语法形式为：

Edit [[Drive:][Path]FileName][/b][/g][/h][/nohi]

3. EDIT 命令的参数各有什么作用

[Drive:][Path] FileName：指定 ASCII 文本文件的位置和名称。如果文件不存在，MS-DOS 编辑器将创建该文件；如果文件存在，MS-DOS 编辑器将打开该文件并在屏幕上显示其内容。

/b：以黑白方式显示 MS-DOS 编辑器。如果单色监视器不能正确显示 MS-DOS 编辑器，请使用此命令行选项。

/g：使用 CGA 监视器可能的最快屏幕更新速度。

/h：显示当前监视器可以显示的最大行数。

/nohi：允许用户在 8 色监视器上使用 MS-DOS 编辑器。通常，Windows XP 使用 16 色。

/?：在命令提示符下显示帮助。

4. Edit 命令能在 Windows XP 和 Windows Server 2003 命令行下使用吗

不能。Windows XP 和 Windows Server 2003 系列产品不使用该命令。只是为了与现有的 MS-DOS 文件保持兼容性才包含此命令，但是因为其功能是自动实现的，所以在命令行使用时不起作用。

5. 如何打开 bat 文件进行编辑

如果要打开 Windows 98 系统 C 盘根目录下的 Autoexec.bat 文件进行编辑，则在 C 盘根目录下输入如下命令后按 Enter 键：

edit autoexec.bat

这样就打开了 Autoexec.bat 文件，此时就可以进行编辑了。

EDIT 运行后会显示一个蓝色背景的界面，菜单栏下面有一个标题栏，用来显示文件所在的目录及文件名称，下面的文件编辑区域则显示了 Autoexec.bat 文件中的所有内容，这时就可以对它进行任意修改了。

6. 如何利用 edit 命令查找文件所在路径

如果不知道文件所在路径，可以先打开 EDIT 文件编辑器，然后再从目录中寻找文件并打开。方法为：

（1）在 DOS 提示符下输入 edit 命令后按 Enter 键：

edit

即可进入 EDIT 编辑状态，如图 5-7 所示。

由于未打开任何文件，所以这时所显示的内容为空，并且显示一个默认标题“UNTITLEDl”。

选择“File”菜单里的“Open”选项，出现如图 5-8 所示的画面。该命令支持鼠标操作，非常方便。

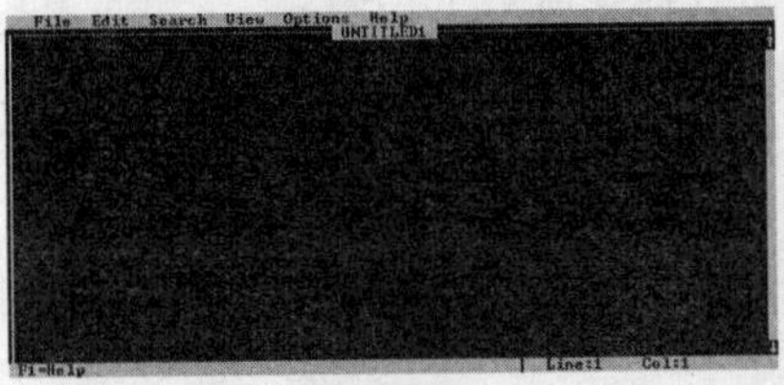

图 5-7

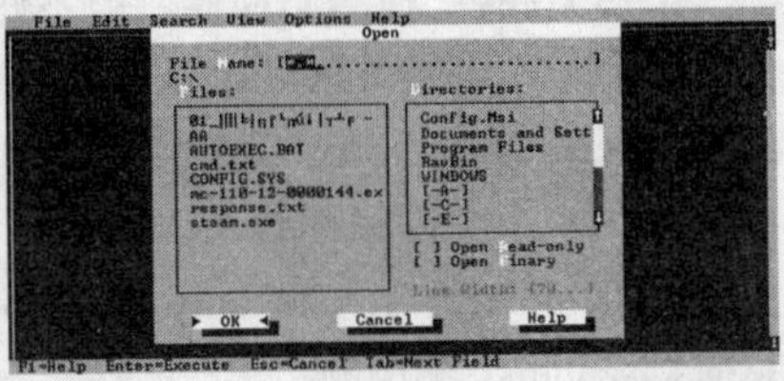

图 5-8

5-9 SCANDISK——磁盘扫描

1. SCANDISK 命令的功能是什么

通过 SCANDISK 可对磁盘进行检查，并对受损的磁盘文件系统进行修复，能实现对磁盘表面的扫描功能。自从 Windows 98 开始，scandisk 的功能就变得很强大了，除了可选择众多的参数来实现对 scandisk 的操作控制，同时可根据 scandisk.ini 文件的设置来定制 scandisk 的动作。

2. SCANDISK 命令的语法是怎样的

SCANDISK 命令的语法形式为：

（1）对磁盘文件系统进行检测并修复

scandisk [drive：|/a11][/checkonly|/autofix[/nosave]][/surface]

（2）检查并修复一个不能自举的通过 DRIVESPACE 压缩的卷文件

scandisk drive:\drvspace. nnn[/checkonly|/autofix[/nosave]]

（3）检测单个受损的文件

scandisk /fragment[drive:][path]filename

（4）只扫描检测不修复所遇到的错误：

scandisk /undo[drive:]

3. SCANDISK 命令的参数各有什么作用

[drive:]：指定所需检测或扫描的磁盘驱动器；

/all：检查并修复当前所有的驱动器；

/autofix：不提示自动修复受损的文件系统；

/checkonly：检测驱动器，但不修复任何受损文件系统；

/custom：根据 scandisk.ini 的设置来定制并运行 scandisk 磁盘扫描程序

/nosave 与/autofix 一起使用：删除所丢失的文件簇内容，而不是将簇内容作为一个文件保存起来；

/nosummary 与/checkonly 或/autofix 一起使用：在显示全屏检测摘要信息时，scandisk 不中断；

/surface：在进行其他检测后执行磁盘表面扫描功能；

/mono：在单色显示器上使用 scandisk；

4. SCANDISK 命令能用在 Windows NT/2000/XP 下吗

不能。SCANDISK 命令只适用于 Windows 98 操作系统。

5. 哪些问题可以由 ScanDisk 修复

ScanDisk 在下列区域内检查和修复故障：

（1）文件分配表(FAT) 。

（2）文件系统的结构(丢失的簇、交叉链接的文件)
（3）目录树结构。
（4）驱动器的物理盘面(坏簇)。
（5）DoubleSpace 卷头(MDBPB)。
（6）DoubleSpace 卷文件结构(MDFAT)。
（7）DoubleSpace 压缩结构。
（8）DoubleSpace 卷签。
（9）MS-DOS 引导区。

6. ScanDisk 能查找和修复哪些驱动器故障

ScanDisk 能查找和修复下面几类驱动器上的故障：
（1）硬盘驱动器。
（2）DoubleSpace 驱动器。
（3）软盘驱动器。
（4）RAM 驱动器。
（5）内存卡。

7. ScanDisk 不能查找和修复哪些驱动器故障

ScanDisk 不能查找或修复下面几类驱动器上的故障：
（1）CD-ROM 驱动器。
（2）网络驱动器。
（3）用 ASSIGN、SUBST 或 JOIN 命令创建的驱动器。
（4）用 INTERLNK 创建的驱动器。

8. 有其他程序在运行时可否使用 ScanDisk

当其他程序正在运行时，不要用 ScanDisk 修复驱动器。

按照设计原则，使用 ScanDisk 时要求磁盘上的文件处于不变状态。当你使用文件时，MS-DOS 将更新文件分配表(FAT)和目录结构，以反映文件的变化。这些更新操作并不总是立即完成的。当其他程序正在运行时，若启动 ScanDisk，有些文件可能仍处于打开状态。ScanDisk 把目录结构和文件分配表之间的差别当成错误来对待，就会导致数据的损坏或丢失。

9. 你了解 SCANDISK.INI 文件吗

SCANDISK.INI 文件是一个正文文件，位于 MS-DOS 文件所在的目录中。SCANDISK.INI 文件[Environment]区中的设置项决定 ScanDisk 某些方面的行为特征，比如是否配置成单色或彩色模式。带/Custom 参数启动 ScanDisk 时，其默认方式由[Custom]区中的设置项决定。

10. 如何回原（Undo）ScanDisk 所做的修改

当 ScanDisk 在驱动器上找到错误时，它允许你选择是否创建 Undo 盘，以便取消 ScanDisk 对驱动器进行的改动。Undo 盘中的信息指定了它所适用的驱动器，还说明了每次 ScanDisk 对该驱动器进行的改动。

提示!!

创建 Undo 盘后，若驱动器未再发生变化，才能用 Undo 盘取消改动。创建 Undo 盘后，若改变了驱动器上的任何文件，就不要试图取消改动。当你在更新文件、目录或拷贝、删除文件之后使用 Undo 盘，就有可能破坏驱动器的结构，导致数据的丢失。

11. ScanDisk 的退出码的含义是什么

当 ScanDisk 返回到命令提示符时，它把 ERRORLEVEL（退出码）设置成表 5-4 中所示的某个值。

表 5-4

退出码	含 义
0	ScanDisk 在它检查的驱动器上未检测到任何错误
1	由于命令行的语法不对，不能运行 ScanDisk
2	由于内存用尽或发生内部错误，ScanDisk 意外终止
3	用户让 ScanDisk 中途退出
4	ScanDisk 已在所有驱动器上完成逻辑检查。在对一个或多个驱动器进行盘面扫描时，用户决定提前退出。如果用户决定完全忽略盘面扫描，就不返回 Errorlevel 4
254	ScanDisk 找到磁盘故障并已全部校正
255	ScanDisk 找到磁盘故障，但未能全部校正

12. 如何检测并修复当前驱动器文件系统

如果要检测并修复当前驱动器文件系统，则在命令提示符后输入如下命令再按 Enter 键：

scandisk

13. 如何扫描单个硬盘

如果要扫描 C 盘，方法为：

（1）在 Windows 中单击“开始”/“关闭系统”，在打开的关机窗口中选择“重新启动计算机并切换到 MS-DOS 方式”，切换到 MS-DOS 方式。

（2）在提示符下输入如下命令后按 Enter 键：

scandisk

此时，Scandisk 将启动并检查系统是否存在错误。检查项目包括“Media descriptor”（媒体描述符）、“File allocationtables”（文件分配表）、“Directory Structure”（目录结构）、“File system”（文件系统）、“Free space”（剩余空间）和“Surface scan”（表面检查）这几项。

（3）每当检测到错误，它都会给您选择提示：“Fix it”或“Don’t Fix it”。选中“Fix it”（修复）后，Scandisk 将会自动修复其错误，这样一直等到每条错误都被修复，将会出现两条选择：“View Log”和“EXIT”。

（4）选中“View Log”，在随后的提示框中选择“OVERWRITE”（对象是 Scandisk.10g 文件），然后单击“确定”按钮。

（5）再按组合键 Ctrl+Alt+Del，重新启动计算机即可。

提示!!

①一定要在“View Log”中将原有的 Scandisk. log 覆盖一遍。只有这样，才能使该文件保留修复后的正确扫描信息，使修复操作有效。

②同时，该命令不支持 Windows 2000/XP/2003，用户无法在这类系统下使用。

14. 如何使用 scandisk.ini 文件来定制 scandisk 的操作

scandisk.ini 文件包含了用于定制 scandisk 程序的参数，这些设置只能在单用户模式的 DOS 提示符下使用，否则运行 scandisk 时不能使用这些设置参数。

（1）使用的环境

在[ENVIRONMENT]区域包含下述设置，用于指明 SCANDISK 的特性。下面“=”后面部分表示系统默认缺省参数值，“；”后的值为可选值。

[environment]的设置如下：

display=auto；auto，mono，color，off

mouse=on；on，off

scantimeout=on；on，off

numpasses=1；1 through 65，535（anything over 10 is Slow）

labelcheck=off；on，off

lfncheck=on；on，off

spacecheck=off；on，off

mount=prompt；prompt，always，never

以上参数的含义如下：

display：指定 scandisk 运行所使用的显示器类型；

mouse：支持或不支持鼠标；

scantimeout：在 scandisk 进行磁盘表面扫描时是否检测磁盘超时；

numpasses：确定在进行磁盘表面的扫描时 scandisk 对每一簇的扫描次数；

labelcheck：确定 scandisk 是否检测卷标中的非法字符；

lfncheck：如果存在长文件名，激活 scandisk 来检测验证；spacecheck 确定 scandisk 是否检测文件名中的无效空格；

mount：确定当检测到错误时，scandisk 是否引导不能自举的 doublespace 驱动器。

（2）当 scandisk 使用/custom 选项后，在[custom]区域中确定 scandisk 的特性。用户可以通过调整这些设置来定制“自己版本”的 scandisk，这在一个批处理文件中运行 scandisk 时十分有用。

[custom]的设置如下：

drivesummary=off；auto，on，off

allsummary=off；auto，on，off

surface=never；never，always，prompt

checkhost=always；never，always，prompt

savelog=append；off, append，overwrite

undo=never；prompt，never

以上参数的含义如下：

drivesummary：确定 scandisk 在检测每一个驱动器后是否显示整屏的摘要信息；

allsummary：确定 scandisk 在检测完所有驱动器后是否显示整屏的摘要信息；

surface：确定 scandisk 是否进行磁盘表面扫描；

checkhost：确定 scandisk 在有压缩驱动器的情况下，是否首先检测压缩驱动器所在的主驱动器；

savelog：确定在 scandisk 修复 log 文件时是否记录修复的过程；

undo：确定 scandisk 是否创建一个 undo 恢复盘。

（3）在 scandisk 使用/custom 选项开始执行以后，发现以下错误时，通过下面的选项，来确定 scandisk 的修复活动。

发现如下选项错误时，各选项要接受的选择为：prompt——在修复错误前 scandisk 会首先提示；fix——在修复错误时 scandisk 不提示；quit——在 scandisk 遇到错误时终止。

ds-header=fix；doublespace 卷文件头受损

fat-media=fix；丢失或非法的 fat 媒体字节

okay-entries=fix；损坏但可修复的目录/文件

bad-chain=fix；被删减了的文件或目录错误

crosslinks=fix；fat 表跨链接错误

发现如下选项错误时，各选项可接受的选择为：prompt；fix；quit；skip——scandisk 将跳过所出现的问题，继续检测磁盘。

boot-sector=fix；压缩驱动器

（doblespace drive）的引导扇区受损

fsinfo-sector=fix；扇区不正确的剩余空间计数

invalid-mdfat=fix；非法的 mdfat

ds-crosslinks=fix；内部跨链接错误（mdfat 级别）

ds-lostclust=fix；内部丢失

ds-signatures=fix；doublespace 卷标志丢失

mismatch-fat=fix；压缩驱动器上不匹配的 fats 错误

bad-clusters=prompt；物理损坏或解压错误

发现如下选项错误时，各选项要接受的选择为：prompt；delete——在修复错误时 scandisk 不提示而直接删除受损的目录文件；quit。

bad-entries=delete；受损而又不可修复的目录或文件。

15. 如何扫描多个硬盘

如果要检查驱动器 C 和 E，则在命令提示符下输入如下命令后按 Enter 键：

scandisk c: e:

16. 如何扫描所有硬盘

要检查所有驱动器，则在命令提示符下输入如下命令后按 Enter 键：

scandisk /all

此时将检查所有的硬盘分区，包括 DriveSpace 驱动器。

17. 如何取消 ScanDisk 的改动

假定你创建了一张 Undo 盘，并把 Undo 盘插入驱动器 A，且自创建 Undo 盘后，没有改变相应驱动器的内容。那么，如果要取消 ScanDisk 的改动，则在命令提示符下输入如下命令后按 Enter 键：

scandisk /undo a:

5-10 CHKDSK——检查磁盘

1. CHKDSK 命令的功能是什么

CHKDSK 命令的功能是查找文件系统和文件系统元数据中的错误，并显示查找结果的状态报告，还能修正磁盘错误。如果不带任何参数，chkdsk 将显示当前驱动器中的磁盘状态。简单地说，CHKDSK 命令就是用来检查磁盘的使用情况。

2. CHKDSK 命令的语法是怎样的

CHKDSK 命令的语法形式为：

chkdsk [volume:][[Path]FileName][/f][/v][/r][/x][/i][/c][/l[:size]]

3. CHKDSK 命令的参数各有什么作用

volume：指定驱动器号（冒号分隔）、装入点或卷名。

[[Path] FileName] ：指定需要 chkdsk 检查碎片整理的文件或文件集的位置和名称。使用通配符（*和?）可以指定多个文件。只能与 FAT 或 RAT32 文件系统一起使用。

/f：修复磁盘上的错误。必须锁定磁盘。如果 chkdsk 无法锁定驱动器，则会显示一条消息，询问用户是否希望在下次重新启动计算机时检查该驱动器。

/v：当检查磁盘时，显示所有目录中每个文件的名称。

/r：找到坏扇区并恢复可读取的信息。必须锁定磁盘。

/x：仅在 NTTS 上使用。如果必要，首先强制卸载卷。该驱动器的所有打开句柄都无效。/x 还包含了/f 的功能。

/i：仅随 NTFS 使用。对索引项执行充分检查，降低运行 chkdsk 的所用时间量。

/c：仅随 NTFS 使用。跳过文件夹结构中的周期检查，减少运行 chkdsk 所需的时间量。

/l [:size]：仅随 NTFS 使用。将日志文件大小更改为由用户输入的大小。如果省略该参数，则/l 会显示当前日志文件的大小。

/?：在命令提示符下显示帮助。

4. 在 Windows 的“运行”对话框运行 chkdsk 命令有何要求

（1）要在 Windows 的“运行”窗口对话框输入 chkdsk 命令运行该命令时，要求当前用户必须是该 Administrators 组的成员。

（2）如果希望 chkdsk 修复磁盘错误，则此前不能打开该驱动器上的文件。

（3）如果选择下次重新启动计算机时检查该驱动器，则重新启动计算机后，chkdsk 会自动检查该驱动器并修复错误。如果该驱动器分区为启动分区，则 chkdsk 在检查完该驱动器后会自动重新启动计算机。

5. 使用 chkdsk 命令报告磁盘错误时要注意什么

chkdsk 命令会检查磁盘空间和文件分配表 FAT 以及 NTFS 的使用情

况，chkdsk 在状态报告中提供特定于每个文件系统的信息。状态报告显示文件系统中找到的错误，在活动分区上运行 chkdsk 时，如果未含/f 命令行选项，则它可能会因为无法锁定该驱动器而报告虚假信息。应该不定期使用 chkdsk 检查每个磁盘上的错误。

6. 如何才能修复磁盘错误

只有指定/f 命令行选项，chkdsk 命令才修复磁盘错误。chkdsk 必须可以锁定驱动器以纠正错误。由于修复通常会更改磁盘的文件分配表，有时还会丢失数据，所以 chkdsk. 会首先发送如下所示的确认消息：

10 lost allocation umts tbund in 3 chains

Convert lost c：hains to files?

诸如上述的提示信息，意为文件簇丢失，是否创建丢失的文件簇。如果按 Y 键，Windows 会在根目录中将所有丢失链保存在一个名为 Filennnn.chk 的文件中（nnnn 表示数字，例如 0001，0002 等）。chkdsk 结束后，可以查看这些文件是否包含了所需的数据。如果按 N 键，Windows 会修复磁盘，但对于丢失的分配单元，它不保存其内容。

如果不使用/f 命令行选项，则在有文件需要修复时，chkdsk 会发送消息，但它不修复任何错误。

如果在大磁盘（比如，80GB 或有大量文件）的磁盘上使用 chkdsk/f’这可能要花很长时间（比如说数天）才能完成。因为 chkdsk 直到工作完成它才会交出控制权，所以计算机在这段时间内将不可用。

7. 存在打开文件的情况下使用 chkdsk 会有什么后果

如果该驱动器上有打开的文件，则指定/f 命令行选项后，chkdsk 会发送错误消息。如果未指定/f 命令行选项并且存在打开的文件，则 chkdsk 会报告磁盘上丢失的分配单元。如果打开的文件没有记录在文件分配表时，可能会发生这种情况。如果 chkdsk 报告大量分配单元丢失，可以考虑修复该磁盘。

8. 如何才能查找物理磁盘错误

使用/r 命令行选项可查找文件系统中的物理磁盘错误。

CHKDSK 命令只能找到文件系统中的逻辑错误，而不能查找物理磁盘错误。要查找和修复物理磁盘错误，请使用 ScanDisk 程序。

9. CHKDSK 对用于分配的驱动器和网络有何限制

CHKDSK 命令不能在由 SUBST 命令形成的驱动器上工作。也不能用于网络驱动器的磁盘检查。

10. 使用 chkdsk 命令的状态报告的格式是怎样的

MS-DOS 按类似图 5-9 所示的形式显示 CHKDSK 状态报告。

```
Volume Serial Number is B1AF-AFBF

72,214,528 bytes total disk space
73,728 bytes in 3 hidden files
30,720 bytes in 12 directories
11,493,376 bytes in 386 user files
61,440 bytes in bad sectors
6,055,264 bytes available on disk

2,048 bytes in each allocation unit
35,261 total allocation units on disk
29,568 available allocation units on disk

655,360 total bytes memory
493,456 bytes free
```

图 5-9

11. 坏磁盘扇区会有什么危险吗

CHKDSK 报告中将坏扇区标记上“bad”。ScanDisk 和其他物理磁盘错误修复程序也将坏扇区标记为“bad”。因此坏扇区不会造成危险。

12. 什么是交叉链接的文件

如果有两个文件或目录共用同一磁盘空间的记录，CHKDSK 会报告有交叉链接文件。如果 CHKDSK 发现有交叉链接文件存在，会显示下列类似的信息：

<文件>在分配单元<号数>交叉链接

CHKDSK 不会修补交叉链接的文件，即使指定了/F 项。要修复交叉链接文件，请运行 ScanDisk，或者进行手工修复，然后复制到指定的文件或

其他目录中，并删除源文件。

13. 在将 CHKDSK 状态报告存入文件时要注意什么

可将 CHKDSK 状态报告重定向输出到一个文件中保存。但是要注意的是，重定向 CHKDSK 输出到一个文件时，不要使用/F 开关项。

若要重定向 CHKDSK 输出到一个名为 STATUS 的文件，可输入命令：

chkdsk a: > status

因为输出被重定向了，MS-DOS 不再修正在检查期间遇到的错误，但它将在报告文件中记录全部错误。然后，再使用带/F 开关项的 CHKDSK 来修正状态报告中的错误，这时就不要重定向了。

14. chkdsk 完成任务后报告的退出码有什么含义

表 5-5 列出了 chkdsk 完成任务后报告的退出码。

表 5-5

退出码	说　明
0	没有发现错误
1	错误已找到并修复
2	已执行清理磁盘（例如碎片收集），或者因为没有指定/f 而未执行清理磁盘
3	由于未指定 f 选项，无法检查磁盘，错误不能修复或错误未修复

15. 如何检查 NTFS 磁盘和检查 FAT 磁盘的差异

首先来看 FAT 磁盘检查情况，检查驱动器 F 中的磁盘，并且希望 Windows 修复错误，则在命令提示符后输入如下命令再按 Enter 键：

ehkdsk d:/f

chkdsk 完成任务时会显示列有磁盘状态的报告。除非 chkdsk 已完成任务，否则无法打开指定驱动器上的任何文件。运行结果如图 5-10 所示。

其次来看 NTFS 磁盘的检查情况，检查驱动器 D 中的磁盘，并且希望 Windows 修复错误，则在命令提示符后输入如下命令后按 Enter 键：

chkdsk E:/f

运行结果如图 5-10 所示。

```
C:\>chkdsk E:/f
The type of the file system is NTFS.

CHKDSK is verifying files (stage 1 of 3)...
File verification completed.
CHKDSK is verifying indexes (stage 2 of 3)...
Index verification completed.
CHKDSK is verifying security descriptors (stage 3 of 3)...
Security descriptor verification completed.

  10241405 KB total disk space.
        60 KB in 27 files.
        16 KB in 22 indexes.
         0 KB in bad sectors.
     54077 KB in use by the system.
     53264 KB occupied by the log file.
  10187252 KB available on disk.

      4096 bytes in each allocation unit.
   2560351 total allocation units on disk.
   2546813 allocation units available on disk.

C:\>
```

图 5-10

16. 如何检查 FAT 磁盘的情况

在 FAT 磁盘上，要检查当前目录中所有文件的不相邻块，如果不相邻区块非常多，则证明需要进行磁盘碎片整理，否则会影响磁盘的读取和写入速度。

要检查 G 盘的情况，则在命令提示符后输入如下命令再按 Enter 键：

chkdsk G:*.*

此时 Chkdsk 会显示状态报告，然后列出符合具有不相邻块条件的文件。运行结果如图 5-11 所示。

```
     53264 KB occupied by the log file.
  10187252 KB available on disk.

      4096 bytes in each allocation unit.
   2560351 total allocation units on disk.
   2546813 allocation units available on disk.

C:\>chkdsk G:\*.*
The type of the file system is FAT32.
Volume Serial Number is 1C9E-8B9C
Windows is verifying files and folders...
File and folder verification is complete.
Windows has checked the file system and found no problems.
   30,701,232 KB total disk space.
    5,820,640 KB in 4,222 hidden files.
       25,616 KB in 1,590 folders.
   22,606,352 KB in 23,190 files.
    2,248,608 KB are available.

       16,384 bytes in each allocation unit.
    1,918,827 total allocation units on disk.
      140,538 allocation units available on disk.
All specified files are contiguous.

C:\>
```

图 5-11

17. 如何检查并修正磁盘错误

若想检查驱动器 C 上存储多少数据，还有多少剩余空间，并修正磁盘错误，可输入下面命令：

chkdsk c:

当遇到错误时，CHKDSK 会暂停并提示信息。

5-11 MOVE——移动文件

1. MOVE 命令的功能是什么

MOVE 命令的功能就是将一个或多个文件从一个目录移动到指定的目录。

2. MOVE 命令的语法是怎样的

MOVE 命令的语法形式为：

move [{/yl/-y}][Source][target]

3. MOVE 命令的参数各有什么作用

/y：禁止提示用户确认要覆盖现存目标文件。

/-y：提示用户确认是否要替代现存的目标文件。

Source：指定要移动文件的路径和文件名。如果要移动或重命名目录，source 应该是当前的目录路径和名称。

Target：指定移动文件的目标路径和名称。如果要移动或重命名目录，target 应该是所需的目录路径和名称。

/?：在命令提示符下显示帮助。

4. 使用/y 参数要注意什么

/y 命令行选项可以在 COPYCMD 环境变量中进行预设。该选项可由命令行上的/－Y 替代。默认为在覆盖时提示，除非 copy 命令从批脚本内部执行。

5. 移动加密文件时要注意什么

若将加密文件移动到不支持加密文件系统（EFS）的卷上就会产生错误，应首先对文件解密或将其移动到支持 EFS 的卷上。

该命令不能移动隐藏文件和文件夹

6. 如何将文件从某个地方移动到另外一个地方

如果要将 I 盘根目录下文件扩展名为.bmp 的文件移动至 J:\PC 目录下，则在命令提示符下输入如下命令后按 Enter 键：

move I:*bmp J:\PC

执行后即可完成文件的移动。

7. 如何移动并重命名文件

比如，要将 D:\work 目录下文件 ch1.doc 移动至 I 盘根目录下，并重命名为 no1.doc，则在命令提示符下输入如下命令后按 Enter 键：

move D:\work\ch1.doc I:\no1.doc

执行后可以用 dir 命令查看移动结果。

5-12　FDISK——分区命令

1. FDISK 命令的功能是什么

FDISK 命令的功能体现在如下几个方面：

（1）创建基本 MS-DOS 分区。

（2）创建扩充的 MS-DOS 分区。

（3）创建逻辑驱动器。

（4）把某一分区设置为活动分区。

（5）删除分区。

（6）显示分区数据。

当然要想使用这个命令，系统盘里必须有 fdisk.exe 文件。

使用 fdisk 进行分区，单个物理硬盘最多只能创建一个主 DOS 分区（称为 C 盘），硬盘的剩余部分通常可以划分一个（也只能划分一个）扩展 DOS 分区，在扩展分区里可以创建一个或者多个逻辑磁盘。

另外，只有主 DOS 分区（也就是 C 盘）被设置成为活动状态（变成可引导分区）。

2. FDISK 命令的语法是怎样的

FDISK 命令的语法形式为：

fdisk [/status]/x

3. 什么是硬盘分区

一块新硬盘，它的内部实际上就像一张白纸一样，什么也没有。如果要在上面写字，那么首先要做的工作就是裁剪，分区的作用与此相关类似。实际上，分区就是将整个硬盘的存储空间划分成相互独立的多个区域。

硬盘的分区一般有 3 种形式：主分区、扩展分区和非 DOS 分区。其中主分区又称为主 DOS 分区（Primary DOS Partiton），扩展分区又称为扩展 DOS 分区（Extended DOS Partition），而非 DOS 分区（Non-DOS Partition）是一种特殊的分区形式，是将硬盘中的一块区域单独划分出来供其他的操作系统使用，如：Windows NT、Unix、Linux 等等。

主分区通常位于硬盘的最前面一块区域中，构成逻辑 C 磁盘。在主分区中，不允许再建立其他逻辑磁盘。

扩展分区，严格地讲它不是一个实际意义上的分区，它只是逻辑分区的一个链接指针。由于操作系统仅仅为分区表保留了 64 个字节的存储空间，而每个分区的参数占据 16 个字节，故主引导扇区中总共可以存储 4 个分区的数据，也就是说，系统最多只允许有 4 个逻辑磁盘。实际应用中，4 个逻辑磁盘显然是不能满足需求的。

4. 扩展分区有什么作用

为了建立更多的逻辑磁盘供操作系统使用，故引入了扩展分区这样一个概念。这样，在主引导扇区中除了主分区外，仅需要存储一个扩展分区的分区数据，通过这个扩展分区的数据可以找到逻辑分区的起始位置，以此类推，就可以找到所有的逻辑分区。因此，无论系统中建立多少个逻辑磁盘，只要在主引导扇区中通过扩展分区的参数就可以找到该逻辑磁盘。

5. FDISK 命令的参数各有什么作用

/ACTOK：不检查磁盘表面是否有坏道，这对于大容量硬盘来讲比较实用，可以大大加快分区操作。不过事先一定要确保硬盘无故障。

/MBR：重新建立主磁盘的主引导记录（Master Boot:Record）。功能说明：卸载 Windows NT/2000 后消除在主引导记录上记载的系统启动选择；

当有病毒感染主引导记录时，用来清除病毒相当有效。

/CMBR：同/MBR 参数一样，作用是重建主引导记录（MBR），所不同的是该参数可以指定操作磁盘。该参数可以用来清除引导型病毒，可以清除卸载 Windows 2000/XP 后留下的多重引导信息，不过一定要慎用。

[Disk]/PRI：Size1/EXT:Size2/LOG：Size3：可以用命令行方式进行分区。其中 Disk 参数指定要操作的物理磁盘（用 1、2、3 表示），/PRI 参数表示创建主分区，Size1 参数指定所创建主分区的容量大小（单位是 MB）；/EXT 参数表示创建扩展分区，Size2 参数表示所创建扩展分区的大小；/LOG 参数表示创建逻辑磁盘，Size3 表示要划分逻辑磁盘的大小。这里要注意的是/LOG 参数必须和/EXT 参数一起使用，用/PRI 参数建立的主分区会自动设为活动分区。

/FPRMT：在交互模式下询问 FAT16 或 FAT32 的使用。功能说明：当加上此参数时不会出现是否支持大容量硬盘的询问画面，而是在每次建立一个新的分区时询问使用 FAT16 还是 FAT32 格式。该参数还能够让 FAT32 文件系统使用在小于 512MB 的分区上，默认时是不能使用的。不过，FAT32 在那么小的分区上也发挥不出它的实力。

/Q：结束 FDISK 时不重新启动计算机，改变分区表后不用重新启动计算机。

/X：不使用 LBA 属性，使用此参数将不会产生带有 LBA 属性的分区。

/EXT：建立扩展分区，在当前磁盘上建立扩展分区（用来随后建立逻辑磁盘分区）。

/FPRMT:在交互模式下询问 FAT16 或 FAT32 的使用，不会出现是否支持大容量硬盘的询问画面，而是在每次建立一个新的分区时询问使用 FAT16 还是 FAT32 格式。

/LOG：使用 FAT16 格式建立磁盘逻辑分区。

/PRI：建立主分区，并设定为激活形式，在磁盘上建立主分区，分区会自动被设定为激活形式。

/PRIO：使用 FATl6 格式建立主分区并设定为激活形式。

有了这些参数，使用 FDISK 程序会更加得心应手。不过隐藏参数危险系数更大，需谨慎使用。由于 fdisk 操作带有一定危险性（会破坏硬盘数据），而且界面又是英文，所以强烈推荐大家使用中文版 fdisk（你可以到软件聚宝盆网站上下载）。

6. 使用 FDISK 命令要注意什么

（1）删除分区时，分区中所有的数据将全部丢失，因此，必须在划分分区前备份相应分区中的所有数据。

（2）修改分区后，只有重新启动计算机，所做的修改才会生效。

（3）若欲修改分区的大小，必须先删除分区，然后再重新创建分区。若欲直接修改分区大小，可以借助第三方软件 PartMagic 来实现。

7. 选择合适的分区格式

在新的硬盘上安装操作系统的时候，首先要进行分区、格式化，然后才能安装操作系统。在这个过程中，通常要面临采用哪种分区格式的文件系统的问题。文件系统的选择在某种程度上决定了操作系统可以发挥的性能。

在系统的安全性方面，NTFS 文件系统具有很多 FAT32 文件系统所不具备的特点，而且基于 NTFS 的 Windows 2000/XP 运行要快于基于 FAT32 的 Windows 2000/XP；而在与 Windows 98 的兼容性方面，FAT32 优于 NTFS。所以在决定 Windows 2000/XP 中采用什么样的文件系统时应从以下几点出发：

（1）电脑是单一的 Windows 2000/XP 系统，还是采用多启动的 Windows 2000/XP 系统。

（2）本地安装的磁盘的个数和容量。

（3）是否有安全性方面的考虑等。

基于以上的考虑，给出如下参考方案：

（1）如果要在 Windows 2000/XP 中使用大于 32GB 的分区的话，那么只能选择 NTFS 格式。

（2）如果电脑作为单机使用，不需要考虑安全性方面的问题，更多地注重与 Windows 98 的兼容性，那么 FAT32 是最好的选择。

（3）如果把电脑作为网络工作站或更多地追求系统的安全性，可以在单一的 Windows 2000/XP 模式下运行，强烈建议所有的分区都采用 NTFS 格式。

（4）如果要兼容以前的应用，需要安装 Windows 98 或其他的操作系统，建议做成多启动系统，这就需要两个以上的分区，一个分区采用

NTFS 格式，另外的分区采用 FAT32 格式；同时，为了获得最快的运行速度，建议将 Windows 2000/XP 的系统文件放置在 NTFS 分区上，其他的个人文件则放置在 FAT32 分区中。

8. 如何创建新硬盘分区

如果要将一块新硬盘划分为 4 个逻辑分区即 C 盘、D 盘、E 盘和 F 盘，则方法为：

（1）插入系统引导盘进入 DOS 运行方式，当然，也可以从光盘启动系统。要用系统引导盘启动系统，必须设置 CMOS 参数。设置 CMOS 参数的方法一般是，开机后按下 Del 键，进入 BIOS 设置界面。将“Boot Sequence”（磁盘启动顺序）项设置成从软盘或光盘启动，保存设置后，退出重新启动即可。

在开机时按下特定的热键可以进入 BIOS 设置程序，不同类型的计算机进入 BIOS 设置程序的按键不同，有的在屏幕上给出提示，有的不给出提示，几种常见的 BIOS 设置程序的进入方式如下：

Award BIOS：按 Del 键进入 BIOS，屏幕给出提示。

AMI BIOS：按 Del 或 Esc 键进入 BIOS，屏幕给出提示。

COMPAQBIOS：屏幕右上角出现光标时按 F10 键，屏幕没有给出提示。

AST BIOS：按 Ctrl+Alt+Esc 组合键，屏幕没有给出提示。

Phoenix BIOS：按 F2 键。

如果事先不知道，可参照计算机附带的说明书。

（2）在命令提示符后输入如下命令再按 Enter 键：

fdisk

（3）接下来出现的就是 FDISK 的操作界面，首先提示是否需要最大硬盘支持。输入 N，则分区文件格式是 FAT16，限制每个分区的容量不能超过 2GB；输入 Y，则分区文件格式是 FAT32，对分区的容量不做限制。一般选择 Y，然后回车，进入分区主操作界面。

（4）建立 DOS 分区或逻辑磁盘。

①在分区主操作界面中，选择数字键 1，回车便进入它的下一级界面，如图 5-12 所示。

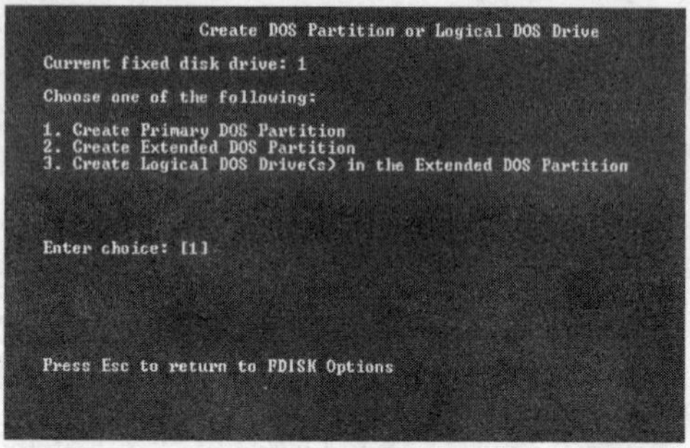

图 5-12

②首先选择第一项，按一下回车键 Enter 进入，会出现提示项，提示是否要把主分区分为最大并激活，如果选择 Y，那么整个硬盘就被分为一个分区，这里一般选择 N。如图 5-13 所示。

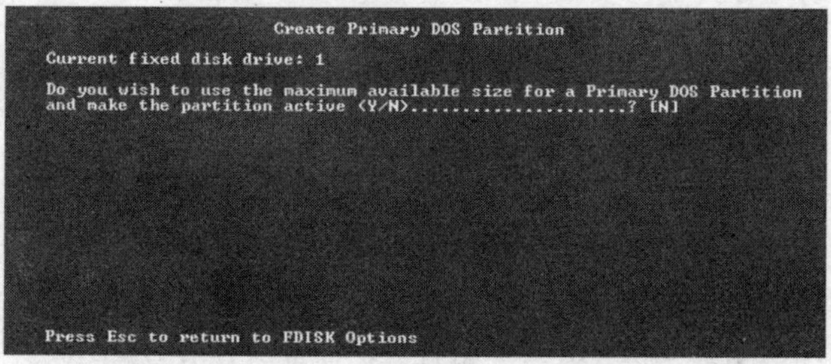

图 5-13

③回车后，要求输入主分区的空间大小，默认的是最大值。按照你的需求输入一个数字，单位是 MB，笔者认为主分区的大小为 3～4GB 比较合适。主分区的大小确定后，按下回车键，主分区就建立了，这时可以看到主分区的信息，主分区盘符自动设置为 C，如图 5-14 所示。

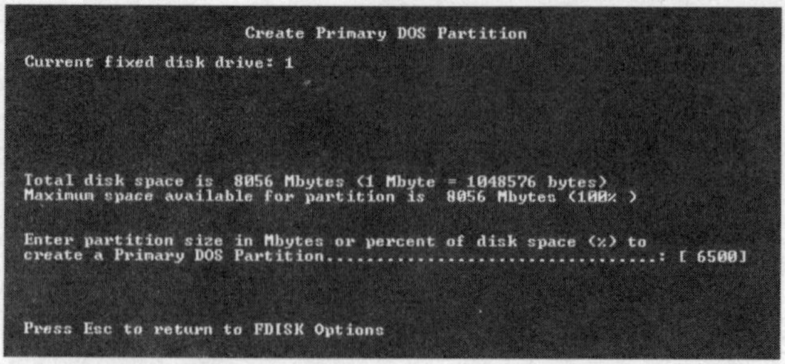

图 5-14

④按下 Esc 键，退回到首先进入的主操作界面下。继续选择 1，回车后选择 2 来建立扩展分区。默认的是最大数字，即除去主分区后，剩余的硬盘空间都应该属于扩展分区。如果不打算再安装其他的非 Windows 操作系统，应将剩余的空间全部变为扩展分区。如果还要装其他的非 DOS 操作系统，那么为其预留适当的空间。

⑤扩展分区确定后，按下 Esc 键，出现要求输入扩展分区内第一个逻辑分区大小的提示信息。输入好数值后，回车，可以看到扩展分区内的第一个逻辑分区已经建立，盘符被自动设定为 D，继续重复前面的操作，直到建完所有的逻辑分区。按下 Esc 键，退回到主界面下，如图 5-15 所示。

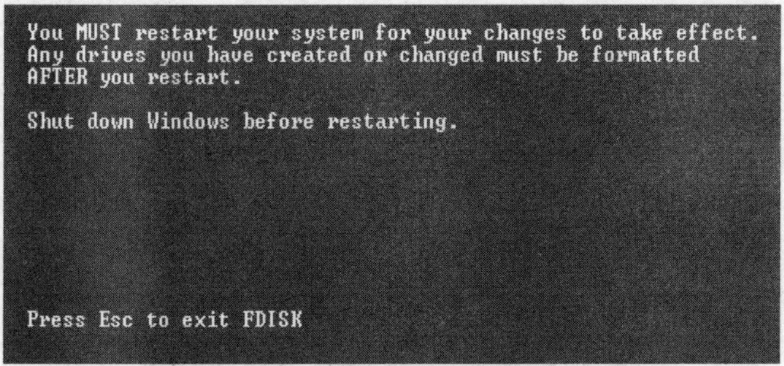

图 5-15

这样，分区工作就完成了。退出 FDISK 后，按照提示重新启动电脑即可。

（5）删除分区或逻辑磁盘。

在分区过程中，很有可能在分区完成后，读者才发现硬盘的各个分区容量并不符合自己的要求，此时就需要再次分区。此时在 FDISK 的主操作界面下，选择 3，回车进入删除分区操作界面。该界面下有 4 个选项，分别对应删除主 DOS 分区、扩展分区、逻辑分区及非 DOS 分区。操作的顺序与建立分区时的顺序刚好相反，必须倒着进行。也就是先选择 4，删除非 DOS 分区，接着删除逻辑分区，最后选择删除主 DOS 分区。

在逻辑分区删除的操作中，首先输入盘符，如 E、D 等，回车后，输入该分区的卷标，卷标可以照着界面上该分区信息 Volume Label 下的内容输入。如果分区没有卷标，直接回车进行下一步操作，输入 Y，该逻辑分区便被删除了。扩展分区的删除操作也与此很相似，在此就不做过多说明。

在主 DOS 分区的删除操作中，如果只有一个主分区（一般只有一个主分区，使用了某些支持多重操作系统启动的软件后，会出现多个主分区）。程序就自动地输入了 1，只需按下回车键，主 DOS 分区就被删除了。如果不止一个主 DOS 分区，就按照主分区的信息表内容，倒着输入数字键，逐个进行删除。

（6）查看分区信息。

分区完毕之后，如何获取分区的资料呢？FDISK 的第 4 个选项就具有这个功能。在 FDISK 的主操作界面下，如图 5-16 所示，选择 4 进入后就可以查看各个分区的情况了。这个操作十分简单，在此就不再多说了。

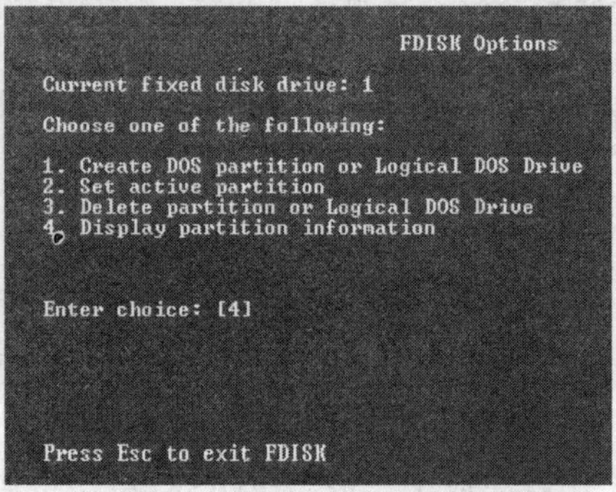

图 5-16

提示!!

①无论建立分区还是删除分区，在操作结束之后，都需要重新启动后才可以实现操作结果。

②fdisk 也可以在命令提示符下进行，只要不删除主分区就行。

第 6 章

常用网络命令

DOS Windows 命令速查 1000——本章内容

6-1　ftp——文件传输
6-2　ping——IP 连接测试
6-3　telnet——远程管理
6-4　ipconfig——IP 配置信息
6-5　query——终端服务查询
6-6　tracert——路由追踪
6-7　waitfor——同步计算机
6-8　winpop——POP3 服务管理
6-9　arp——地址解析
6-10　adprep——域控制器准备工具
……

6-1 ftp——文件传输

1. ftp 命令的功能是什么

ftp 命令的功能是将文件传输到运行文件传输协议（FTP）服务器服务（如 Internet 信息服务）的计算机，或从这样的计算机传输文件。通过处理 ASCII 文本文件，可以交互的方式或以批处理模式使用 ftp。

2. ftp 命令的语法是怎样的

ftp 命令的语法形式为：

ftp [-V][-d][-i][-n][-g][-s:FileName][-a][-w:WindowSize][-A][Hosf]

3. ftp 命令的参数各有什么作用

-v：　禁止显示 FTP 服务器响应。

/d：　启用调试、显示在 FTP 客户端和 FTP 服务器之间传递的所有命令。

-i：　传送多个文件时禁用交互提示。

-n：　在建立初始连接后禁止自动登录功能。

-g：　禁用文件名组合。Glob 允许使用星号（*）和问号（?）作为本地文件和路径名的通配符字符。

-s:filename：指定包含 ftp 命令的文本文件。这些命令在启动 ftp 后自动运行。该参数不允许带有空格。使用该参数而不是重定向（<）。

-a：　指定绑定 FTP 数据连接时可以使用任何本地接口。

-w:windowsize：指定传输缓冲的大小。默认窗口大小为 4096 字节。

-A：　匿名登录到 FTP 服务器。

Host：指定要连接的计算机名、IP 地址或 FTP 服务器的 IPv6 地址。如果指定了主机名或地址，则其必须是命令行的最后一个参数。

/?：　在命令提示符下显示帮助。

4. 使用 ftp 命令要注意什么

（1）ftp 参数的前缀必须使用连接号（-）而不是斜线（/）。

（2）ftp 命令行参数是区分大小写的。

（3）只有当“Internet 协议（TCP/IP）”协议在“网络连接”中安装为网络适配器属性的组件时，该命令才可用。

（4）ftp 可以交互使用。启动 ftp 后，ftp 将创建一个可以在其中使用 ftp 命令的子环境。可以通过输入 quit 命令返回到命令提示符下。当运行 ftp 子环境时，它将由 ftp>命令提示符表示。

5. 如何匿名登录 FTP 服务器

如果要匿名登录到名为 ftp.tsinghua.edu.cn 的 FTP 服务器，则输入如下命令后按 Enter 键：

ftp -A ftp. tsinghua.edu.cn

这样可以省去输入用户名（anonymous）的过程。

> **提示!!** 这里需要注意的是大写的字母 A，不要写错了。因为小写字母 a 代表其他的含义。

如果该服务器不支持匿名登录，则会返回图 6-1 所示的提示信息。

图 6-1

如果 FTP 需要用户名和密码才能登录，则会要求用户输入 FTP 账户和密码。

> **提示!!** 在命令提示符下输入 FTP 账户对应的密码，在提示符下并没有任何显示，直接按 Enter 键即可。

6-2　ping——IP 连接测试

1. ping 命令的功能是什么

ping 命令的功能是通过发送 Internet 控制消息协议（ICMP）并接收其

应答，测试验证与另一台 TCP\IP 计算机的 IP 级连通性。对应的应答消息的接收情况将和往返过程的时间一起显示出来。ping 是用于检测网络连接性、可到达性和名称解析的疑难问题的主要 TCP\IP 命令。如果不带参数，ping 将显示帮助。

2. ping 命令的语法是怎样的

ping 命令的语法形式为：

ping [-t][-a][-n Counf][-l Size][-f][-i TTL][-v TOS][-r Coun][-s Count][{-j HostL&t|-k HostList}][-w Timeout][TargetName]

3. ping 命令的参数各有什么作用

-t：指定在中断前 pmg 可以持续发送回响请求信息到目的地。要中断并显示统计信息，可按 CTRL-BREAK。要中断并退出 ping，可按 CTRL-C。

-a：指定对目的地 IP 地址进行反向名称解析。如果解析成功，ping 将显示相应的主机名。

-n Count：指定发送回响请求消息的次数。默认值为 4。

-l Size：指定发送的回响请求消息中“数据”字段的长度（以字节表示）。默认值为 32。size 的最大值是 65 527。

-f：指定发送的回响请求消息带有“不要拆分”标志（所在的 IP 标题设为 1）。回响请求消息不能由目的地路径上的路由器进行拆分。该参数可用于检测并解决“路径最大传输单位（PMTu）”的故障。

-i TTL：指定发送回响请求消息的 IP 标题中的 TTL 字段值。其默认值是主机的默认 TTL 值。对于 Windows XP 主机，该值一般是 128。TTL. 的最大值是 255。

-v TOS：指定发送回响请求消息的 IP 标题中的“服务类型（TOS）”字段值。默认值是 0。TOS 被指定为 0 到 255 的十进制数。

-r Count：指定 IP 标题中的“记录路由”选项用于记录由回响请求消息和相应的回响应答消息使用的路径。路径中的每个跃点都使用“记录路由”选项中的一个值。如果可能，可以指定一个等于或大于来源和目的地之间跃点数的 Count。Count 的最小值必须为 1，最大值为 9。

-s Count：指定 IP 标题中的“Internet 时间戳”选项用于记录每个跃点的回响请求消息和相应的回响应答消息的到达时间。Count 的最小值必须为 l，最大值为 4。

-j HostList：指定回响请求消息使用带有 HostList 指定的中间目的地集的 IP 标题中的“稀疏资源路由”选项。可以由一个或多个具有松散源路由的路由器分隔连续中间的目的地。主机列表中的地址或名称的最大数为 9，主机列表是一系列由空格分开的 IP 地址（带点的十进制符号）。

-kHostList：指定回响请求消息使用带有 HostList 指定的中间目的地集的 IP 标题中的“严格来源路由”选项。使用严格来源路由，下一个中间目的地必须是直接可达的（必须是路由器接口上的邻居）。主机列表中的地址或名称的最大数为 9，主机列表是一系列由空格分开的 IP 地址（带点的十进制符号）。

-wTimeout：指定等待回响应答消息响应的时间（以微秒计），该回响应答消息响应接收到的指定回响请求消息。如果在超时时间内未接收到回响应答消息，将会显示“请求超时”的错误消息。默认的超时时间为 4000（4s）。

TargetName：指定目的端，它既可以是 IP 地址，也可以是主机名。

4. 使用 ping 命令要注意什么

（1）可以使用 ping 测试计算机名和计算机的 IP 地址。如果已成功验证 IP 地址但未成功验证计算机名，这可能是由于名称解析问题所致。在这种情况下，要确保指定的计算机名可以通过本地主机文件进行解析，其方法是通过域名系统（DNS）查询或 NetBIOS 名称解析技术进行解析。

（2）只有当网际协议（TCP/IP）协议在网络连接中安装为网络适配器属性的组件时，该命令才可用。

5. Ping 命令正常输出和不正常输出分别有什么结果

下面举例说明 ping 的正常输出和不正常输出结果。

在命令提示符下输入如下命令后按 Enter 键：

ping 218.246.32.1

（1）如果显示如图 6-2 所示的运行结果，则表明连接正常，所有发送的包均被成功接收，丢包率为 0。

```
C:\>ping 218.246.32.1

Pinging 218.246.32.1 with 32 bytes of data:

Reply from 218.246.32.1: bytes=32 time=22ms TTL=246
Reply from 218.246.32.1: bytes=32 time=19ms TTL=247
Reply from 218.246.32.1: bytes=32 time=19ms TTL=247
Reply from 218.246.32.1: bytes=32 time=20ms TTL=246

Ping statistics for 218.246.32.1:
    Packets: Sent = 4, Received = 4, Lost = 0 (0% loss),
Approximate round trip times in milli-seconds:
    Minimum = 19ms, Maximum = 22ms, Average = 20ms

C:\>
```

图 6-2

（2）如果输入如下命令后按 Enter 键：

ping 192.168.0.2

结果显示如图 6-3 所示测试消息，所有发送的包均未被成功接收，丢包率为 100%，则表明网络连接不正常，目的主机不可到达。

```
C:\>ping 192.168.0.2

Pinging 192.168.0.2 with 32 bytes of data:

Request timed out.
Request timed out.
Request timed out.
Request timed out.

Ping statistics for 192.168.0.2:
    Packets: Sent = 4, Received = 0, Lost = 4 (100% loss),

C:\>
```

图 6-3

下面对测试结果中的一些数据作简单解释：

（1）Pinging 218.246.32.1 with 32 bytes of data：

这里的“32 bytes”中的“32”指的是发送的消息，及回响的消息数据字段值为 32 字节。

（2）Reply from 218.246.32.1：bytes=32 time=19ms TTL=247

这里的“19ms”，指的是从发送数据到收到回响所经历的时间，该时间值一般有一定限制，当相应时间超过 4000ms（即 4s）时，将显示连接超时。

（3）TTL=247

这里的 TTL 值默认为对方主机的 TTL 值，根据 TTL 值一般可以确定所 ping 的主机使用何种操作系统。对于使用 Windows XP/2000 的计算机，该值一般为 128；Windows 98 计算机的 TTL 值一般为 64，Unix 计算机的 TTL 值一般为 255。不过在注册表中可以随意改变 TTL 值，所以利用该值来确定主机的操作系统并不一定准确，比如本例就是这样。

6. 如何验证发送回响请求消息的次数及“数据”字段的长度

如果要验证带有 10 个回响请求消息的，且每个消息的“数据”字段值为 100 字节，则在命令提示符下输入如下命令后按 Enter 键：

Ping -n 10 -l 50 218.246.32.1

命令执行结果显示如图 6-4 所示。

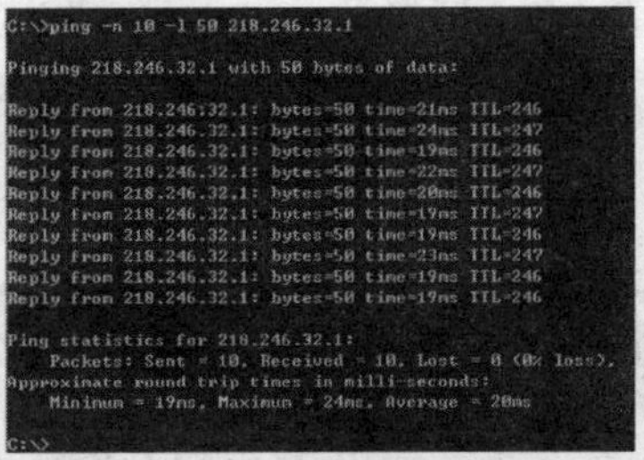

```
C:\>ping -n 10 -l 50 218.246.32.1

Pinging 218.246.32.1 with 50 bytes of data:

Reply from 218.246:32.1: bytes=50 time=21ms TTL=246
Reply from 218.246.32.1: bytes=50 time=24ms TTL=247
Reply from 218.246.32.1: bytes=50 time=19ms TTL=246
Reply from 218.246.32.1: bytes=50 time=22ms TTL=247
Reply from 218.246.32.1: bytes=50 time=20ms TTL=246
Reply from 218.246.32.1: bytes=50 time=19ms TTL=247
Reply from 218.246.32.1: bytes=50 time=19ms TTL=246
Reply from 218.246.32.1: bytes=50 time=23ms TTL=247
Reply from 218.246.32.1: bytes=50 time=19ms TTL=246
Reply from 218.246.32.1: bytes=50 time=19ms TTL=246

Ping statistics for 218.246.32.1:
    Packets: Sent = 10, Received = 10, Lost = 0 (0% loss),
Approximate round trip times in milli-seconds:
    Minimum = 19ms, Maximum = 24ms, Average = 20ms

C:\>
```

图 6-4

使测试带有多个回响消息，无非是为了测试连通性是否正常；消息字段值的变大，也无意增加了网络流量，从而也可以侧面反映了网络的连通性能。

7. 如何验证 IP 地址并记录 4 个跃点的路由

如果要验证目的地 218.246.32.1 并记录 4 个跃点的路由，则在命令提示符下输入如下命令后按 Enter 键：

Ping -r 4 218.246.32.1

该命令可以检测该网络内路由器工作是否正常。结果如图 6-5 所示。

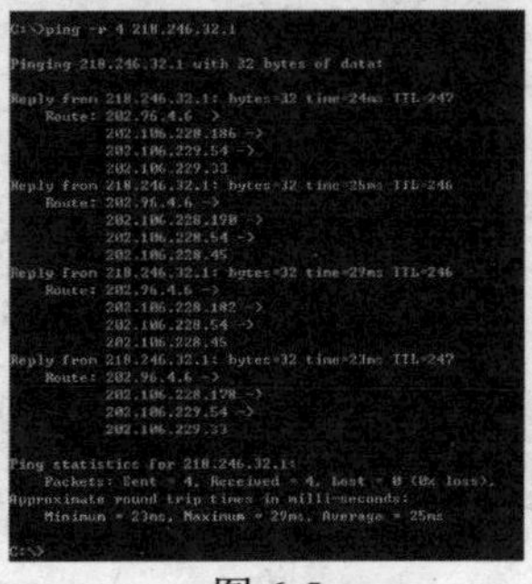

```
C:\>ping -r 4 218.246.32.1

Pinging 218.246.32.1 with 32 bytes of data:

Reply from 218.246.32.1: bytes=32 time=24ms TTL=247
    Route: 202.96.4.6 ->
           202.106.228.186 ->
           202.106.229.54 ->
           202.106.229.33
Reply from 218.246.32.1: bytes=32 time=25ms TTL=246
    Route: 202.96.4.6 ->
           202.106.228.198 ->
           202.106.228.54 ->
           202.106.228.45
Reply from 218.246.32.1: bytes=32 time=29ms TTL=246
    Route: 202.96.4.6 ->
           202.106.228.182 ->
           202.106.228.54 ->
           202.106.228.45
Reply from 218.246.32.1: bytes=32 time=23ms TTL=247
    Route: 202.96.4.6 ->
           202.106.228.178 ->
           202.106.229.54 ->
           202.106.229.33

Ping statistics for 218.246.32.1:
    Packets: Sent = 4, Received = 4, Lost = 0 (0% loss),
Approximate round trip times in milli-seconds:
    Minimum = 23ms, Maximum = 29ms, Average = 25ms

C:\>
```

图 6-5

8. 如何判断远程计算机是否正常连接到网络

如果确知本地计算机已经正常接入网络，则可以通过 ping 远程计算机的 IP 地址，来判断该计算机是否也正常连接到网络。假设要测试的远程计算机 IP 地址为 218.246.32.2，则可以输入如下命令后按 Enter 键：

Ping 218.246.32.2

如果全部返回“Request time out”的提示信息，如图 6-6 所示，则表明该远程计算机未能成功接入网络。

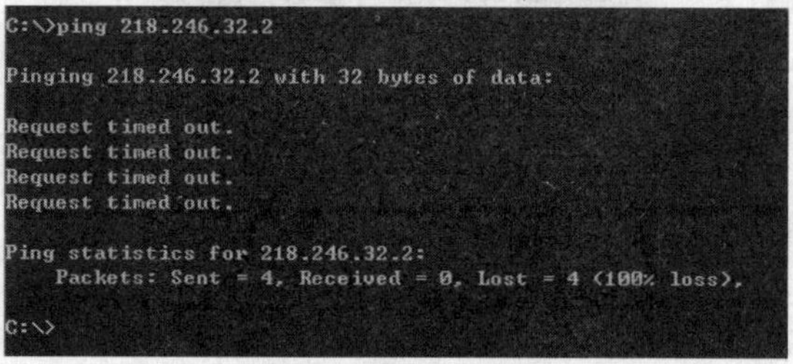

图 6-6

9. 如何测试到某个网站的连通性以及所经过的路由器和网关，并只发送一个测试数据包

如果要测试到网站“www.5460.net”的连通性以及所经过的路由器和网关，并只发送一个测试数据包，则在命令提示符下输入如下命令后按 Enter 键：

Ping www.5460.net -n 1 -r 9

测试结果显示如图 6-7 所示。

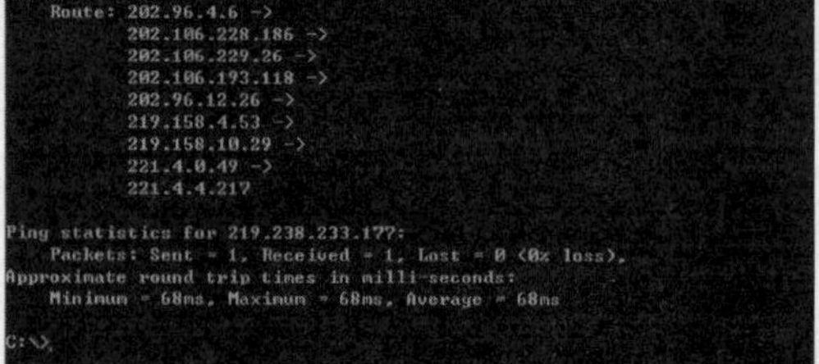

图 6-7

10. Ping 连接于同一交换机的计算机有什么作用

ping 连接于同一交换机的计算机，可以确认：

（1）交换机工作是否正常。

（2）该计算机与交换机的连接是否正常。

（3）另一台计算机与交换机的连接是否正常。

（4）网卡是否正常工作，网络协议和驱动程序的安装是否正确，计算机之间是否可以正常通信。

11. ping 连接至其他交换机的计算机有什么作用

ping 连接至其他交换机的计算机，可以确认：

（1）另一台交换机工作是否正常。

（2）交换机之间的连接是否正确。

（3）另一台计算机与交换机的连接是否正常。

12. ping 同一 VLAN 中的其他计算机有什么作用

ping 同一 VLAN 中其他计算机的地址，可以确认：

（1）VLAN 端口的划分和计算机的连接是否正确。

（2）VLAN 状态是否正常。

（3）IP 地址、子网掩码的设置是否正确。

（4）网络连接是否正常。

13. ping 其他 VLAN 中的计算机有什么作用

ping 其他 VLAN 中的计算机，可以确认：

（1）3 层路由设置是否正确。

（2）VLAN Trunk 设置是否正确。

（3）IP 地址信息（尤其是默认网关）的设置是否正确。

14. ping Internet 中远程主机的地址有什么作用

Ping Internet 中远程主机的地址，可以确认：

（1）确认网关的设置是否正确。如果测试不成功，应当在控制面板的“网络”属性中查看默认网关设置是否正确。如果设置不正确，重新设置后，重新启动计算机并再次测试。如果设置正确，继续向下检查。

（2）确认域名服务器设置是否正常。如果使用域名测试不成功，应当在控制面板的“网络”属性中查看域名服务器。（DNS）设置是否正确。如果设置正确，继续向下检查。

（3）确认路由器的配置是否正确。如果该计算机被加入到禁止出站访问的 IP 控制列表中，那么，该用户将无法访问 Internet。

（4）确认 Internet 连接是否正常。如果到任何一个主机的连接都超时，或丢包率都非常高，则应当与 ISP 共同检查 Internet 连接，包括线路、Modem 和路由器设置等诸多方面。

15. 使用 ping 命令时的出错信息 unknown host 是什么意思

unknown host（不知名主机），这种出错信息的意思是，该远程主机的名字不能被命名服务器转换成 IP 地址。故障原因可能是命名服务器有故障，或者其名称不正确，或者网络管理员的系统与远程主机之间的通信线路有故障。

16. 使用 ping 命令时的出错信息 Networkunreachable 是什么意思

Network unreachable（网络不能到达），这是本地系统没有到达远程系统的路由，可用 netstat -m 检查路由表来确定路由配置情况。

17. 使用 ping 命令时的出错信息 No answer 是什么意思

No answer（无响应），远程系统没有响应。这种故障说明本地系统有一条到达远程主机的路由，但却接受不到它发给该远程主机的任何分组报文。故障原因可能是远程主机没有工作，或者本地或远程主机网络配置不正确，或者本地或远程的路由器没有工作，或者通信线路有故障，或者远程主机存在路由选择问题。

18. 使用 ping 命令时的出错信息 time out 是什么意思

time out（超时），与远程主机的链接超时，数据包全部丢失。故障原因可能是到路由器的连接问题、路由器不能通过，也可能是远程主机已经宕机。

6-3　telnet——远程管理

1. telnet 命令的功能是什么

telnet 命令允许用户与使用 Telnet 协议的远程计算机和网管设备进行通信。运行 telnet 时可不使用参数，以便输入由 telnet 提示符（telnet>）表明的 telnet 上下文。可从 telnet 提示符下，使用下列命令管理运行 Telnet Client 的计算机。若要从 Telnet Client 切换到命令模式，在 telnet 提示符下按 CTRL+]组合键。若要切回到 Telnet Client，则按 Enter 键。

2. 启动 Telnet Client 命令的语法是怎样的

启动 Telnet Client 的语法形式为：

telnet [\\RemoteServer]

其中：

\\RemoteServer：指定要连接的服务器的名称或 IP 地址。

/?：在命令提示符下显示帮助。

提示!!

①不使用参数时，telnet 将启动 Telnet Client。

②当在 telnet 提示符下时，必须使用 telnet 命令。

3. 如何启动 Telnet Client 并连接到某个服务器

如果要启动 Telnet Client，并且连接到服务器 218.246.32.2，则输入如下命令后按 Enter 键：

telnet 218.246.32.2

4. 停止 Telnet Client 命令的语法是怎样的

停止 Telnet Client 命令的语法形式为：

Quit

提示!! 可以将该命令简化为 q。

5. 连接到远程计算机的语法是怎样的

连接到远程计算机的语法形式为：

open [\\RemoteServer][Port]

其中：

\\RemoteServer：指定要管理的服务器名称。如果没有指定服务器，则假定使用本地服务器。

Port：指定要使用的端口。如果没有指定端口，则假定使用默认端口。

提示!! 可以将该命令简化为 o。

6. 如何通过端口连接到远程服务器

如果要通过 23 号端口连接到远程服务器 218.246.32.1，则输入如下命令后按 Enter 键：

0 218.246.32.1 23

7. 断开与远程计算机的连接的语法是怎样的

断开与远程计算机的连接的语法形式为：

close [\\RemoteServer]

其中：\\RemoteServer：指定要管理的服务器名称。如果没有指定服务器，则假定使用本地服务器。

提示!! 可以将该命令简化为 c。

8. 如何与远程服务器断开连接

如果要与远程服务器 serverpc 断开连接，则输入如下命令后按 Enter 键：

Close serverpc

9. 设置 Telnet Client 选项的语法形式是怎样的

设置 Telnet Client 选项的语法形式为：

set [\\RemoteServer][ntlm][10calecho][term{ansi|vt100|vt52|vtnt}][escape Character][logfile FileName][logging][bsasdel][crlf][delasbs][mode{console|stream}][?]

其中：

\kRemoteServer：指定要管理的服务器名称。如果没有指定服务器，则假定使用本地服务器。

Ntlm：打开 NTLM 身份验证（如果在远程服务器上可用）。

Localecho：打开本地回显。

term{ansi|vt100|vt52|vtnt}：将终端设置为所指定的类型。

escape Character：设置 escape 字符。escape 字符可以是单个字符，也可以是 CTRL 键和字符的组合。若要设置控制键组合，请在输入要分配的字符时按住 CTRL。

logfile FileName：将文件设置成用于登录 Telnet 活动日志文件必须位于本地计算机上。设置此选项时，自动开始记录。

Logging：打开日志记录。如果没有设置日志文件，将会出现错误信息。

Bsasdel：将 BACKSPACE 设置成删除键。

Crlf：设置新的行模式，该模式将导致 Enter 键发送 0x0D、0x0A。

Delasbs：将 DELETE 设置成退格键。

mode{console|stream}：设置操作模式。

?：允许查看该命令的完整语法。

10. 使用 Telnet Client 命令要注意什么

若要在 Telnet 提示符位置关闭上一次设置的选项，请输入如下命令后按 Enter 键：

unset[Option]

若要设置 escape 字符，则输入如下命令后按 Enter 键：

-e Character

在 Telnet 的非英文版本上，codeset Option 可用。Codeset Option 将当前代码集设置成下面的某个选项：Shift JIS、Japanese EUC、JIS Kanji、JIS Kanji（78）、DEC Kanji、NEC Kanji，此时应该在远程计算机上设置相同

的代码集。

11. 发送 Telnet Client 命令的语法是怎样的

发送 Telnet Client 命令的语法形式为：

send [\\RemoteServer][ao][ayt][esc][ip][synch][?]

12. 发送 Telnet Client 命令的参数各有什么作用

\kRemoteServer：指定要管理的服务器名称。如果没有指定服务器，则假定使用本地服务器。

ao：终止输出命令。

ayt：发送“Are you there?”命令。

Esc：发送当前的转义字符。

Ip：中断过程命令。

Synch：执行 Telnet 同步操作。

?：允许查看该命令的完整语法。

13. 查看当前设置的语法是怎样的

查看当前设置的语法形式为：

display

14. 查看当前设置要注意什么

显示命令列出 Telnet 客户端的当前操作参数。如果您在 Telnet 会话中（换句话说，如果您连接到 Telnet 服务器），则可以按 CTRL+]退出 Telnet 会话以修改参数。若要返回到 Telnet 会话，则按 Enter 键。

15. 如何远程管理网络设备

Telnet 协议是一种远程访问协议，可以用它登录到远程网络设备。Windows 98 及其以后的 Windows 版本都内置有 Telnet 客户端程序，用于实现与远程交换机或路由设备的通信。

远程管理网络设备的语法形式为：

telnet ip address

其中，ip address 表示被管理交换机的 IP 地址。

如果远程交换机的 IP 地址为 211.82.218.25，那么，命令格式如下：

telnet 211.82.218.25

接下来单击“确定”按钮，或按 Enter 键，就可以建立与远程交换机的连接了。

然后，就可以根据实际需要对该交换机进行相应的配置和管理了。

6-4 ipconfig——IP 配置信息

1. ipconfig 命令的功能是什么

ipconfig 命令的功能是显示当前所有的 TCP/IP 网络配置值、刷新动态主机配置协议（DHCP）和域名系统（DNS）设置。使用不带参数的 ipconfig 可以显示所有适配器的 IPv6 地址或 IPv4 地址、子网掩码和默认网关。

2. ipconfig 命令的语法是怎样的

ipconfig 命令的语法形式为：

ipconfig[/all][/renew[Adapter]][/release[dapter]][/flushdns][/displaydns] [/registerdns][/showclassidAdapter][/setclassid Adapter[ClassID]]

3. ipconfig 命令的参数各有什么作用

/all：显示所有适配器的完整 TCP/IP 配置信息。在没有该参数的情况下，ipconfig）只显示 IP 地址、子网掩码和各个适配器的默认网关值。适配器可以代表物理接口（例如安装的网络适配器）或逻辑接口（例如拨号连接）。

/renew[adapter]：更新所有适配器（如果未指定适配器），或特定适配器（如果包含了 Adapter-参数）的 DHCP 配置。该参数仅在具有配置为自动获取 IP 地址的网卡的计算机上可用。要指定适配器名称，请输入使用不带参数的 ipconfig 命令显示的适配器名称。

/release[adapter]：发送 DHCPRELEASE 消息到 DHCP 服务器，以释放

所有适配器（如果未指定适配器）或特定适配器（如果包含了 Adapter 参数）的当前 DHCP 配置并丢弃 IP 地址配置。该参数可以禁用配置为自动获取 IP 地址的适配器的 TCP/IP。要指定适配器名称，请输入使用不带参数的 ipconfig 命令显示的适配器名称。

/flushdns：清理并重设：DNS 客户解析器缓存的内容。如有必要，在 DNS 疑难解答期间，可以使用本过程从缓存中丢弃否定性缓存记录和任何其他动态添加的记录。

/displaydns：显示 DNS 客户解析器缓存的内容，包括从本地主机文件预装载的记录以及由计算机解析的名称查询而获得的任何资源记录。DNS 客户服务在查询配置的 DNS 服务器之前使用这些信息快速解析被频繁查询的名称。

/registerdns：初始化计算机上配置的 DNS 名称和 IP 地址的手工动态注册。可以使用该参数对失败的 DNS 名称注册进行疑难解答或解决客户和 DNS 服务器之间的动态更新问题，而不必重新启动客户计算机。TCP/IP 协议高级属性中的 DNS 设置可以确定 DNS 中注册了哪些名称。

/showclassid adapter：显示指定适配器的 DHCP 类别 ID。要查看所有适配器的 DHCP 类别 ID，可以使用星号（*）通配符代替 Adapter。该参数仅在具有配置为自动获取 IP 地址的网卡的计算机上可用。

/setclassid Adapter[ClassID]：配置特定适配器的 DHCP 类别 ID。要设置所有适配器的 DHCP 类别 ID，可以使用星号（*）通配符代替 Adapter。该参数仅在具有配置为自动获取 IP 地址的网卡的计算机上可用。如果未指定 DHCP 类别 ID，则会删除当前类别 ID,,

/?：在命令提示符下显示帮助。

4. ipconfig 命令最适用于什么样的计算机

ipconfig 命令最适用于配置为自动获取 IP 地址的计算机。它使用户可以确定哪些 TCP/IP 配置是由 DHCP、自动专用 IP 地址（APIPA）和其他配置的。

5. 使用 ipconfig 命令要注意什么

（1）如果 Adapter 名称包含空格，请在该适配器名称两边使用引号，即“Adapter Name”。

（2）对于适配器名称，ipconfig 可以使用星号（*）通配符字符指定名称为指定字符串开头的适配器，或名称包含有指定串的适配器。如果 Local*可以匹配所有以字符串 Local 开头的适配器，而*Con*可以匹配所有包含字符串 Con 的适配器。

（3）只有当网际协议（TCP/IP）在“网络连接”中安装为网络适配器属性的组件时，ipconfig 命令才可用。

6. 如何查看计算机的 IP 地址信息

要查看计算机的 IP 地址信息，则输入如下命令后按 Enter 键：

Ipconfig

此时就可以显示该计算机的 IP 地址信息，如图 6-8 所示。

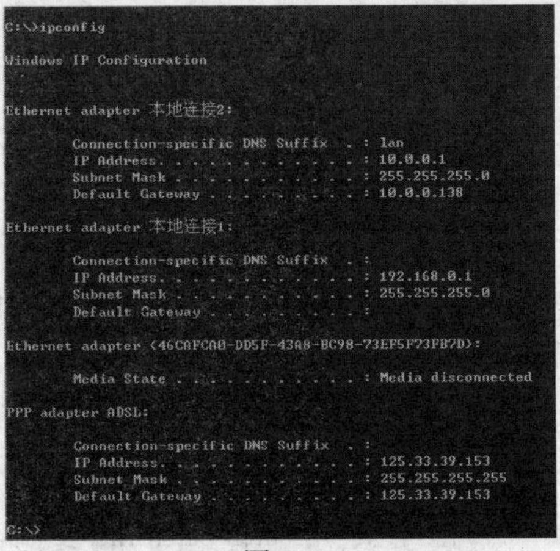

图 6-8

7. 如何查看所有适配器的完整 TCP/IP 配置信息

要查看所有适配器的完整 TCP/IP 配置信息，包括所有适配器的 IP 地址、子网掩码和默认网关，还包括主机的相关配置信息，如主机名、DNS 服务器、节点类型、网络适配器的物理地址等，则在命令提示符下输入如下命令后按 Enter 键：

ipconfig /all

运行结果显示如图 6-9 所示。

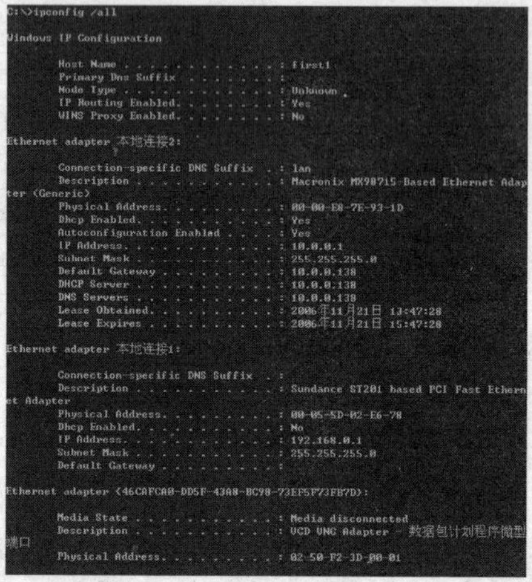

图 6-9

上述结果为在 Windows XP 的命令行环境下的运行结果。

> 提示!! 在 Windows 98 下执行 ipconfig/all 命令的结果和 Windows XP 下略有不同。

8. 如何查看并保存本地所有网络适配器的完整 TCP/IP 配置信息

要查看本地所有网络适配器的完整 TCP/IP 配置信息，并保存起来，方法如下。

（1）在 Windows 98 下可以使用/batch batch file 参数，在命令提示符下输入如下命令后按 Enter 键：

ipconfig /all/batch c:\test.txt

执行后转到根目录下找到这个 test.txt 文本文档，用记事本打开，可以看到里面非常详细地记录了 TCP/IP 协议的相关设置情况。

（2）在 Windows XP 下，ipconfig 命令增加了很多功能，但是少了/batch batch file 参数，不过想要保存也很简单，只需借助重定向符号“>”就可实现。比如要把 TCP/IP 配置信息保存在 I:\下的 test.txt 中，则在命令提示符下输入如下命令后按 Enter 键：

ipconftg /all>I:\test.txt

9. 如何显示以某个名称开头的所有适配器的 DHCP 类别 ID

如果要显示名称以 Local 开头的所有适配器的 DHCP 类别 ID，则输入如下命令后按 Enter 键：

ipconfig /showclassid Local*

6-5 query——终端服务查询

1. query process 命令的功能是什么

query process 命令的功能是显示在终端服务器上运行的进程的有关信息。可以使用此命令了解特定用户正在运行的程序，以及运行特定程序的用户。

2. query process 命令的语法是怎样的

query process 命令的语法形式为：

query process[{*|ProcessID|UserName|SessionNarne|id:nn|ProgramName}] [/server:ServerName][/system]

3. query process 命令的参数各有什么作用

*：列出所有会话的进程。

ProcessID：指定标识要查询的进程的数字标识。

UserName：指定要列出其进程的用户的名称。

SessionName：指定要列出其进程的会话的名称。

"/id:nn"：指定要列出其进程的会话的标识。

ProgramName：指定要查询其进程的程序的名称。需要.exe 扩展名。

"/server:Setl:erName"：指定要列出其进程的终端服务器。如果未指定，则使用目前登录的服务器。

/system：指定显示关于系统进程的当前信息。如果不希望显示系统进程，则不使用该参数。

4. 使用 query process 命令要注意什么

（1）管理员有完全访问所有 query process 功能的权利。

（2）如果不指定 UserName、. SessionName、/id：SessionID、ProgramName 或*参数，query process 只显示属于当前用户的进程。

如果已指定会话，则必须标识活动会话。可以使用通配符标识进程。

（3）query process 返回以下信息：拥有此进程的用户、拥有此进程的会话、此会话的 ID、进程的名称、进程的状态、进程的 ID 。

（4）当 query process 返回信息时，在属于当前会话的每个进程之前会显示大于号（>）。

5. 如何显示有关所有会话使用的进程的信息

要显示有关所有会话使用的进程的信息，则输入如下命令后按 Enter 键：

query process *

6. 如何显示有关会话 ID2 使用的进程的信息

要显示有关会话 ID2 使用的进程的信息，则输入如下命令后按 Enter 键：

query process /ID:2

7. query session 命令的功能是什么

query session 命令的功能是显示终端服务器上的会话的有关信息。此列表不仅包括关于当前会话的信息，而且还包括关于服务器运行的其他会话的信息。

8. query session 命令的语法是怎样的

query session 命令的语法形式为：

query session [{SessionName[UserName|SessionID}][/server:ServerName] [/mode][/flow][/connect][/counter]

9. query session 命令的参数各有什么作用

SessionName：待查询会话的名称。

UserName：要查询其会话的用户的名称。

SessionID：待查询会话的 ID。

“/server:ServerName”：标识要查询的终端服务器。默认是当前服务器。

/mode：显示当前行的设置。

/flow：显示当前流控制设置。

/connect：显示当前连接设置。

/counter：显示当前计数器信息，包括已创建、断开连接和重新连接的所有会话数。

10. 使用 query session 命令要注意什么

（1）用户总可以查询他当前登录的会话。要查询其他会话，则用户必须具有“查询信息”访问权限。

（2）如果不使用 SessionName、UserName 或 SessionID 指定会话，query session 就会显示有关系统中的所有活动会话的信息。

（3）当 query user 返回信息时，在当前会话之前将显示大于号（>）。

11. 如何显示服务器上所有当前会话的信息

如果要显示关于服务器 ServerPC 上所有当前会话的信息，则输入如下命令后按 Enter 键：

query session /server: ServerPC

12. 如何显示某个会话的信息

如果要显示关于当前会话 linzi 的信息，则输入如下命令后按 Enter 键：

query session linzi

13. query termserve 命令的功能是什么

query termserve 命令的功能是显示网络上所有终端服务器的列表。

14. query termserve 命令的语法是怎样的

query termserve 命令的语法形式为：

query termserver [ServerName][/domain：Domain][/address][/continue]

15. query termserve 命令的参数各有什么作用

ServerName：指定标识终端服务器的名称。

"/domain:Domain"：指定查询终端服务器的域。如果在当前工作的域中查询，则不需要指定域。

/address：显示每个服务器的网络和节点地址。

/continue：防止在显示每一屏幕的信息后停止。

16. 使用 query termserve 命令要注意什么

query termserver 在网络上搜索所有连接的终端服务器并返回以下信息：服务器的名称、网络（如果已使用/address 选项，则还包括节点地址）。

17. 如何显示网络上所有终端服务器的信息

要显示关于网络上所有终端服务器的信息，则应输入如下命令后按 Enter 键：

query termserver

18. 如何显示某个终端服务器的有关信息

如果要显示名为 serverPC 的终端服务器的有关信息，则输入如下命令后按 Enter 键：

query termserver serverPC

19. 如何显示某个域中所有终端服务器的信息

如果要显示关于域 Office 中所有终端服务器的信息，则输入如下命令后按 Enter 键：

query termserver /domain:Office

20. query user 命令的功能是什么

query user 命令的功能是显示有关终端服务器上的用户会话的信息。

21. query user 命令的语法是怎样的

query user 命令的语法形式为：

query user [{LJserName|SessionName|SessionID}][/server:ServerName]

22. query user 命令的参数各有什么作用

UserName：指定待查询用户的登录名。

SessionName：指定待查询会话的名称。

SessionID：指定待查询会话的 ID。

“/server:ServerName”：指定要查询的终端服务器。否则使用当前终端服务器。

23. 使用 query user 命令要注意什么

（1）如果特定用户登录到特定的终端服务器，则可以使用该命令查找。query user 返回以下信息：用户名、终端服务器上的会话的名称、会话 ID、会话的状态（活动或断开连接）、空闲时间（在该会话中自上次击键或鼠标移动以来经过的分钟数）、用户登录的日期和时间。

（2）要使用 query user，必须有完全控制权限或查询信息的特殊访问权限。

（3）如果不指定用户名、会话名称或会话标识而直接使用 query user 命令，则会返回一个登录到该服务器的所有用户的列表。另外，也可以使用 query session 显示服务器上所有会话的列表。

（4）当 query user 返回信息时，在当前会话前将显示大于号（>）。

（5）只有在从远程服务器使用 query user 时才需要/server 参数。

24. 如何显示登录到系统的所有用户的信息

要显示登录到系统的所有用户的信息，则输入如下命令后按 Enter 键：

```
query user
```

25. 如何显示服务器上某个用户的信息

如果要显示服务器 ServerPC 上 linzi 的用户信息，则输入如下命令后按 Enter 键：

```
query user linzi/server:ServerPC
```

6-6 tracert——路由追踪

1. tracert 命令的功能是什么

tracert 命令的功能就是，通过递增“生存时间（TTL）”字段的值将“Internet 控制消息协议（ICMP）回响请求”消息发送给目标可确定到达目标的路径。所显示的路径是源主机与目标主机间的路径中的路由器的近侧路由器接口列表。近侧接口是距离路径中的发送主机最近的路由器的接口。不带参数时，tracert 显示帮助。

2. tracert 命令的语法是怎样的

tracert 命令的语法形式为：

tracert [-d] [-h MaximumHops][-j HostList][-w Timeout][TargetName]

3. tracert 命令的参数各有什么作用

/d：防止 tracert 试图将中间路由器的 IP 地址解析为它们的名称。这样可加速显示 tracert 的结果。

-h MaximumHops：在搜索目标（目的）的路径中指定跃点的最大数。默认值为 30 个跃点。

-j HoststList：指定“回响请求”消息对于在主机列表中指定的中间目标集使用 IP 报头中的“松散源路由”选项。可以由一个或多个具有松散源路由的路由器分隔连续中间的目的地。主机列表中的地址或名称的最大数为 9。主机列表是一系列由空格分开的 IP 地址（用带点的十进制符号表示）。

-w Timeout：指定等待“ICMP 已超时”或“回响答复”消息（对应于要接收的给定“回响请求”消息）的时间（以毫秒为单位）。如果超时时间内未收到消息，则显示一个星号（*）。默认的超时时间为 4000（4s）。

TargetName：指定目标，可以是 IP 地址或主机名。

-?：在命令提示符下显示帮助。

4. 使用 tracert 命令要注意什么

（1）tracert 命令是通过更改“生存时间（TTL）”的值向目标发送

“ICMP 回响请求”消息来确定到达目标的路径。要求路径上的每个路由器在转发数据包之前至少将 IP 数据包中的 TTL 递减 1。这样，TTL 就成为最大链路计数器。数据包上的 TTL 到达 0 时，路由器应该将“ICMP 已超时”的消息发送回源计算机。Tracert 发送 TTL 为 1 的第一条“回响请求”消息，并在随后的每次发送过程将 TTL 递增 1，直到目标响应或跃点达到最大值，从而确定路径。默认情况下跃点最大值是 30，可使用-h 参数指定。检查中间路由器返回的“ICMP 超时”消息与目标返回的“回响答复”消息可确定路径。但是，某些路由器不会为使用到期 TTL 值的数据包返回“已超时”消息，而且有些路由器对于 tracert 命令不可见。在这种情况下，将为该跃点显示一行星号（*）。

（2）要跟踪路径并为路径中的每个路由器和链路提供网络延迟和数据包丢失信息，则使用 pathping 命令。

（3）只有当网际协议（TCP/IP）在网络连接中安装为网络适配器属性的组件时，tracert 命令才可用。

5. 如何追踪某个网站的路由以局域网络和 Internet 连接是否正常

如果要追踪到 263（www.263.com）的路由，来证明局域网络和 Internet 连接是否正常，则在命令提示符下输入如下命令后按 Enter 键：

tracert www.sohu.com

命令执行结果显示如图 6-10 所示。

```
C:\>tracert www.263.com

Tracing route to www.263.com [219.239.95.121]
over a maximum of 30 hops:

  1    17 ms    18 ms    18 ms  61.148.2.153
  2    23 ms    23 ms    18 ms  202.96.4.5
  3    18 ms    18 ms    19 ms  bt-228-189.bta.net.cn [202.106.228.189]
  4    19 ms    18 ms    19 ms  bt-229-029.bta.net.cn [202.106.229.29]
  5    19 ms    19 ms    18 ms  202.106.193.174
  6    19 ms    20 ms    22 ms  202.106.192.22
  7    19 ms    17 ms    18 ms  202.96.13.170
  8    18 ms    19 ms    18 ms  61.51.26.166
  9    19 ms    19 ms    19 ms  202.99.57.150
 10    19 ms    19 ms    20 ms  202.99.57.1
 11    20 ms    20 ms    19 ms  202.99.57.190
 12    19 ms    22 ms    21 ms  219.238.239.40
 13    21 ms    19 ms    20 ms  219.239.95.121

Trace complete.

C:\>
```

图 6-10

从运行结果可知，局域网可以正常连接至 Internet，实现对 263 的访问。上述命令结果显示了该链路中所有经过的路由设备的 IP 地址。

6-7 waitfor——同步计算机

1. waitfor 命令的功能是什么

waitfor 命令的功能是使用信号同步的一个网络上的多台计算机。

2. waitfor 命令的语法是怎样的

waitfor 命令的语法形式为：

waitfor [/sComputer[/u[Domain\]User[/p[Password]]]]/siSignalName

waitfor [/tTimeoutlnSeconds]SignalName

3. waitfor 命令的参数各有什么作用

/s Computer：指定远程计算机名称或 IP 地址（不能使用反斜杠）。该默认值是本地计算机。此参数适用于在命令中指定的所有文件和文件夹。

/u[Domain\]User：使用特定用户账户的权限运行脚本。该默认值是系统权限。

/p[Password]：指定在/u 参数中指定的用户账户的密码。

/t TimeoutInSeconds：指定要等待的秒数。默认设置为无限。

/si：发送 SignalName 而不是等待。

SignalName：指定 waitfor 等待或发送的信号。SignalName 不区分大小写。

4. 使用 waitfor 命令要注意什么

（1）只有一个 waitfor 实例可以等待给定计算机上的给定信号。

（2）信号名不区分大小写。

（3）信号名不能超过 225 个字符，也不能包含除 a-z、A-Z、0-9 和范围在 128~255 的 ASCII 字符外的字符。

（4）如果不使用/s，信号将广播到与发送计算机位于同一域内的所有计算机。如果使用/s，信号将只发送给指定的计算机。

（5）可在一个计算机上运行多个 waitfor 实例，但是每个实例必须等待不同的信号。可使用/si 命令行选项来触发信号。

（6）Waitfor 只能在 Windows XP 和运行 Windows Server 2003 操作系统的服务器上运行，但是它可向运行 Windows 操作系统的任何计算机发送信号。

（7）仅当计算机与发送信号的计算机位于同一域中时，前者才可接收信号。

（8）测试软件版本时，可使用 waitfor 命令。如果在编译成功完成后，编译计算机可向运行 waitfor 的多台计算机发送信号。收到信号后，包含 waitfor 的批处理文件可指示计算机立即开始安装软件或在编译的版本上进行测试。

6-8　winpop——POP3 服务管理

1. winpop 命令的功能是什么

winpop 命令是一个 POP3 服务命令行管理工具。该命令不能运行于 Windows XP 下。

其语法形式为：

winpop[add{DomainName|UserName@DomainName[/createuserPassword]}] [delete{DomainName|UserName@DomainName[/deleteuser]}]
[list[DomainName]]
[lock{DomainName UserName@DomainName}]
[unlock{DomainName|UserName@DomainName}]
[stat[DomainName]]
[changepwd UserName@DomainNameNewPassword]
[createquotafileUserName@DomainName[/user：UserName]]
[migrateToAD UserName@DomainName]

2. winpop 命令的参数各有什么作用

add{DomainName|UserName@DomainName[/createuserPassword]}：创建新域或邮箱。如果要使用 Active Directory 集成的身份验证或本地 Windows 账户身份验证，除非已经存在一个，否则必须在创建邮箱时创建一个用户账户。如果使用加密的密码文件身份验证，则必须使用/createuser

开关创建一个用户账户，否则无法创建邮箱。使用加密的密码文件身份验证时创建的用户账户没有登录权利。对于 Windows 账户身份验证来说，邮箱名的最大长度为 20 个字符，对于加密的密码文件身份验证或 Active Directory 集成的身份验证来说，该字符数为 64。最小长度为 1 个字符。DomainName 的值必须是完全合格的域名（如果 coolpen.net）。

delete{DomainName|UserName@DomainName[/deleteuser]}：删除现有域或邮箱。删除邮箱时，可指定删除相关用户账户（如果存在）。需要注意的是，删除域的同时，也将删除域中所有邮箱、相应的邮件存储目录以及那些目录下存储的所有电子邮件。

list[DomainName]：列出所有 POP3 服务域，或者如果指定了域值，则列出域中的所有邮箱。

lock{DomainName|UserName@DomainName}：锁定域或邮箱。如果锁定某个域，该域中的所有邮箱将被锁定，尝试检索电子邮件的所有用户将被拒绝连接。发往该域的电子邮件将仍然被接收并发送到邮件存储区适当的邮箱目录下。POP3 服务还将继续发送传出邮件。

unlock{DomainName|UserName@DomainName}：解锁先前锁定的域以及该域中的所有邮箱或单个邮箱（如果该邮箱未作为域锁定的一部分被锁定）。尝试从 POP3 服务下载邮件的所有用户都能够再次连接并检索电子邮件。

stat[DomainName]：显示服务器统计信息，包括邮箱总数、磁盘使用总量、存储的电子邮件总数、域的锁定/zllz 锁定状态以及域总数。通过 DomainName 选项时，显示下列域统计信息：域中的邮箱总数、各个邮箱的锁定/非锁定状态、域的总大小以及域中存储的电子邮件总数。

changepwdUserName@DomainName NewPassword：更改邮箱用户账户的密码。

CreatequotafileUserName@DomainName[/user：UserName]：为指定的用户创建配额文件。/user 开关为要引用的配额指定一个不同的用户账户。

migrateToADUserName@DomainName：将加密密码文件身份验证用户账户（包括它的密码）迁移到 Active Directory 用户账户。仅当当前身份验证方法是加密密码文件身份验证时，才可使用该命令。

3. 如何向域中添加一个邮箱地址

如果要向 vip.163.com 域中添加 hz@vip.163.com 的邮箱地址，则输入如下命令后按 Enter 键：

winpop add hz@vip.163.com /createuser ABCabcl23

4. 如何锁定域中的某个邮箱地址

如果要锁定 vip.163.com 域中的 hz@vip.163.com 邮箱地址，则输入如下命令后按 Enter 键：

winpop lock hz@vip.163.com

5. 如何锁定域中的所有邮箱地址

如果要锁定 vip.163.com 域中的所有邮箱地址，则输入如下命令后按 Enter 键：

winpop lock vip.163.com

6. winpop set 命令的语法是怎样的

winpop set 命令的语法形式为：

winpop set[portPortNumber]
[authentication{1|2|3}
[mailrootPath]
[threadcountValue]
[socketmaxValue]
[socketmin Value]
[socketbacklogValue]
[socketthreshold Value]
[socket Value Value Value Value]
[sparerequired{0|1}]

7. winpop set 命令的参数各有什么作用

portPortNumber：设置 POP3 服务监听 POP3 电子邮件客户端并响应连接请求的端口。PortNumber 的值必须介于 1~65535 之间。

logging{0|1|2|3}为 POP3 服务设置事件记录级别，表 6-1 给出了每一个值的相应功能描述。

表 6-1

值	描　述
0	不记录
1	仅记录关键性事件
2	记录关键性事件和警告事件
3	记录关键性事件、警告事件和信息事件

authentication{1|2|3 }：可以使用该命令的缩写形式 auth。

（1）如果 POP3 服务运行所在的计算机是域控制器，请使用表 6-2 中的值。

表 6-2

值	描　述
1	Active Directory 集成身份验证
2	加密密码文件身份验证

（2）如果正在运行 POP3 服务的计算机是 Active Directory 成员服务器，则使用表 6-3 中的值。

表 6-3

值	描　述
1	Active Directory 集成身份验证
2	本地 Windows 账户身份验证
3	加密密码文件身份验证

（3）否则，使用表 6-4 中的值。

表 6-4

值	描　述
1	本地 Windows 账户身份验证
2	加密密码文件身份验证

mailrootPath：为 POP3 服务设置邮件存储目录。Path 的值必须是本地文件系统上的目录或通用命名约定（UNC）路径。最大容许值为 260 个字符。

threadcountValue：为 POP3 服务设置要运行的线程数。Value 的值必须位于 1~32，等于在运行 POP3 服务的计算机上安装的 CPU 的数目。

Socketmax：设置服务将创建的最多套接字数。一旦达到 socketmaxValue 指定的套接字数，所有新的连接尝试将搁置，直到断开现有连接。默认值为50。socketmaxValue的值必须位于1~32 000之间，并且必须大于socketminValue+socketthresholdValue。

socketminValue：设置服务将维护的最多套接字数。默认值为10。socketminValue的值必须位于1~32 000，并且必须小于socketmaxValue。

socketbacklogValue：设置一旦达到 socketmaxValue 时，将处于等待状态的连接数。对于 socketmaxValue 和 socketmaxValue+socketbacklogValue 之间的连接尝试数目，将接受连接，但不会接收任何响应，直到新的套接字可用。填满 socketbacklog 时，将拒绝新的连接尝试。socketbacklogValue的值必须介于0~100。

socketthresholdValue：设置一次要创建的新的套接字的数目。一旦使用现有套接字，如果仍存在可用的其他套接字，将创建N个新套接字，其中，N是socketthreshold的值。socketthresholdValue的值必须介于0~100，并且必须大于0，除非socketminValue=socketmaxValue。

Sparequired：设置邮件服务器要求所有客户端连接都需要安全密码身份验证。设置为1时，如果电子邮件客户端使用明文身份验证，则不允许对这些客户端进行身份验证。默认值为0。其设置值的相应功能描述如表6-5所示。

表6-5

值	描　述
0	不需要安全密码身份验证（默认设置）
1	所有的客户端连接都需要安全密码身份验证

8. 如何将邮件存储设置为本地硬盘上的目录

如果要将邮件存储设置为本地硬盘上的C:\mailstore目录，则输入如下命令后按Enter键：

winpop set mailroot C:\mailstore

9. 如何设置日志记录级别以便在事件查看器中仅记录重要事件

要设置日志记录级别以便在事件查看器中仅记录重要事件，则输入如下命令后按Enter键：

winpop setlogging 1

10. winpop get 命令的语法是怎样的

winpop get 命令的语法形式为：

winpop get[port][logging][authentication][maflrooq[threadcount] [socketmax][socketmin] [socketbacklog][socketthreshold][socket][sparequired]

11. winpop get 命令的参数各有什么作用

Port：显示配置 POP3 服务所在的端口。

Logging：显示 POP3 服务配置的事件日志记录级别。其设置值的相应功能描述如表 6-6 所示。

表 6-6

值	描　述
0	不记录
1	仅记录关键性事件
2	记录关键性事件和警告事件
3	记录关键性事件、警告事件和信息事件

Authentication：显示为 POP3 服务配置的身份验证方法。可使用该命令的缩写形式 auth。

（1）如果 POP3 服务运行所在的计算机是域控制器，应使用下表中的值。

（2）如果正在运行 POP3 服务的计算机是 Active Directory 成员服务器，使用表 6-7 中的值。

表 6-7

值	描　述
1	Active Directory 集成身份验证
2	加密密码文件身份验证

否则，应使用表 6-8 中的值。

表 6-8

值	描　述
1	Active Directory 集成身份验证
2	本地 Windows 账户身份验证
3	加密密码文件身份验证

Mailroot：　　显示为 POP3 服务配置的邮件存储目录。

Threadcount：　显示为 POP3 服务配置的要运行的线程数。

Socketmax：　　显示服务将创建的套接字最大数。

Socketmin：　　显示服务将维护的套接字最小数。

Socketbacklog：显示一旦到达 SocketMax 之后处于等待状态的连接数。

Socketthreshold：显示一次要创建的新的套接字的数目。

Sparequired：　显示是否已将邮件服务器配置为要求所有客户端连接都需要安全密码身份验证。其设置值的相应功能描述如表 6-9 所示。

表 6-9

值	描 述
1	本地 Windows 账户身份验证
2	加密密码文件身份验证

12. 如何显示 POP3 服务当前使用的端口号

要显示 POP3 服务当前使用的端口号，则输入如下命令后按 Enter 键：

winpop get port

13. 如何显示 POP3 服务当前的日志记录级别

要显示 POP3 服务当前的日志记录级别，则输入如下命令后按 Enter 键：

winpop get logging

6-9 arp——地址解析

1. arp 命令的功能是什么

在局域网或 Internet 上，网络设备的唯一标识是 IP 地址。而计算机能够识别的只有网卡的 MAC 地址。ARP（Address Resolution Protocol，地址解析协议）就负责将 IP 地址解析为 MAC 地址。为了便于快速查找 IP 地址与 MAC 地址，ARP 自身设计了缓存功能。ARP 缓存中包含一个或多个表，它们用于存储 IP 地址及经过其解析的网卡 MAC 地址。计算机上安装的每一个以太网或令牌环网络适配器（网卡）都有自己单独的 ARP 缓存表。ARP 是一个网络管理命令，用来管理 ARP 列表。

2. arp 命令的语法是怎样的

arp 命令的语法形式为：

arp [-a[InetAddr] [-n IfaceAddr]][-g[InetAddr][-n IfaceAddr]][-d InetAddr[IfaceAddr]][-s InetAddr EtherAddr[IfaceAddr]]

3. arp 命令的参数各有什么作用

-a[InetAddr][-n IfaceAddr]：显示所有网卡当前的 ARP 缓存表。要显示网卡（如果本地设备装有两块以上网卡的话）的 ARP 缓存项，应使用带有 InetAddr 参数的 arp-a 命令，此处的 InetAddr 代表指定的 IP 地址。要显示指定网卡的 ARP 缓存表，应使用 aria-a-n IfaceAddr 参数，此处的 IfaceAddr 代表分配给指定接口的 IP 地址。-n 参数区分大小写，仅小写有效。

-g[InetAddr][-n IfaceAddr]：作用与-a 相同。

-d InetAddr[IfaceAddr]：解除 IP 地址与网卡 MAC 地址的绑定，此处的 InetAddr 代表 IP 地址。要删除指定 IP 地址与 MAC 地址的绑定，使用 IfaceAddr 参数（分配给该网卡的 IP 地址）；要删除所有 IP 地址与 MAC 地址的绑定，则应使用星号"*"通配符代替 IP 地址。

-s InetAddr EtherAddr[IfaceAddr]：将网卡的 IP 地址和 MAC 地址绑定。此处的 IfaceAddr 代表分配给该网卡的 IP 地址。

/?：在命令提示符下显示帮助。在没有参数的情况下执行 ARP 命令，也可以显示帮助信息。

4. 使用 arp 命令要注意什么

（1）InetAddr 和 IfaceAddr 的 IP 地址用带圆点的十进制记数法表示，如 192.168.0.1。

（2）物理地址 EtherAddr 由 6 个字节组成，这些字节用十六进制记数法表示并且用连字符隔开，比如 00-AA-00-4F-2A-9C。

（3）通过-s 参数添加的绑定项属于静态项，它们不会造成 ARP 缓存超时而消失，只有终止 TCP/IP 后再启动，这些项才会被删除。要创建永久的静态 ARP 缓存项，在批处理文件中使用适当的 arp 命令创建并通过"计划任务程序"在启动时运行该批处理文件。

（4）只有将 TCP/IP 安装为网卡的属性组件时，该命令才可以使用。

5. 如何查看本机的 ARP 表

要查看本机的 ARP 表，则输入如下命令后按 Enter 键：

arp -a

图 6-11 显示的是本机当前 ARP 表中的记录，也就是最近一段时间内与本机通信的主机。Internet Address 代表 IP 地址，而 Physical Address 则是指该 IP 地址所对应的 MAC 地址，Type 表明该连接的类型，dynamic 是动态连接。有的结果中还有一个 static 参数，表示静态连接。

```
C:\>arp -a

Interface: 10.0.0.1 --- 0x2
  Internet Address      Physical Address      Type
  10.0.0.138            00-90-d0-c0-4d-7f     dynamic

Interface: 192.168.0.1 --- 0x3
  Internet Address      Physical Address      Type
  192.168.0.5           00-40-05-41-09-69     dynamic
  192.168.0.6           00-0c-f1-d9-93-9b     dynamic

C:\>
```

图 6-11

由上述的例子可以看出，使用 arp-a 命令查看时，本地计算机所有接口的缓存表都显示了出来。

6. 如何绑定 IP 地址与 MAC 地址

比如要将静态 IP 地址 157.55.85.212 与网卡 MAC 地址 00-aa-00-62-c6-09 进行绑定，则输入如下命令后按 Enter 键：

arp -s 157.55.85.212 00-aa-00-62-c6-09

输入如下命令后按 Enter 键，查看结果：

arp -a

结果如图 6-12 所示。

```
C:\>arp -s 157.55.85.212 00-aa-00-62-c6-09

C:\>arp -a

Interface: 10.0.0.1 --- 0x2
  Internet Address      Physical Address      Type
  10.0.0.138            00-90-d0-c0-4d-7f     dynamic

Interface: 192.168.0.1 --- 0x3
  Internet Address      Physical Address      Type
  192.168.0.5           00-40-05-41-09-69     dynamic
  192.168.0.6           00-0c-f1-d9-93-9b     dynamic

Interface: 0.0.0.0 --- 0x4
  Internet Address      Physical Address      Type
  157.55.85.212         00-aa-00-62-c6-09     static

C:\>
```

图 6-12

IP 地址 157.55.85.212 所对应连接类型为 static（静态），表示我们添加静态记录成功。

提示!!
arp 命令常用于代理服务器上的网络管理，将 IP 地址与 MAC 地址绑定之后，即使有人盗用了 IP 地址，也会因为 MAC 地址不符，而不能通过代理服务器上网。

7. 如何指定显示某个 IP 地址网卡的 ARP 绑存

如果计算机安装有两块以上的网卡，那么，可以显示指定显示某个 IP 地址网卡的 ARP 绑存。如果若欲显示 IP 地址为 61.159.62.136 网卡的 ARP 缓存表，则输入如下命令后按 Enter 键：

arp –a -N 61.159.62.136

6-10 adprep——域控制器准备工具

1. adprep 命令的功能是什么

adprep 命令的功能是对 Windows 2000 域和林进行准备，以便升级到 Windows Server 2003 Standard Edition、Windows Server 2003 Enterprise Edition 或 Windows Server 2003 Datacenter Edition。adprep 的任务包括扩展架构、更新选定对象的默认安全描述符以及按某些应用程序的要求添加新的目录对象。

2. adprep 命令的语法是怎样的

adprep 命令的语法形式为：

Adprep {/forestprep |domainprep |/gpprep}

3. adprep 命令的参数各有什么作用

/forestprep：对 Windows 2000 林进行准备，以便升级到 Windows Server 2003 林。

/domainprep：对 Windows 2000 域进行准备，以便升级到 Windows Server 2003 域。

/domainprep/gpprep：只有在准备 Windows 2000 域以便升级到 Windows Server 2003 SP1 域时才可用。将可继承的访问控制项（ACE）添加到位于 SYSVOL 共享文件夹中的组策略对象（GPO），然后在该域中的域控制器之间同步 SYSVOL 共享文件夹。

/?：在命令提示符显示“帮助”。

4. 使用 adprep 命令要注意什么

（1）在将 Windows 2000 Server 升级到未安装 Service Pack 的 Windows Server 2003 后，应使用 adprep/forestprep 准备林，使用 adprep/domainprep 准备每个域。adprep/domainprep 将为升级准备域，将可继承的 ACE 添加到 SYSVOL 共享文件夹中的 GPO，这会引发域范围的复制。此操作生成的复制通信量可能会对网络状况造成负面影响。

（2）在将 Windows 2000 Server 升级到带有 Service Packl（SP1）的 Windows Server 2003 后，应使用 adprep/forestprep 准备林，使用 adprep/domainprep 准备每个域。在带有 SP1 的 Windows Server 2003 中，adprep/domainprep 不会将可继承的 ACE 添加到 SYSVOL 共享文件夹中的 GPO 中，也不会引发域范围的复制。当网络状况较好或者在 SYSVOL 共享的完全同步不会对带宽产生负面影响时，可运行 adprep/domainprep/gpprep 将可继承的 ACE 添加到 SYSVOL 共享文件夹中的 GPO 中。

（3）可以在 Windows Server 2003 安装光盘的\i386 文件夹中找到 adprep.exe。

（4）要运行 adprep/forestprep 命令，必须是 Active Directory 中 Enterprise Admins 组或 Schema Admins 组的成员，或者必须被委派了适当的权限。要运行 adprep/domainprep 或 adprep/domainprep/gpprep 命令，必须是 Active Directory 中 Domain Admins 组或 Enterprise Admins 组的成员，或者必须被委派了适当的权限。作为安全性的最佳操作，可考虑使用“运行方式”来运行这个命令。

（5）应从 Windows Server 2003 安装媒体（如 CD-ROM 或共享网络资源）中运行 adprep。

（6）林中的所有域控制器都应该升级到 Windows 2000 Service Pack 2 或更高版本，然后才能对林进行准备以便升级到 Windows Server 2003 家族。

（7）adprep/forestprep 必须在架构主机上运行。

（8）adprep/domainprep 必须在每一个域中的每一个结构主机上运行，并且只能在对林成功地运行了 adprep/forestprep 之后运行。

（9）adprep/domainprep/gpprep 必须在每个域的结构主机上运行。在网络带宽允许在域中的域控制器之间复制所有的 GPO 的情况下，运行 adprep/forestprep 和 adprep/domainprep 之后，可以随时运行该命令。

（10）在运行 adprep/domainprep 之前，必须等到 adprep/forestprep 做出的更改从架构主机复制到结构主机。如果试图在 adprep/forestprep 更改复制完之前在结构主机上运行 adprep/domainprep，则会得到一则通知：林准备工作尚未完成。

（11）用 adprep 对林和域进行准备之后，就可以让域控制器在一段不定长的时间内继续运行 Windows 2000，或者可立即对域控制器进行升级。

（12）运行 adprep 之后，可以在 systemroot\System32kDebug\Adprep\Logs 中找到 adprep 日志文件。

5. 如何对 Windows 2000 林进行准备，以便升级到 Windows Server 2003

如果要对 Windows 2000 林进行准备，以便升级到 Windows Server 2003，则输入如下命令：

adprep /forestprep

> 提示!! 该命令要求安装 Windows 2000 Server Service Pack 2 及以上系统补丁包。

接下来按 C 键后再按 Enter 键即可正常执行。

6. 如何对 Windows 2000 域进行准备，以便升级到 Windows Server 2003

如果要对 Windows 2000 域进行准备，以便升级到 Windows Server 2003，则输入如下命令后按 Enter 键：

adprep /domainprep

提示!!

（1）若要将 Windows 2000 域升级到不带 SP1 的 Windows Server 2003，使用此命令将把可继承的 ACE 添加到 SYSVOL 共享文件夹中的 GPO 中，并且 SYSVOL 共享将同步，从而造成明显的网络延迟。

（2）如要通过将可继承的 ACE 添加到 SYSVOL 共享文件夹中的 GPO 中，并在域中的域控制器之间同步 SYSVOL 共享文件夹，以便升级到带有 SP1 的 Windows Server 2003，应当输入如下命令后按 Enter 键：adprep /domainprep /gpprep

6-11 dcpromo——活动目录向导

1. dcpromo 命令的功能是什么

dcpromo 命令的功能是启动活动目录向导，或实现无人活动目录安装，及活动目录的删除。

2. dcpromo 命令的语法是怎样的

dcpromo 命令的语法形式为：

dcpromo /answer[:filename][/adv][]

3. dcpromo 命令的参数各有什么作用

/answer[:filename]：借助安装脚本文件，实现无人参与的活动目录安装过程。

/adv：启用高级用户选项。

如果无参数，将启动活动目录安装向导。

4. 如何实现无人值守安装活动目录

要实现无人值守安装活动目录，则输入如下命令后按 Enter 键：

dcpromo.exe /answer:answer_file

其中，answer_file 为自动应答文件名称。Answer_file 内容如下：

[Dcinstall]
AdministratorPassword abcd
AutoConfigDNS yes
Createorioincreate
Databasepath c:\Winnt\tds
DNSonnetwork no
DomainNetBiosName domainCT
LogPath c:\wirmt\ntds
NewDomainDNSName coolpen.net
ParentDominDNSName
RebootonSuccess yes
ReplicaorNewDomain domain
SiteName default-first-site-name
sysvolpath c:\winnt\sysvol
Treeorchild tree

6-12 dsmove——移动对象

1. dsmove 命令的功能是什么

dsmove 命令的功能是，在域中将单个对象从其在目录中的当前位置移动到新位置，或者在不移动目录树中单个对象的情况下为其重命名。

2. dsmove 命令的语法是怎样的

dsmove 命令的语法形式为：

dsmove ObjectDN[-newname NewName][-newparent ParentDN][{-s Server|-d Domain}][-u UserName][-P{Password|*}][-q][{-ue|-ueo|-uci}]

3. dsmove 命令的参数各有什么作用

ObjectDN：必需。指定要移动或重命名对象的可分辨名称。如果省略这些值，将通过标准输入（缺省情况下为终端，也就是用户的键盘）得到这些值，以便支持从另一个命令以管道输出的形式输入到该命令。

-newname NewRDN：使用新的相对可分辨名称为对象重命名。

-newparent ParentDN：指定要将对象移动到的新位置。该新位置被指定为新父节点的可分辨名称。

{-s Server|-d Domain}：连接到指定远程服务器或域。默认情况下，计算机与登录域中的域控制器相连接。

-u UserName：指定用户用以登录远程服务器的用户名。默认情况下，-u 使用用户登录时的用户名。可以使用下列任何一种格式指定用户名：

（1）用户名（例如 Liuxh）。

（2）域\用户名（例如 ebook\Liuxh）。

（3）用户主体名称（UPN），例如 linzi@vip.163.com。

-P{Password|*}：指定使用密码或*登录到远程服务器。如果输入*，系统将提示输入密码。

-q：取消到标准输出的所有输出（安静模式）。

{-uc|-uco|-uci}：指定以 Unicode 格式输出或输入数据。表 6-10 列出并描述了每一种格式。

表 6-10

值	描　述
-uc	为从管道（|）输入或输出到管道（|）指定 Unicode 格式
-uco	指定以 Unicode 格式输出到管道（|）或文件
-uci	指定以 Unicode 格式从管道（|）或文件输入。

4. 使用 dsmove 命令要注意什么

（1）若欲在域之间移动对象，应当安装并使用 Windows 支持工具中的 movetree 命令行工具。

（2）如果提供的值包含空格，应当使用引号将内容括起来（如果“CN=Li naining，CN=Users，DC=Coolpen，DC=Net”）。

（3）如果要提供多个值给一个参数，应使用空格分隔多个值（如果可分辨名称列表）。

5. 如何重命名用户对象

如果要将用户对象 linzhong 重命名为 hz，则在命令行模式下输入如下命令后按 Enter 键：

dsmove “CN=linzhong.CN=USERS,DC=book，DC=Com” -newilanqe “hz”

命令成功执行后，dsmove 就成功修改 linzhong 计算机账户为 hz。

6. 如何更改用户所在的组

如果要将用户 hz 从 USERS 组移动到 COMP 组，则在命令行模式下输入如下命令后按 Enter 键：

dsmove “CN=hz，OU=USERS，DC=BOOK，DC=Com” -newparent OU=COMP，DC=BOOK，DC=Com

命令成功执行后，dsmove 就把 hz 计算机账户从组织单元 USERS 移动到组织单元 COMP。

7. 如何合并执行重命名和移动操作

要合并执行重命名和移动操作，则在命令行模式下输入如下命令后按 Enter 键：

dsmove “CN=AA，0U=BGS，DC=BOOK，DC=Com” -newparent OU= FIRST1，DC=BOOK，DC=Com-newname “linzi”

命令成功执行，dsmove 成功把 hz 计算机账户从组织单元 COMP 移动到组织单元 FIRST1。同时也可以看出 DSMOVE 成功修改 hz 计算机账户为 linzi。

6-13 dsquer——查找对象

1. dsquer 命令的功能是什么

dsquer 命令的功能是按照指定的条件查询 Active Directory。

2. dsquery computer 命令的功能与语法是什么

dsquery computer 命令的功能是在目录中查找与指定的搜索条件相匹配的计算机，其语法形式为：

dsquery computer [{StartNode|forestroot|domainroot}][-o{dn|rdn|samid}|

[-scope{subtree|onelevel|base}][-name Name][-desc Description][-samid SAM Name][-inactive NumberOJWeeks][-stalepwd NumberOfDays][-disabled][{-s Server|-d Domain}][-u UserName][-p{Password|*}][-q][-r][ggc][-limit Number Of Objects][{-uc|-ueo|-uci}]

3. dsquery computer 命令的参数各有什么作用

{StartNode|forestroot|domainroot}：指定节点，从该节点开始搜索。您可以指定林根目录（forestroot）、域根目录（domainroot）或节点的可分辨名称（StartNode）。如果指定了 forestroot，则使用全局编录完成搜索。默认值为 domainroot。

-o{dn|rdn|samid}：指定搜索所找到的条目列表的显示格式。值 dn 显示每个条目的可分辨名称。值 rdn 显示每个条目的相对可分辨名称。值 samid 显示每个条目的 SAM 账户名。默认情况下，使用 dn 格式。

-scope{subtree|onelevel|base}：指定搜索范围。值 subtree 表示搜索范围是开始节点上的一个子树。值 onelevel 表示仅开始节点的直接子项。值 base 表示由开始节点代表的单一对象。如果将 forestroot 指定为 StartNode，则子树是唯一的有效范围。默认情况下，搜索范围是 subtree。

-nameName：搜索其名称属性（CN 属性的值）与 Name 相匹配的计算机。如果“Liu*”或“*fang”或“h*n”。

-desc Description：搜索其描述属性与 Description 相匹配的计算机。如果“Liu*”或“*fang”或“h*n”。

-samid SAMName：搜索其 SAM 账户名与 SAMName 相匹配的计算机。

-inactive Number Of Weeks：搜索在指定周数内处于非活动状态（陈旧的）的全部计算机。

-stalepwd Number Of Days：搜索在指定天数内未更改密码的全部计算机。

-disabled：搜索被禁用账户的全部计算机。

{-s Server|-d Domain}：连接到指定远程服务器或域。默认情况下，计算机与登录域中的域控制器相连接。

-n UserName：指定用户用以登录远程服务器的用户名。默认情况下，-u 使用用户登录时的用户名。可以使用下列任何一种格式指定用户名：

（1）用户名（例如 Liuxh）。

（2）域\用户名（例如 ebook\Liuxh）。

（3）用户主体名称（UPN），例如 hz@vipo.163.com。

-P{Password|*}：指定使用密码还是*登录到远程服务器。如果输入*，系统将提示输入密码。

-q：取消到标准输出的所有输出（安静模式）。

-r：指定搜索期间搜索将使用递归或跟踪参照。默认情况下，在搜索期间搜索将不跟踪参照。

-gc：指定搜索使用 Active Directory 全局编录。

-limit Number Of Objects：指定将返回与给定条件匹配的对象的个数。如果 Number Of Objects 的值为 0，则返回所有匹配的对象。如果未指定该参数，则默认显示前 100 条结果。

{-UC|-uco|-uei}：指定以 Unicode 格式输出或输入数据。表 6-11 列出并描述了每一种格式。

表 6-11

值	描述
-uc	为从管道（|）输入或输出到管道（|）指定 Unicode 格式
-uco	指定以 Unicode 格式输出到管道（|）或文件
-ico	指定以 Unicode 格式从管道（|）或文件输入

4. 使用 dsquery computer 命令要注意什么

（1）dsquery 搜索的结果可作为其他目录服务命令行工具之一的管道输入，例如 dsget、dsmod、dsmove 或 dsrm。

（2）如果提供的值包含空格，应使用引号将内容引起来（如果“CN=Li Haining，CN=Users，DC=Coolpen，DC=Net”）。

（3）若欲提供多个值给一个参数，使用空格分隔多个值（如果可分辨名称列表）。

5. 如何使用 dsquery computer 命令

下面举例说明 dsquery computer 命令的使用方法。

例 1：要在当前域中查找所有名称以“jzxh”开头且描述以“edit”开头的计算机，并显示其可分辨的名称，则在命令行模式下输入如下命令后按 Enter 键：

dsquery comp domainroot -name jzxh* -desc edit*

命令成功执行后，就会显示出在“Compu”组织单元中符合条件的计算机，并且显示完整的 LDAP 名称。

例 2：要在 CN=Comp，de=book，DC=Com 指定的组织单位中查找被禁用的计算机并显示他们的可分辨名称，则在命令行模式下输入如下命令后按 Enter 键：

dsquery comp CN=Compu，DC=Book，DC=Com -disabled

命令成功执行后，就可以看到显示组织单元 Comp 中被禁用的计算机账户，并且显示完整的 DLAP 名称。

6. dsquery contac 命令的功能与语法是什么

dsquery contac 命令的功能是查找目录中的联系人，并在目录中查找与指定的搜索条件相匹配的联系人。其语法形式为：

dsquerycontact[{StartNode|forestroot|domainroot}][-o{dn|rdn}][-scope{subtree|onelevelbase}][-name Name][-desc Description][{-s Server|-d Domain}][-n UserName][-P{Password|*}][-q][-r][-ge][-limit Number Of Objects][{-nc|-uco|-uei}]

7. dsquery contac 的参数各有什么作用

{StartNode|forestroot|domainroot}：指定节点，从该节点开始搜索。您可以指定林根目录（forestroot）、域根目录（domainroot）或节点的可分辨名称（StartNode）。如果指定了 forestroot，则使用全局编录完成搜索。默认值为 domainroot。

-o{dn|rdn}：指定搜索所找到的条目列表的显示格式。值 dn 显示每个条目的可分辨名称。值 rdn 显示每个条目的相对可分辨名称。

-scope{subtree|onelevel|base}：指定搜索范围。值 subtree 表示搜索范围是开始节点上的一个子树。值 onelevel 表示仅开始节点的直接子项。值 base 表示由开始节点代表的单一对象。如果将 forestroot 指定为 StartNode，则子树是唯一的有效范围。默认情况下，搜索范围是 subtree。

-nameName：搜索其名称属性（CN 属性的值）与 Name 相匹配的联系人。如果“Liu*”或“*fan2”或“h*n”。

-descDescription：搜索其描述属性与 Description 相匹配的联系人。如果“Liu*”或“*fang”或“h*n”。

{-s Server -d Domain}：连接到指定远程服务器或域。默认情况下，计算机与登录域中的域控制器相连接。

-n UserName：指定用户用以登录远程服务器的用户名。默认情况下，-u 使用用户登录时的用户名。

P{Password|}：指定使用密码还是*登录到远程服务器。如果输入*，系统将提示输入密码。

-q：取消到标准输出的所有输出（安静模式）。

-r：指定搜索期间搜索将使用递归或跟踪参照。默认情况下，在搜索期间搜索将不跟踪参照。

-gc：指定搜索使用 Active Directory 全局编录。

-limit Number Of Objects：指定将返回与给定条件匹配的对象的个数。如果 Number Of Objects 的值为 0，则返回所有匹配的对象。如果未指定该参数，则默认显示前 100 条结果。

{-UC|-uco|-uci}指：定以 Unicode 格式输出或输入数据。

8. 如何使用 dsquery contac 命令

下面举例说明 dsquery contac 命令的使用方法。

如果要在当前域中查找所有名称以“ch”开头的联系人并显示其可分辨的名称，则在命令行模式下输入如下命令后按 Enter 键：

dsquery contact domainroot-name ch*

命令成功执行后，将显示出所找到的符合条件的联系人，并且显示完整的 LDAP 名称。

9. dsquery group 命令的功能与语法是什么

dsquery group 命令的功能是在目录中查找与指定的搜索条件相匹配的组。如果该命令中预定义的搜索条件不充分，可以使用该查询命令的更常规的形式 dsquery*。其语法形式为：

dsquery group[{StartNode|forestroot|domainroot}][-o{dn|rdn|samid}][-scope{subtree|onelevel|base}][-name Filter][-desc Filter][-samid filter][{-s Server

|-d Domain}][-u UserName][-P {Password|*}][-q][-r][-gc][-limit Number Of Objects][{-UC|-uco|-uci}]

10. dsquery group 命令的参数各有什么作用

{StartNodel forestroot|domainroot}：指定节点，从该节点开始搜索。您可以指定林根目录（forestroot）、域根目录（domainroot）或节点的可分辨名称（StartNode）。如果指定了 forestroot，则使用全局编录完成搜索。默认值为 domainroot。

-o{d|rdn|samid}：指定搜索所找到的条目列表的显示格式。值 dn 显示每个条目的可分辨名称。值 rdn 显示每个条目的相对可分辨名称。值 samid 显示每个条目的 SAM 账户名。默认情况，使用 dn 格式。

-scope{subtree|onelevel|base}：指定搜索范围。值 subtree 表示搜索范围是开始节点上的一个子树。值 onelevel 表示仅开始节点的直接子项。值 base 表示由开始节点代表的单一对象。如果将 forestroot 指定为 StartNode，则子树是唯一的有效范围。默认情况下，搜索范围是 subtree。

-name Name：搜索其名称属性（CN 属性的值）与 Name 相匹配的组。如果“Liu*”或“*fang”或“h*n”。

-desc Description：搜索其描述属性与 Description 相匹配的组。如果“Liu*”或“*fang”或“h*n”。

-samid SAMName：搜索其 SAM 账户名与 SAMName 相匹配的组。

{-s Serverl -d Domain}：连接到指定远程服务器或域。默认情况下，计算机与登录域中的域控制器相连接。

-u UserName：指定用户用以登录远程服务器的用户名。默认情况下，-u 使用用户登录时的用户名。

-p{Password[*}：指定使用密码还是*登录到远程服务器。如果输入*，系统将提示输入密码。

-q：取消到标准输出的所有输出（安静模式）。

-r：指定搜索期间搜索将使用递归或跟踪参照。默认情况下，在搜索期间搜索将不跟踪参照。

-gc：指定搜索使用 Active Directory 全局编录。

-limit Number Of Objects：指定将返回与给定条件匹配的对象的个数。如果 Number Of Objects 的值为 0，则返回所有匹配的对象。如果未指定该参数，则默认显示前 100 条结果。

{-ue|-uco|-uei}：指定以 Unicode 格式输出或输入数据。

11. 如何使用 dsquery group 命令

下面举例说明 dsquery group 命令的使用方法。

如果要在当前域中查找所有名称以 jzxh 开头且描述以 ch 开头的组，并显示其可分辨的名称，则在命令行模式下输入如下命令后按 Enter 键：

dsquery group domainroot—name jzxh* -desc ch*

命令成功执行后，将显示出所找到的符合条件的组，并且显示完整的 LDAP 名称。

12. dsquery ou 命令的功能与语法是什么

dsquery ou 命令的功能是在目录中查找与指定的搜索条件相匹配的组织单位。如果该命令中预定义的搜索条件不充分，可以使用该查询命令的更常规的形式 dsquery*。其语法形式为：

dsquery ou [{StartNode| forestroot | domainroot}][-o {dn | rdn}][-scope {subtree onelevel base}][-name Name][-desc Description][{-s Server|-d Domain}][-u UserName][-P{Passwora|*}][-q][-r][-gc][-limit Number Of Objects][{-uc|-UCO |-uci}]

13. dsquery ou 命令的参数各有什么作用

{StartNodeI forestroot | domainroot}：指定节点，从该节点开始搜索。您可以指定林根目录（forestroot）、域根目录（domainroot）或节点的可分辨名称（StartNode）。如果指定了 forestroot，则使用全局编录完成搜索。默认值为 domainroot。

-0{dn | rdn}：指定搜索所找到的条目列表的显示格式。值 dn 显示每个条目的可分辨名称。值 rdn 显示每个条目的相对可分辨名称。

scope{subtree|onelevel|base}：指定搜索范围。值 subtree 表示搜索范围是开始节点上的一个子树。值 onelevel 表示仅开始节点的直接子项。值 base 表示由开始节点代表的单一对象。如果将 forestroot 指定为 StartNode，则子树是唯一的有效范围。默认情况下，搜索范围是 subtree。

-nameName：搜索其名称属性（CN 属性的值）与 Name 相匹配的组织单位。如果“Liu*”或“*fang”或“h*n”。

-desc Description：搜索其描述属性与 Description 相匹配的组织单位。如果“Liu*”或“*fang”或“h*n”。

{-s Serverl -d Domain}：连接到指定远程服务器或域。默认情况下，计算机与登录域中的域控制器相连接。

-u UserName：指定用户用以登录远程服务器的用户名。默认情况下，-u 使用用户登录时的用户名。

-p{Password|*}：指定使用密码还是*登录到远程服务器。如果输入*，系统将提示输入密码。

-q：取消到标准输出的所有输出（安静模式）。

-r：指定搜索期间搜索将使用递归或跟踪参照。默认情况下，在搜索期间搜索将不跟踪参照。

-gc：指定搜索使用 Active Directory 全局编录。

-limit Number Of Objects：指定将返回与给定条件匹配的对象的个数。如果。Number Of Objects 的值为 0，则返回所有匹配的对象。如果未指定该参数，则默认显示前 100 条结果。

{-uc|-uco|-uei}：指定以 Unicode 格式输出或输入数据。

14. 如何使用 dsquery ou 命令

下面举例说明 dsquery ou 命令的使用方法。

如果要在域中查找由 DC=book，DC=Com 指定的所有组织单位并显示其可分辨的名称，则在命令行模式下输入如下命令后按 Enter 键：

dsquery ou DC=book，DC=Com

命令成功执行后，将显示在 dc=book，dc=com 域中所找到的符合条件的组织单位，并且显示完整的 LDAP 名称。

15. dsquery site 命令的功能与语法是什么

dsquery site 命令的功能是在目录中查找与指定的搜索条件相匹配的站点。如果该命令中预定义的搜索条件不充分，可以使用该查询命令的更常规的形式 dsquery*。其语法形式为：

dsquery site[-o{dn|rdn}][-name Name][-desc Description][{-s Server|-d Domain}][-u UserName][-p{Password|*}][-q][-r][-gc][-limit Number OF Objects][{-uc|-uco |-uei}]

16. dsquery site 命令的参数各有什么作用

-o{dn|rdn}：指定搜索所找到的条目列表的显示格式。值 dn 显示每个条目的可分辨名称。值 rdn 显示每个条目的相对可分辨名称。

-nameName：搜索其名称属性（CN 属性的值）与 Name 相匹配的站点。例如“NA*’或“Europe*”。

-desc：Description：搜索其描述属性与 Description 相匹配的计算机。例如“corp*”或“*nch”。

{-s Server|-d Domain}：连接到指定远程服务器或域。默认情况下，计算机与登录域中的域控制器相连接。

-u 15serName：指定用户用以登录远程服务器的用户名。默认情况下，-u 使用用户登录时的用户名。

-p{Password |*}：指定使用密码还是*登录到远程服务器。如果输入*，系统将提示输入密码。

-q：取消到标准输出的所有输出（安静模式）。

-r：指定搜索期间搜索将使用递归或跟踪参照。默认情况下，在搜索期间搜索将不跟踪参照。

-gc：指定搜索使用 Active Directory 全局编录。

-limit Number Of Objects：指定将返回与给定条件匹配的对象的个数。如果 Number Of Objects 的值为 0，则返回所有匹配的对象。如果未指定该参数，则默认显示前 100 条结果。

{-uc|-uco|-uei }：指定以 Unicode 格式输出或输入数据。

17. 如何使用 dsquery site 命令

下面举例说明 dsquery site 命令的使用方法。

如果要在 jzxh.com 中查找名称以 Default 为开关的所有站点并显示其可分辨的名称，则在命令行模式下输入如下命令后按 Enter 键：

dsquery site-name Default*

命令成功执行后，就会显示出在 dc=jzxh，dc=com 域中找到的以“Default”开头的站点的服务器，并且显示完整的 LDAP 名称。

18. dsquery server 命令的功能和语法是什么

dsquery server 命令的功能是按照指定的搜索条件查找域控制器。如果该命令中预定义的搜索条件不充分，可以使用该查询命令的更常规的形式 dsquery*。其语法形式为：

dsquery server[-o{dn|rdn}][-forest][-domain DomainName][-site Site Name][-name Name] [-desc Description][-hasfsmo{schema|name|infr|pdc|rid}][-isgc][{-s Serverl -d Domain}][-nUserName][-P{Password|*}] [-q][-r][-gc][-limit Number Of Objects][{-uc|-uco|-uci}]

19. dsquery server 命令的参数各有什么作用

-o{dn|rdn}：指定搜索所找到的条目列表的显示格式。值 dn 显示每个条目的可分辨名称。值 rdn 显示每个条目的相对可分辨名称。默认情况，使用 dn 格式。

-orest：搜索属于当前林的所有域控制器（服务器对象）。

-domain DomainName：搜索属于域（该域的 DNS 名称由 DomainName 指定）的所有域控制器。注意：如果要显示当前域中的所有域控制器，则此参数不是必需的，因为在不指定其他条件时，这就是搜索条件。

-site SiteName：搜索属于站点 SiteName 的所有域控制器（服务器对象）。

-name Name：搜索其名称属性（CN 属性的值）与 Name 相匹配的服务器对象，比如“Liu*”或“*fang”或“h*n”。

desc Description：搜索其描述属性与 Description 相匹配的服务器对象，比如“Liu*”或“*fang”或“h*n”。

-hasfsmo{schema|name|infr|pdc|rid}：搜索包含请求的操作主机角色的域控制器（服务器对象）。值 schema 请求林的架构主机。值 name 请求林的域命名主机。值 infr 请求林的结构主机。值 pdc 请求由-domain 参数（或所使用的当前域）指定的域的主域控制器（PDC）角色所有者。值 rid 请求由-domain 参数（或所使用的当前域）指定的域的相对 ID 主机（RID 主机）。对于 inff、pdc 和 rid 操作主机角色来说，如果未使用 domain 参数指定域，则使用当前域。

-isgc：在由属于全局编录服务器的-forest、-domain 或-site 参数之一指定的范围中搜索所有域控制器（服务器对象）。如果未指定任何上述范围参数，则查找当前域中所有的全局编录。

{-s Server -d Domain}：连接到指定远程服务器或域。默认情况下，计算机与登录域中的域控制器相连接。

-n UserName：指定用户用以登录远程服务器的用户名。默认情况下，-u 使用用户登录时的用户名。

-P{Passwordl*}：指定使用密码还是*登录到远程服务器。如果输入*，系统将提示输入密码。

-q：取消到标准输出的所有输出（安静模式）。

-r：指定搜索期间搜索将使用递归或跟踪参照。默认情况下，在搜索期间搜索将不跟踪参照。

-gc：指定搜索使用 Active Directory 全局编录。

-limit Number Of Objects：指定将返回与给定条件匹配的对象的个数。如果 Number Of Objects 的值为 0，则返回所有匹配的对象。如果未指定该参数，则默认显示前 100 条结果。

{-nc|-ueo|-uei}：指定以 Unicode 格式输出或输入数据。

20. 如何查找当前域中所有的域控制器

要查找当前域中所有的域控制器，则在命令行模式下输入如下命令后按 Enter 键：

dsquery server

命令成功执行后，会显示在 dc=book，dc=com 域中找到当前域中所有的域控制器，并且显示完整的 LDAP 名称。

21. 如何查找林中所有的域控制器并显示其相对可分辨名称

要查找林中所有的域控制器并显示其相对可分辨名称，则在命令行模式下输入如下命令后按 Enter 键：

dsquery server-o rdn -forest

命令成功执行后，会显示在 dc=book，dc=com 域中找到的当前域中的域控制器，并且显示域控制器名称。

22. 如何查找林中具有架构操作主机角色的域控制器

要查找林中具有架构操作主机角色的域控制器，则在命令行模式下输入如下命令后按 Enter 键：

dsquery server -forest -hasfsmo schema

命令成功执行后，会显示在 dc=book，dc=com 域中所找到的符合条件的域控制器，并且显示域控制器名称。

23. dsquery user 命令的功能和语法是怎样的

dsquery user 命令的功能是在目录中查找与指定的搜索条件相匹配的用户。如果该命令中预定义的搜索条件不充分，可以使用该查询命令的更常规的形式 dsquery*。其语法形式为：

dsquery user[{StartNode|forestroot|domainroot}][-o{dn|rdn|upn|samid}] [-scope{subtree|onelevel|base}][-name Name][-desc Description][-upn UPN] [-samid SAMName][-inactiveNumberOfWeeks][-stalepwd NumberOfDays] [-disabled][{-s Server| -d Domain}][-U UserName][-p{Password|*}][-q][-r] [-gc] [-limit Number OfObjects][{-uc|-uco|-uci}]

24. dsquery user 命令的参数各有什么作用

{StartNode|forestroot|domainroot}：指定节点，从该节点开始搜索。您可以指定林根目录（forestroot）、域根目录（domainroot）或节点的可分辨名称（StartNode）。如果指定了 forestroot，则使用全局编录完成搜索。默认值为 domainroot。

[-o{dn|rdn|upn|samid}：指定搜索所找到的条目列表的显示格式。值 dn 显示每个条目的可分辨名称。值 rdn 显示每个条目的相对可分辨名称。值 upn 显示每个条目的用户主体名称。值 samid 显示每个条目的 SAM 账户名。默认情况下，使用 dn 格式。

-scope{subtree|onelevel|base}：指定搜索范围。值 subtree 表示搜索范围是开始节点上的一个子树。值 onelevel 表示仅开始节点的直接子项。值 base 表示由开始节点代表的单一对象。如果将 forestroot 指定为 StartNode，则子树是唯一的有效范围。默认情况下，搜索范围是 subtree。

-name Name：搜索其名称属性（CN 属性的值）与 Name 相匹配的用户。如果“Liu*”或“*fang”或“h*n”。

-descDescription：搜索其描述属性与 Description 相匹配的用户。如果“Liu*”或“*fang”或“h*n”。

-upn UPN：搜索其 UPN 属性与 UPN 相匹配的用户。

-samid SAMName：搜索其 SAM 账户名与 SAMName 相匹配的用户。

-inactiveNumber Of Objects：搜索至少在指定的周数内处于非活动状态（陈旧的）的所有用户。

-stalepwd Number Of Objects：搜索至少在指定天数内未更改密码的所有用户。

-disabled：搜索被禁用账户的所有用户。

{-S Server|-d Domain}：连接到指定远程服务器或域。默认情况下，计算机与登录域中的域控制器相连接。

-n UserName：指定用户用以登录远程服务器的用户名。默认情况下，-u 使用用户登录时的用户名。

-P{Password|*}：指定使用密码还是*登录到远程服务器。如果输入*，系统将提示输入密码。

-q：取消到标准输出的所有输出（安静模式）。

-r：指定搜索期间搜索将使用递归或跟踪参照。默认情况下，在搜索期间搜索将不跟踪参照。

-gc：指定搜索使用 Active Directory 全局编录。

-limit Number Of Objects：指定将返回与给定条件匹配的对象的个数。如果 Number Of Objects 的值为 0，则返回所有匹配的对象。如果未指定该参数，则默认显示前 100 条结果。

{-ue|-uco|uci}：指定以 Unicode 格式输出或输入数据。

25. 如何使用 dsquery user 命令

下面举例说明 dsquery user 命令的使用方法。

如果要显示指定的组织单位中名称以 jzxh 开头且其账户被禁止登录的所有用户的用户主体名称，则在命令行模式下输入：

dsquery user OU=COMP，DC=book，DC=Com -O upn -name jzxh* -disabled

命令成功执行后，会显示在组织单位 COMP 中所找到的以 jzxh 开头且其账户被禁止登录的用户。

26. dsquery quota 命令的功能和语法是怎样的

dsquery quota 命令的功能是在目录中查找与指定搜索条件匹配的配额规范。配额规范确定给定安全主体在给定目录分区中可以拥有的目录对象的最多数量。如果该命令中预定义的搜索条件不充分，可以使用该查询命令的更常规的形式 dsquery*。其语法形式为：

dsquery quota{domainroot|ObjectDN}[-o{dn|rdn}][-aeet Name][-qnmit Filter][-dese Description][{-s ServerI -d Domain}][-u UserName][-P {Password|*}][-q][-r][-gc][-limit Number Of Objects][{-ue-uco|-uei}]

27. dsquery quota 命令的参数各有什么作用

{domainroot|ObjectDN}：必需。指定搜索的开始位置。使用 ObjectDN 来指定可分辨名称（也称 DN），或使用 domainroot 来指定当前域的根目录。

-O{dn|rdn}：指定搜索所找到的条目列表的显示格式。表 6-12 列出并描述了每一种格式。

表 6-12

值	描　述
dn	显示每个条目的可分辨名称。这是默认设置
rdn	显示每个条目的相对可分辨名称

-acct Name：指定要查找分配给安全主体（用户、组、计算机或 Inet OrgPerson）的配额规范，该安全主体由 Name 表示。-acct 选项按如下形式提供：

安全主体的可分辨名称或安全主体的 Domain\SAMAccountName。

-qlimit Filter：指定要查找其限制匹配 Filter 的配额规范。

-desc Description：搜索描述属性与 Description（例如 "IAu*"、"*fang" 或 "h*n"）相匹配的配额对象。

{-s Server|-d Domain}：连接到指定远程服务器或域。默认情况下，计算机与登录域中的域控制器相连接。

-u UserName：指定用户用以登录远程服务器的用户名。默认情况下，-u 使用用户登录时的用户名。

-p{Password|*}：指定使用密码还是*登录到远程服务器。如果输入*，系统将提示输入密码。

-q：取消到标准输出的所有输出（安静模式）。

-r：指定搜索期间搜索将使用递归或跟踪参照。默认情况下，搜索不跟踪参照。

-gc：指定搜索使用 Active Directory 全局编录。

-limit Number Of Objects：指定将返回与给定条件匹配的对象的个数。如果 NumberOfObjects 的值为 0，则返回所有匹配的对象。如果未指定该参数，则默认显示前 100 条结果。

{-uc|-uco|-uei}：指定以 Unicode 格式输出或输入数据。

28. 使用 dsquery quota 命令要注意什么

（1）在指定 Description 值时，可以使用通配符（*），例如“NA*,”、“*BR,”和“NA*BA”。

（2）使用 qlimit 指定的任何 Filter 值都将作为字符串读取。必须一直使用引号将此参数引起来。此外，使用<=、=或>=指定的任何值也必须用引号引起来（例如-qlimit “=100”、-qlimit” <=99” 和-qlimit “>：101”）。若要查找没有限制的配额，请使用”-1”。

29. 如何列出已将配额规范分配至当前域中的所有账户

要列出已将配额规范分配至当前域中的所有账户，则在命令行模式下输入如下命令后按 Enter 键：

dsquery quota domainroot

命令成功执行后，会显示出在 dc=book，dc=com 域中找到的符合条件的已经分配的当前域中的所有账户。如果没有配置目录配额，则不会找到任何结果。

30. dsquery partition 命令的功能和语法是怎样的

dsquery partition 命令的功能是在目录中查找与指定的搜索条件相匹配的分区对象。如果该命令中预定义的搜索条件不充分，可以使用该查询命令的更常规的形式 dsquery*。其语法形式为：

dsquery partition[-o{dn|rdn}][-part Filter][{-s Server|-d Domain}][-U User Name][-P{Password|*}][-q][-r][-gc][-limit Number Of Objects][{-ux|-uco|-uci}]

31. dsquery partition 命令的参数各有什么作用

-o{dn|rdn}：指定搜索所找到的条目列表的显示格式。

-part Filter：查找其公用名（CN）与由 Filter 指定的筛选器相匹配的分区对象。

{-s Server|-d Domain}：连接到指定远程服务器或域。默认情况下，计算机与登录域中的域控制器相连接。

-u UserName：指定用户用以登录远程服务器的用户名。默认情况下，– U 使用用户登录时的用户名。

-P{Password|*}：指定使用密码还是*登录到远程服务器。如果输入*，系统将提示输入密码。

-q：取消到标准输出的所有输出（安静模式）。

-r：指定搜索期间搜索将使用递归或跟踪参照。默认情况下，搜索不跟踪参照。

-gc：指定搜索使用 Active Directory 全局编录。

-limit Number Of Objects：指定将返回与给定条件相匹配的对象的个数。如果 Number Of Objects 的值为 0，则返回所有匹配的对象。如果未指定该参数，则默认显示前 100 条结果。

{-uc|-uco|uci}：指定以 Unicode 格式输出或输入数据。

32. 如何列出当前目录林中所有目录分区的可分辨名称

要如何列出当前目录林中所有目录分区的可分辨名称，则在命令行模式下输入如下命令后按 Enter 键：

dsquery partition

命令成功执行后，会显示出在 de=book，de=com 域中找到的所有符合条件的目录分区，并且显示完整的 LDAP 名称。

33. dsquery*命令的功能和语法是怎样的

dsquery*命令的功能就是按照使用 LDAP 查询条件查找目录中的任何对象。其语法形式为：

dsquery* [{ObjectDN|forestroot|domainroot}][-scope {subtree|onelevel| base}][-filter LDAPFilter][-attr{AttributeLis|*}][-attrsonly][-l][{-s Server|-d Domain}][-u UserName][-p{Passwora|*}][-q][-r][-gc][-limitNumber Of Objects][{-uc|-uco|-uci}]

34. dsquery*命令的参数各有什么作用

{ObjectDN|forestroot|domainroot}：指定节点，从该节点开始搜索。可以指定林根目录（forestroot）、域根目录（domainroot）或节点的可分辨名称（ObjectDN）。如果指定了 forestroot，则使用全局编录完成搜索。默认值为 domainroot。

-scope{subtree|onelevel|base}：指定搜索范围。值 subtree 表示搜索范围是开始节点上的一个子树。值 onelevel 表示仅开始节点的直接子项。值 base 表示由开始节点代表的单一对象。如果将 forestroot 指定为 StartNode，则子树是唯一的有效范围。默认情况下，搜索范围是 subtree。

filter LDAPFilter：指定显式搜索筛选器 LDAPFilter（以 LDAP 搜索筛选格式指定用于此搜索）。如果（&（objectCategory=Person）（sn=smith*））是有效地搜索筛选器。默认的 LDAPFilter 是（objectClass=*）。

attr{AttributeList|*}：指定 AttributeList 中包含的以分号分隔的 LDAP 显示名是结果集中应该显示的每个条目的唯一属性。如果将此参数值指定为*，则显示结果集中该对象上存在的所有属性。如果选择此选项，则无论是否指定－L 参数，默认的输出格式为列表格式。默认的 AttributeList 是可分辨名称。

Attrsonly：指定只显示结果集中该条目上存在的属性类型，而不显示属性值。默认情况下既显示属性类型也显示属性值。

-l：以列表格式显示项。默认情况下，项以表格形式显示。

{-s Server|-d Domain}：连接到指定远程服务器或域。默认情况下，计算机与登录域中的域控制器相连接。

-u UserName：指定用户用以登录远程服务器的用户名。默认情况下，-u 使用用户登录时的用户名。

-p{Password|*}：指定使用密码还是*登录到远程服务器。如果输入*，系统将提示输入密码。

-q：取消到标准输出的所有输出（安静模式）。

-r：指定搜索期间搜索将使用递归或跟踪参照。默认情况下，在搜索期间搜索将不跟踪参照。

-gc：指定搜索使用 Active Directory 全局编录。

-limit Number Of Objects：指定将返回与给定条件匹配的对象的个数。

如果 Number Of Objects 的值为 0，则返回所有匹配的对象。如果未指定该参数，则默认显示前 100 条结果。

{-uc|-uco|-uci}：指定以 Unicode 格式输出或输入数据。

35. 如何使用 dsquery*命令

如果要以表格形式显示当前域中 SAM 账户名以字符串“xxyl”开头的所有用户的 SAM 账户名、用户主体名称和部门，则输入如下命令后按 Enter 键：

dsquery* domainroot –filter ((objectCategory=Person)(objectClass=User)(sAMAccountName=xxyl *)) -attr sAMAccountName userPrincipal Name department

6-14 dsrm——删除对象

1. dsrm 命令的功能和是语法什么

dsrm 命令的功能是从活动目录中删除某种特定类型的对象或任何常规对象。其语法形式为：

dsrm ObjectDN...[-subtree[-exclude]][-noprompt][{-s Server|-d Domam}][-u UserName][-p{PasswoFd|*}][-c][-q][{-uc|-uco|-uci}]

2. dsrm 命令的参数各有什么作用

（1）Objectdn...：必需。指定要删除对象的可分辨名称。如果未在命令提示符下输入值，则通过标准输入获得该值。

-subtree[-exclude]：指定应删除该对象和该对象之下子树中包含的所有对象。

-exclude：只能与-subtree 参数一同指定，表明删除由 ObjectDN 给定的基础对象之下的子树时，不应删除该对象。默认情况下，只删除指定的基础对象。

-noprompt：设置可选的静态模式，该模式在删除每个对象时不提示用户确认。默认情况下，系统提示确认每一项删除操作。

{-s Server|-d Domain}：连接到指定远程服务器或域。默认情况下，计算机与登录域中的域控制器相连接。

-u UserName：指定用户用以登录远程服务器的用户名。默认情况下，-u 使用用户登录时的用户名。可以使用下列任何一种格式指定用户名：

（1）用户名（例如 IJuxh）。

（2）域\用户名（例如 ebook\Liuxh）。

（3）用户主体名称（UPN），例如 jzxh@vip.163.com。

-p{Password|*}：指定使用密码或*登录到远程服务器。如果输入*，系统将提示输入密码。

-c：指定多个目标对象时，系统会报告错误但仍继续处理参数列表中的下一个对象（持续操作模式）。没有该选项，命令会在第一次出错时退出。

-q：取消到标准输出的所有输出（安静模式）。

{-uc|-uco|-uci}：指定以 Unicode 格式输出或输入数据。表 6-13 列出并描述了每一种格式。

表 6-13

值	描　述
-uc	为从管道（|）输入或输出到管道（|）指定 Unicode 格式
-uco	指定以 Unicode 格式输出到管道（|）或文件
-uci	指定以 Unicode 格式从管道（|）或文件输入

3. 使用 dsrm 命令要注意什么

（1）如果提供的值包含空格，应使用引号将内容引起来，比如“CN=Li Haining，CN=LIsers，DC=Coolpen，DC=Net”。

（2）若要提供多个值给一个参数，应使用空格分隔多个值，比如可分辨名称列表。

4. 如何删除组织单位及其之下的所有对象

如果要删除名为 COMP 的组织单位及其之下的所有对象，则在命令行模式下输入如下命令后按 Enter 键：

dsrm -subtree -noprompt -c OU=COMP，DC=BOOK，DC=com

命令成功执行后，就成功删除了组织单元 COMP。

5. 如何只删除所有对象但不删除该组织单位

如果要删除名为 EDIT 组织单元之下的所有对象，但保留该组织单位，则在命令行模式下输入如下命令后按 Enter 键：

dsrm -subtree -exclude -noprompt –c ″OU=EDIT，DC=book，DC=Com″

命令成功执行后，就删除了组织单元 EDIT 下的所有对象，但组织单元 EDIT 还保留着。

6-15　evntcmd——事件陷阱

1. evntcmd 命令的功能是什么

evntcmd 命令的功能是按照配置文件中的信息，将事件转换配置给陷阱、陷阱目标或两者都配置。

SNMP 通过 TCP/IP 和 IPX/SPX 协议进行网络管理的一种服务。它允许本地计算机处理传入的简单网络管理协议（SNMP）请求。SNMP 服务中包含监视网络设备活动并向网络控制台工作站报告的代理。SNMP 陷阱服务接收由本地或远程 SNMP 生成的陷阱消息，然后将这些消息转发给计算机上运行的 SNMP 管理程序。配置了 SNMP 陷阱服务后，如果发生任何特定的事件，都将生成陷阱消息。这些消息被发送到陷阱目标。如果可以将代理配置为在无法识别的管理系统发送信息请求时启动身份验证陷阱。陷阱目标包括管理系统的计算机名称、IP 地址或网间数据包交换（IPX）地址。陷阱目标必须是启用网络并且运行 SNMP 管理软件的主机。

2. evntcmd 命令的语法是怎样的

evntcmd 命令的语法形式为：

evntcmd [/s ComputerName][/v VerbosityLevel][/n]FileName

3. evntcmd 命令的参数各有什么作用

/s ComputerName：按名称指定计算机（要在该计算机上将事件转换配

置到陷阱、陷阱目标或两者都配置）。如果不指定计算机，配置就在本地计算机进行。

/v VerbosityLevel：指定配置陷阱和陷阱目标时显示哪些类型的状态消息。此参数必须是 0~10 的整数。如果指定 10，则出现各种类型的消息，其中包括有关陷阱配置是否成功的跟踪消息和警告。如果指定 0，则不出现任何消息。

/n：如果此计算机接收到陷阱配置更改，指定不重新启动 SNMP 服务。

FileName：按名称指定配置文件（该文件包含有关配置陷阱和陷阱目标的事件转换的详细信息）。

/?：在命令提示符下显示帮助。

4. 如果要配置陷阱而不是陷阱目标时该怎么做

如果要配置陷阱而不是陷阱目标，则可以使用“陷阱转换器事件”（一种图形工具）来创建一个有效的配置文件。如果已安装 SNMP 服务，可以通过在命令提示符下输入 evntwin 来启动“陷阱转换器事件”。定义所需陷阱之后，单击“导出”以创建适合于与 evntcmd 一起使用的文件。利用“陷阱转换器事件”可以容易地创建配置文件，然后通过命令提示符下的 evntcmd 使用该配置文件，从而在多台计算机上迅速配置陷阱。

5. 配置陷阱的语法是怎样的

配置陷阱的语法如下：

#pragma ADD EventLogFile EventSource EventlD[Count[Period]]

（1）#pragma：必须出现在文件中每个项目的开头。

（2）ADD：指定要向陷阱配置添加的事件。

（3）EventLogFile、EventSource 和 EventlD：必需的。

①EventLogFile：指定记录事件的文件。

②EventSource：指定生成事件的应用程序。

③EventID：指定识别每个事件的唯一编号。

要查找与特定事件相对应的值，应通过在命令提示符下输入 evntwin 来启动“陷阱转换器事件”。单击“自定义”，然后单击“编辑”。在“事件来源”下，浏览文件夹，直到查找到要配置的事件，单击此事件，然后单击“添加”。有关事件来源、事件日志文件以及事件 ID 的详细信息分别出现在“来源”、“日志”和“陷阱指定 ID”下。

（4）C?ount：可选。它指定发送陷阱消息之前事件必须发生的次数。如果不使用 Count 参数，则在事件发生一次之后发送陷阱消息。

（5）Period：可选。但是它要求使用 Count 参数。Period 参数指定事件必须发生指定次数——该次数是在发送陷阱消息之前通过（Count 参数指定的）的时间长度。如果不使用 Period 参数，就在事件发生通过 Count 参数指定的次数之后发送陷阱消息，而不管各个事件之间出现的间隔长短。

6. 删除陷阱的语法是怎样的

删除陷阱的语法如下：

#pragma DELETE EventLogFile EventSource EventID

（1）#pragma：必须出现在文件中每个项目的开头。

（2）DELETE：指定要删除陷阱配置的某个事件。

（3）EventLogFile、EventSource 和 EventID：必需的。

①EventLogFile：指定记录事件的日志。

②EventSource：指定生成事件的应用程序。

③EventID：指定识别每个事件的唯一编号。

7. 配置陷阱目标的语法是怎样的

配置陷阱目标的语法如下：

#pragma ADD_TRAP_DEST CommunityName HostID

（1）#pragma：必须出现在文件中每个项目的开头。

（2）ADD_TRAP_DEST：指定要将陷阱消息发送到某个团体内的指定主机。

（3）CommunityName：按名称指定发送陷阱消息的团体。

（4）HostlD：按名称或 IP 地址指定要向其发送陷阱消息的主机。

8. 删除陷阱目标的语法是怎样的

删除陷阱目标的语法如下：

#pragma DELETE_TRAP_DEST Community Name HostID

（1）#pragma：必须出现在文件中每个项目的开头。

（2）DELETE_TRAP_DEST：指定不想将陷阱消息发送到某个团体内的指定主机。

（3）CommunityName：按名称指定发送陷阱消息的团体。

（4）HostlD：按名称或 IP 地址指定不想向其发送陷阱消息的主机。

9. 如何在重新启动事件日志服务时发送陷阱消息

要在重新启动事件日志服务时发送陷阱消息，则输入如下命令后按 Enter 键：

#pragma ADD System “Eventlog” 2147489653

10. 如何在重新启动事件日志服务时停止发送陷阱消息

如果要在重新启动事件日志服务时停止发送陷阱消息，则输入如下命令后按 Enter 键：

#pragma DELETE System “Eventlog” 2 1 47489653

6-16 finger——查看登录用户信息

1. finger 命令的功能是什么

finger 命令的功能是查看本地或远程网络中当前登录用户的详细信息（通常是运行 UNIX 的计算机）。如果不使用参数，finger 将显示帮助。

2. finger 命令的语法是怎样的

finger 命令的语法形式为：

finger [-l][User][@host][...]

3. finger 命令的参数各有什么作用

-l：以长列表格式显示用户信息。

User：指定要获得与其相关的信息的用户。如果忽略 User 参数，finger 将显示有关指定计算机上所有用户的信息。

@host：指定运行 finger 服务（它正在查找用户信息）的远程计算机。

可以指定计算机名或 IP 地址。

/?：在命令提示符下显示帮助。

4. 使用 finger 命令要注意什么

（1）可以指定多个 User@host 参数。

（2）必须以连字号（.）而不是斜线（/）作为 finger 参数的前缀。

（3）只有当网际协议（TCP/IP）在网络连接中安装为网络适配器属性的组件时，该命令才可用。

（4）Windows 2000 和 Windows XP 不提供 Finger 服务。

5. 如何显示计算机的某位用户的信息

如果要显示计算机 users.microsoft.com 上 hz 的信息，则输入如下命令后按 Enter 键：

finger hz@users.microsoft.com

6-17 getmac——查看网卡 MAC 地址

1. getmac 命令的功能是什么

getmac 命令用于显示计算机中所有网卡的 MAC 地址以及每个地址的网络协议列表，既可以从本地方返回，也可以通过网络返回。

（1）MAC （Media Access Control，介质访问控制）地址是识别局域网节点的标志。

（2）网卡的 MAC 地址，也称网卡的物理地址。MAC 地址具有全球唯一性。

2. getmac 命令的语法是怎样的

getmac 命令的语法形式为：

getmac [.exe][/s Computer [/u Domain\User [/p Password]]][/fo {TABLE|LIST|CSV}][/nh][/v]

3. getmac 命令的参数各有什么作用

/s Computer：指定远程计算机名称或 IP 地址（不能使用反斜杠）。默认值是本地计算机。

/u Domain\User：运行具有由 User 或 domain\user 指定用户的账户权限命令。默认值是当前登录发布命令的计算机的用户权限。

/p Password：指定用户账户的密码，该用户账户在/u 参数中指定。

/fo {TABLE|LIST|CSV}：指定查询结果输出的格式。有效值为 TABLE（表格）、LIST（列表）和 CSV（文件）。输出的默认格式为 TABLE。

/nh：在输出中压缩列头标。当将/f0 参数设置为 TABLE 或 CSV 时有效。

/v：指定输出显示详细信息。

/?：在命令提示符下显示帮助。

4. 使用 getmac 命令要注意什么

getmac 可将 MAC 地址输入网络分析器中，或确定计算机当前使用的各个网络适配器上的协议。

5. 如何查看局域网内某个 IP 地址的计算机的网卡 MAC 地址

如果要在域控制器上查看局域网内 IP 地址为 192.168.0.1 的计算机的网卡 MAC 地址，则输入如下命令后按 Enter 键：

getmac /s 192.168.0.1

结果如图 6-13 所示。

图 6-13

6. 如何以 table 格式输出 MAC 的详细信息

如果要在本地计算机上以 table 格式输出 MAC 的详细信息，则在命令提示符下输入如下命令后按 Enter 键：

getmac /fo table /nh /V

运行结果如图 6-14 所示。

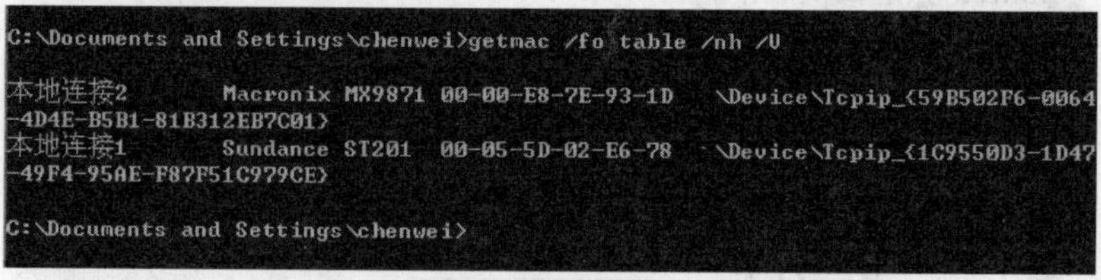

图 6-14

通过查看得知，本地计算机共有 2 块网卡，每块网卡都具有一个独一无二的 MAC 地址。

6-18　gettype——设置系统环境变量

1. gettype 的功能是什么

gettype 的功能是将系统环境变量％ERRORLEVEL％设为与指定的 Windows 操作系统关联的值。

2. gettype 的语法是怎样的

gettype 的语法形式为：

gettype[/sComputer[/u[Domain\]User[/p[Password]]]]{/role|/sp|/ver|/minv|Imajv|/type|/build}

3. gettype 命令的参数各有什么作用

/sComputer：指定远程计算机名称或 IP 地址（不能使用反斜杠）。默认值是本地计算机。此参数适用于在命令中指定的所有文件和文件夹。

/u[Domain\]User：使用特定用户账户的权限运行脚本。该默认值是系统权限。

/p[Password]：指定在/u 参数中指定的用户账户的密码。

/role：返回操作系统的角色。

/sp：返回已安装的最新 Service Pack。

/ver：返回版本信息。

/minv：只返回次版本。

/majv：只返回主版本。

/type：返回所安装操作系统的类型。

/build：返回所安装操作系统的内部版本号码。

4. 使用 gettype 命令要注意什么

（1）在批处理文件中执行某些操作之前，管理员可以使用 gettype 检测混合环境中 Windows 软件的安装信息。有时，只在运行特定的 Windows 操作系统的客户端计算机或服务器上运行软件或脚本是非常必要的。

（2）gettype 可识别下列操作系统：Windows XP Home Edition，Windows XP Professional，Windows Server 2003 Standard Edition，Windows Server 2003 Enterprise Edition，Windows Server 2003 Datacenter Edition 和 Windows Server 2003 Web Edition。

（3）与大多数命令行工具不同，gettype 成功执行后不返回 0，而是返回表明当前操作系统产品类型的代码。

①gettype 查询注册表中的安装类型并将错误值设置为表 6-14 中描述的值，以此来确定操作系统类型。

表 6-14

ERRORLEVEL 描述	操作系统类型
1	WindowsXP Home Edition
2	Windows XP Professional
3	Windows Server 2003 Standard Edition
4	Windows Server 2003 Enterprise Edition
5	Windows Server 2003 Datacenter Edition
6	Windows Server 2003，Web Edition

②gettype 查询注册表中的安装类型并将错误值设置为表 6-15 中描述的值，以此来确定操作系统角色。

表 6-15

ERRORLEVEL 描述	
1	域控制器
2	成员服务器
3	工作组

（4）发生错误事件时，gettype 返回 errorlevel 值 255。

①如果没有安装 service pack，则 ERRORLEVEL 为 0；如果安装了 service pack 1，则 ERRORLEVEL 为 1；如果安装了 service pack 2，则 ERRORLEVEL 为 2，依此类推。

②如果安装了 Windows XP，则主版本为 5 且将 ERRORLEVEL 解释为 5000；如果次版本为 1，则将 ERRORLEVEL 解释为 100；若要同时获取主版本和次版本，则将 ERRORLEVEL 解释为 5100；如果发生某个错误条件，则将 ERRORLEVEL 设置为 255。

5. 如何使用 gettype 命令

通过在批处理文件中使用 gettype，可以创建只在检测到特定的平台时才运行的脚本。如果如果正在运行 Windows NT，则下列批处理文件会检测操作系统类型。如果未运行 Windows NT，则它将退出脚本。

@echo off REM Batch file to detect operating system REM-----if Windows_NT=%0S%goto WINNT echo You are NOT running Windows NT（Windows 95/98 perhaps?）goto END

：WINNT gettype.exe

if errorlevel=255 goto FILENOTFOUND

echo You are running Windows NT. echo More Specifically：echo

if ERRORLEVEL=5 goto FIVE if ERRORLEVEL=4 goto FOUR if ERRORLEVEL=3 goto THREE if ERRORLEVEL=2 goto TWO if ERRORLEVEL=1 goto ONE

：FILENOTFOUND echo. echo Gettype not found. echo. goto END

：FIVE echo. goto END

：FOUR echo. goto END

：THREE echo. goto END

：TWO echo. goto END

：ONE echo.　goto END

：ENDpause

6-19　gpresult——查看组策略

1. gpresult 命令的功能是什么

gpresult 命令的功能是显示用户或计算机的组策略设置和策略的结果集（RSOP）。

2. gpresult 命令的语法是怎样的

gpresult 命令的语法形式为：

gpresult[/s Computer[/u Domain\User/p Password]][/user TargetUser Name][/scope{user|computer}][/v][/z]

3. gpresult 命令的参数各有什么作用

/s Computer：指定远程计算机的名称或 IP 地址。默认值是本地计算机。

/u Domain\t5ser：运行由 user 或 domain\user 指定的带用户账户权限的命令。默认情况，是指发布该命令计算机上的当前登录用户。

/p Password：指定用户账户的密码，该用户账户在/u 参数中指定。

/user：TargetUserName：指定要显示 RSOP 数据的用户的用户名。

/scope{user|computer}：显示 user 或 computer 的结果。/scope 的有效值参数是 user 或 computer。如果忽略/scope 参数，则 gpresult 将同时显示 user 和 computer 的设置。

/v：指定输出显示详细的策略信息。

/z：指定输出显示关于“组策略”的所有可用信息。由于本参数可以比/v 参数输出更多信息，所以在使用本参数时，应将输出重定向到文本文件，例如 gpresult/Z>policy.txt。

/?：在命令提示符下显示帮助。

4. 使用 gpresult 命令要注意什么

（1）通过“组策略”，Microsoft 管理控制台（MMC）可以为特定用户和计算机组创建个性化的配置，利用组策略管理工具可以定义和控制用户、程序、网络资源和操作系统等的工作方式。

（2）由于可以对任何计算机或用户应用嵌套的策略，所以组策略功能可以生成登录时的策略结果集。gpresult 可以显示特定用户登录计算机时被加强的策略结果集。

5. 如何将组策略设置输出定向到一个文本文档

如果要将本地计算机的组策略设置输出定向到一个文本文档 gp.txt，然后查看策略结果，则方法为：

（1）在命令提示符下输入如下命令后按 Enter 键：

gpresult >gp.txt

此刻系统开始将 GPResult 输出数据定向到文本文件，该文件的默认保存路径是 C:\Documents and Settings\useName。

（2）输入如下命令后按 Enter 键：

notepad gp.txt

将打开显示组策略信息的文本文档，如图 6-15 所示。

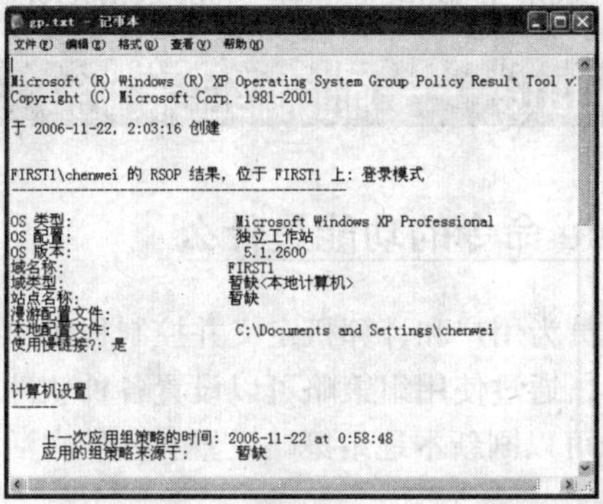

图 6-15

6. 如何检测当前域上所有组策略的正常配置

要检测当前域上所有组策略的正常配置，则在命令提示符下输入如下命令：

gpresult

运行后的结果显示如图 6-16 所示。

图 6-16

Gpresult 检测输出当前计算机的配置及其设置。同时，gpresult 还可检测输出如下内容：

（1）当前计算机的组策略配置及其设置。

（2）已经应用的组策略对象。

（3）计算机所适用的安全组。

（4）当前计算机的用户配置，针对用户的组策略配置，以及计算机所适用的安全组。

7. 如何显示域中的 Administrator 账户的计算机配置策略

如果要显示 book 域下的 Administrator 账户的计算机配置策略，则在命令提示符下输入如下命令：

gpresult /s book.com /u administrator /scope computer

6-20 gpupdate——刷新组策略

1. gpupdate 命令的功能是什么

组策略是管理员为用户和计算机定义并控制程序、网络资源及操作系统行为的主要工具，通过使用组策略可以设置各种软件、计算机和用户策略。gpupdate 命令可以刷新本地组策略设置和存储在活动目录中的组策略设置，包括安全设置。

gpupdate 命令可以取代 secedit（通过将当前配置与至少一个模板比较，配置和分析系统安全性）命令中已经过时的/refreshspolicy 参数。

2. gpupdate 命令的语法是怎样的

gpupdate 命令的语法形式为：

gpupdate [/target:{computerluser}][/force][/wait:value][/logoff][/boot]

3. gpupdate 命令的参数各有什么作用

“/target：{computer I user}”：只处理计算机设置或当前的用户设置。默认情况下，将同时处理计算机设置和用户设置。

/force：忽略所有处理优化并重新应用所有设置。

“/wait:value”：策略处理等待完成的秒数。默认值是 600s。0 表示“不等待”，而 –1 表示“无限期等待”。

/logoff：刷新完成后才注销。当客户端的组策略扩展没有进行后台刷新循环处理，但执行了用户登录处理时，例如用户软件安装和文件夹重定向，这时需要使用该选项。如果没有调用要求用户注销的扩展，则该选项无效。

/boot：刷新完成后重新启动计算机。当客户端的组策略扩展没有进行后台刷新循环处理，但执行了启动计算机的处理时，例如计算机软件安装，这时需要使用该选项。如果没有调用要求重新启动计算机的扩展，则该选项无效。

/?：在命令提示符下显示帮助。

4. 如何强制立即刷新组策略

要强制立即刷新组策略，则在命令行模式下输入：

gpupdate /force

回车，运行后的结果显示如图 6-17 所示。命令成功执行，立即刷新组策略，以使组策略生效。用户不需要重启计算机。

图 6-17

5. 如何使组策略只处理用户设置

要使组策略只处理用户设置，则在命令提示符下输入如下命令后按

Enter 键：

gpupdate /target:user

运行结果如图 6-18 所示。

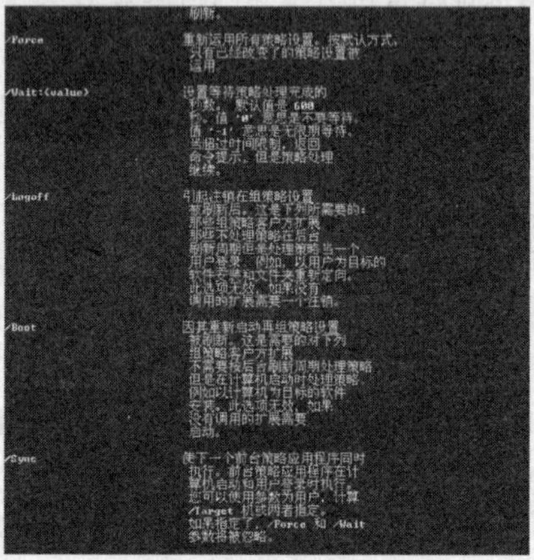

图 6-18

6. 如何使得组策略刷新完成后重新启动计算机

要使得在组策略刷新完成后，计算机能自动重新启动，则在命令行模式下输入如下命令后按 Enter 键：

gpupdate /boot

命令成功执行，组策略刷新完成后，重新启动计算机。

6-21 hostname——主机名

1. hostname 命令的功能和语法是怎样的

hostname 命令的功能是显示计算机全名中的主机名称部分。其语法形式为：

hostname

2. 使用 hostname 命令要注意什么

只有当网际协议（TCP/IP）协议在网络连接中安装为网络适配器属性的组件时，该命令才可用。

3. 如何显示计算机名称

要显示计算机名称，则输入如下命令后按 Enter 键：

hostname

此时就会显示本地计算机的计算机名称，如图 6-19 所示。

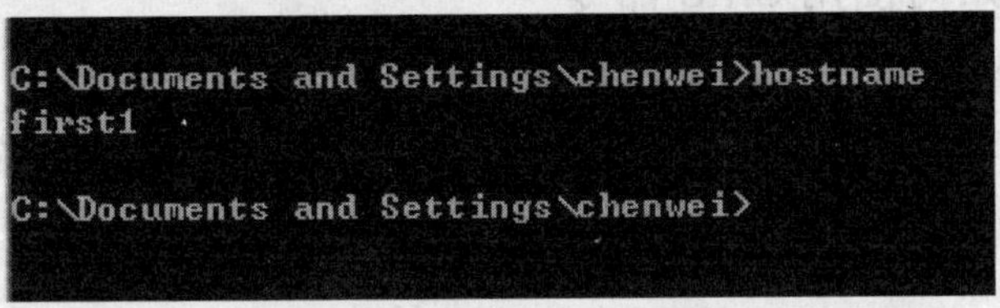

图 6-19

6-22 orftp——红外线传输

1. orftp 命令的功能是什么

orftp 命令的功能是使用红外线链接发送文件。

使用不带参数或带参数/s 的 irftp 命令打开“无线连接”对话框，可以从该框中选择不通过命令行发送的文件。

2. orftp 命令的语法是怎样的

orftp 命令的语法形式为：

irftp [Drive:\][[path]fileName][/h]

irftp /s

3. orftp 命令的参数各有什么作用

“drive:\”：指定驱动器，它包含想要通过红外线链接发送的文件。

[path] filename：指定想要通过红外线链接发送的文件（或一组文件）的位置和名称。如果指定了文件集，则必须指定各个文件的完整路径。

/h：指定隐藏模式。使用隐藏模式时，将在不显示“无线链接”对话框的情况下发送文件。

/s：打开“无线连接”对话框，以便可以从该框中选择不通过命令行发送的文件或文件集来指定驱动器、路径和文件名。

4. 使用 orftp 命令要注意什么

使用本命令之前，首先验证要通过红外线连接进行通讯的设备是否启用了红外线功能、是否工作正常以及是否建立了设备之间的红外线连接。

5. 如何使用 orftp 命令

下面举例说明 orftp 命令的使用方法。

如果要将名称为 Music 的 mp3 文件，位于名为 MyMusic（源计算机的驱动器 C 上的文件夹中）发送到目标计算机上，则请输入如下命令后按 Enter 键：

irftp C:\MyMusicLMusic.mp3 /h

6-23 ftsd——用户态调试工具

1. ftsd 命令的功能是什么

从 Windows 2000 开始，Windows 系统自带了一个用户态调试工具，它能够杀掉大部分进程，因为被调试器附着的进程会随调试器一起退出，所以，只要在命令行下使用 ntsd 调出某进程，然后退出 ntsd 即可终止该进程，而且使用 ntsd 会自动获得 debug 权限，因此 msd 能杀掉大部分的进程。

2. ftsd 命令的语法是怎样的

Ftsd 命令的语法形式为：

ntsd -c q -p PID

3. ftsd 命令的参数各有什么作用

-c q：执行退出 Ntsd 的调试命令。

-p PID：欲关闭进程的 ID。其中，PID 表示欲被中止的进程的 ID 号。

4. 如何终止指定的进程

打开“Windows 任务管理器”，切换至“进程”选项卡，单击“查看”菜单，选择“选择列”，显示“选择列”对话框。选中“PID（进程标

识符)”，即可在“Windows 任务管理器”中查看所有进程的 ID。

在 CMD 命令提示符下，输入如下命令后按 Enter 键：

ntsd -c q -p PID

即可终止指定的进程。

6-24　pathping——显示丢失信息

1. pathping 命令的功能是什么

pathping 命令的功能是显示在源和目标之间的网络滞后和网络丢失的信息。pathping 将多个回显请求消息发送到来源和目标之间的各个路由器一段时间后，再根据各个路由器返回的数据包大小计算其结果。因为 pathping 显示任何特定路由器或链接的数据包的丢失程度，所以用户可据此确定引起网络问题的路由器或子网。pathping 通过识别路径上的路由器来执行与 tracert 命令相同的功能。然后，该命令根据指定的时间间隔定期将 ping 发送到所有的路由器，并根据每个路由器的返回数值生成统计结果。如果不指定参数，pathping 则显示帮助。

2. pathping 命令的语法是怎样的

pathping 命令的语法形式为：

pathping [-n][-h MaximumHops][-g HostList][-p Period][-q Num Queries[-w Timeout][-T][-R][TargetName]

3. pathping 命令的参数各有什么作用

-n：阻止 pathping 试图将中间路由器的 IP 地址解析为各自的名称。这有可能加快显示 pathping 的结果。

-h MaximumHops：在搜索目标（目的）的路径中指定跃点的最大数。默认值为 30 跃点。

-g HostL：指定回显请求消息在 IP 标题中使用“稀疏资源路由”选项（该 IP 标题带有 HostList 中指定的中间目标集）。可以由一个或多个具有松散源路由的路由器分隔连续中间的目的地。主机列表中的地址或名称的最大数为 9。HostList 是一系列由空格分隔的 IP 地址（带点的十进制符号）。

-p Period：指定两个连续的 ping 之间的时间间隔（以毫秒为单位）。默认值为 250ms（1/4s）。

-q NumQueries：指定发送到路径中每个路由器的回显请求消息数。默认值为 100 个查询。

-w Timeout：指定等待应答的时间（以毫秒为单位）。默认值为 3000ms（3s）。

-T：在向路由所经过的每个网络设备发送的回显请求消息上附加一个 2 级优先级标记（例如 802. lp）。这有助于标识不具有 2 级优先级功能的网络设备。此开关用于测试服务质量（QoS）的连通性。

-R：确定路由所经过的每个网络设备是否支持“资源预留设置协议”（RSVP），该协议允许主机计算机为某一数据流保留一定数量的带宽。此开关用于测试服务质量（Qos）的连通性。

TargetName：指定目的端，它既可以是 IP 地址，也可以是主机名。

4. 使用 pathping 命令要注意什么

（1）Pathping 参数要区分大小写。

（2）为避免网络拥塞，应以足够慢的速度发送 ping 信号。

（3）要尽可能地减小突发包丢失所造成的影响，不要频繁发送 ping 信号。

（4）使用-p 参数时，ping 将单独发送到各个中间跃点。因此，向同一跃点发送探测信号的时间间隔为 period 乘以跃点数。

（5）使用-w 参数时，可以同时发送多个 ping。因此，Timeout 参数中指定的时间量不受 Period 参数指定的时间间隔的限制。

（6）在主机计算机上启用 2 级优先级允许数据包同第 2 级优先级标记一起发送，以便 2 级设备可以为数据包指派优先级。不能识别 2 级优先级的旧式设备将丢弃这些貌似变形的数据包。该参数有利于识别正在丢弃这些数据包的网络计算机。

（7）对于不存在的会话，RSVP 预约消息将沿路由发送到每个网络设备。如果设备不支持 RSVP，则将返回“网际消息控制协议（ICMP）无法达到目标——无法访问协议”的消息。如果设备支持 RSVP，则将返回“RSVP 预留错误”的消息。有些设备可能不会返回以上任何一种消息。如果这样，则会显示超时消息。

（8）只有当网际协议（TCP/IP）协议在网络连接中安装为网络适配器属性的组件时，该命令才可用。

5. 如何查看本地计算机与远程计算机的 pathping 命令输出

要查看本地计算机与远程计算机（假设 IP 地址为 61.159.62.1）的 pathping 命令输出，则在命令提示符下输入如下命令后按 Enter 键：

pathping -n 61.159.62.1

结果如图 6-20 所示。

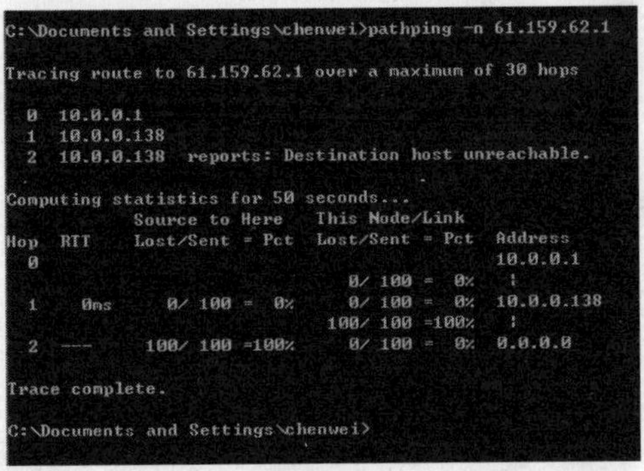

```
C:\Documents and Settings\chenwei>pathping -n 61.159.62.1

Tracing route to 61.159.62.1 over a maximum of 30 hops

  0  10.0.0.1
  1  10.0.0.138
  2  10.0.0.138  reports: Destination host unreachable.

Computing statistics for 50 seconds...
            Source to Here   This Node/Link
Hop  RTT    Lost/Sent = Pct  Lost/Sent = Pct  Address
  0                                           10.0.0.1
                                0/ 100 =  0%   |
  1    0ms     0/ 100 =  0%     0/ 100 =  0%  10.0.0.138
                              100/ 100 =100%   |
  2  ---     100/ 100 =100%     0/ 100 =  0%  0.0.0.0

Trace complete.

C:\Documents and Settings\chenwei>
```

图 6-20

tracerting 后的内容为路径信息，此路径与 tracert 命令显示的路径相同。接着，将大约显示 75s（该时间随着跃点数的变化而变化）的繁忙信息。在此期间，命令会从先前列出的所有路由器和及其链接之间收集信息，并显示测试结果。

第 7 章

其他常用命令

DOS Windows 命令速查 1000——→本章内容

7-1 append——指定打开文件

1. append 命令的功能是什么

append 命令的功能是使程序打开指定文件夹中的数据文件，就像这些文件在当前文件夹中一样。如果在没有参数的情况下使用，则 append 命令显示附加的目录列表。

2. append 命令的语法是怎样的

append 命令的语法形式为：

append [;][[Drive:]Path[;…]][/x:{on|off}][/path:{on|off}][/e]

3. append 命令的参数各有什么作用

;：取消附加文件夹列表。

[Drive：}path：指定要附加到当前文件夹的驱动器和文件夹。如果未指定驱动器，将默认使用当前驱动器。可以指定[Drive:]path 的多个项，各项之间要用分号隔开。

/x:{0n|off}：指定当 MS-DOS 子系统执行程序时是否搜索附加的文件夹。/x:on 表示搜索附加的文件夹。//x:off 表示不搜索附加的文件夹。

/path:{on|off}：指定当路径已经包含程序正在查找的文件名时，是否希望程序在附加的文件夹中搜索数据文件。默认设置是/path：on。

/e：将附加文件夹列表指派到名为 APPEND 的环境变量。该命令行选项仅在启动系统后第一次使用 append 时使用。

/?：在命令提示符下显示帮助。

4. append 命令可用于 Windows XP/Server 2003 吗

append 命令不能用在 Windows XP 和 Windows Server 2003 的命令行环境中。

5. 使用 append 命令存储附加的文件夹列表时要注意什么

使用带/e 命令行选项的 append 命令，可将附加的文件夹列表指派到名为 APPEND 的环境变量。为此，请首先使用只带/e 命令行选项的 append 命令。然后再次使用 append，这次包含要附加的文件夹。

不能在同一命令行上指定/e 和[Drive:]path。

6. 使用 append 命令指定多个追加文件夹时要注意什么

要附加多个文件夹，请使用分号分隔多个项。如果再次使用带有[Drive:]path 参数的 append 命令，则指定的文件夹将替代此前的 append 命令中指定的任何文件夹。

7. 如何解决文件名冲突

使用 append 命令存储附加的文件夹列表时，如果附加文件夹中的文件与当前文件夹中的文件同名，程序将打开当前文件夹中的文件。

8. 与创建新文件的程序一起使用 append 时要注意什么

当某个程序在附加文件夹中打开文件时，可以像在当前文件夹中一样找到文件。如果程序通过创建一个同名新文件来保存该文件，则新文件将在当前文件夹中创建（而不是在附加文件夹）。append 命令适用于不会被修改或者被修改但不会创建文件新副本的数据文件。数据库程序经常不生成新副本而修改数据文件。然而，文本编辑器和字处理程序一般通过创建新副本来保存修改的数据文件。为避免出现混乱，请不要与这些程序一起使用 append 命令。

9. 与 path 一起使用/x:on 时要注意什么

使用/x:on 时，可以通过在命令提示符下输入程序名来运行附加文件夹中的程序。通常使用 path 命令来指定含有程序的文件夹，然而在指定含有程序的附加文件夹时，则不必使用 path 命令。MS-DOS 子系统按照它通常的查找程序顺序来查找附加文件夹中的某个程序：首先在当前文件夹，其次在附加文件夹，再次在搜索路径下。

10. 可以将/x:on 缩写为/x 吗

可以将/x:on 缩写为/x。为此，可在启动系统后首次使用 append 时指定/x:on。此后，可以在/x:on 和//x:off 之间进行切换。

11. 多次运行 APPEND 时要注意什么

启动系统后，可随意多次使用 APPEND。但要注意下列事项：

（1）/e 开关项在系统启动后，仅在 APPEND 第一次使用中有效。

（2）第二次及以后每次运行 APPEND，必须略去.EXE 文件扩展名。若试图输入 APPEND.EXE 来运行 APPEND，则 APPEND 只能加载一次。

12. 如何将添接的目录表存入环境中

在 APPEND 中可利用/E，将添接的目录列表赋给名为 APPEND 的环境变量。方法是，先执行仅带/E 开关的 APPEND 命令，然后再执行一次 APPEND，这次要把想添接的目录包括在内。在同一命令行中不能同时指定/E 和[drive:]path。

13. 如何使用 APPEND 命令

下面举例说明 APPEND 命令的使用方法：

如果要让程序打开 B 盘 LETTERS 目录下的数据文件和 A 盘 ROORTS 目录下的数据文件，就像它们是在当前目录中，则可在命令提示符后输入下列命令再按 Enter 键：

```
append b:\letters;a:\reports
```

要添接同样的目录，并在 MS-DOS 环境变量中存放添接的目录表，则可在命令提示符后输入下列命令再按 Enter 键：

```
append /e
append b:\letters;a:\reports
```

提示!!

上述命令都必须在启动系统后，首次执行 APPEND 命令时使用。

7-2　assoc——文件名扩展关联

1. assoc 命令的功能是什么

文件扩展名是识别文件类型的重要标志，每种特定的文件类型都以一种特定的文件扩展名来标识。ASSOC 命令是一个外部命令，用于显示或修改文件名扩展关联。如果在没有参数的情况下使用，则将显示所有的文件名扩展关联。如果只用文件扩展名调用 assoc，则显示该特定文件扩展名的当前文件关联。如果不为文件类型指定任何参数，命令会删除文件扩展名的关联。

2. assoc 命令的语法是怎样的

assoc 命令的语法形式为：

assoc [.ext[filetype]]

3. assoc 命令的参数各有什么作用

.ext：指定文件名扩展。

Filetype：指定与扩展名相关联的文件类型。

/?：在命令提示符下显示帮助。

4. 使用 assoc 命令时要注意什么

使用 assoc 命令时要注意：

（1）如果在等号后使用空格，则将删除某个文件名扩展的文件类型关联。

（2）使用>（重定向操作符）可重定向 assoc 输出到文本文件。

5. 如何查看文件名扩展的当前文件类型关联

如果要查看文件名扩展 .doc 的当前文件类型关联，则在命令提示符后输入下列命令再按 Enter 键：

assoc .doc

显示结果如图 7-1 所示。

图 7-1

由图中可以看到“.doc=Word.Document.8”，即与扩展名“ .doc”关联的是“Word. Document. 8”文件（Word 文件）。

6. 如何删除文件名扩展的当前文件类型关联

要删除文件名扩展 .doc 的文件类型关联，则在命令提示符后输入下列命令再按 Enter 键：

assoc .doc=空格

删除 .doc 文件关联前后，Word 文件类型（由 Microsoft Word 文档变为空）和图标样式都有了变化，不仅如此打开方式也发生了变化。双击文件图标，打开的是一个写字板文档，而不是原来的 Word 文档。

> 提示!!
>
> 此处仅仅以删除文件名扩展 .doc 的文件类型关联为例给予介绍，其他类型的文件关联删除过程与此类似。只不过删除前后文件图标和打开方式的变化有所不同。如果本地电脑上有一些资料比较宝贵，为了避免别人偷窥，可以采用此方法删除文件关联，使别人无法打开文件，自己需要看时再恢复即可。

7. 如何一次查看一个屏幕的文件类型关联

虽然不带参数执行 assoc 命令可以查看所有的文件关联，不过屏幕滚动的速度实在太快，根本无法查看，要待全部显示完毕之后，再拖动滚动条逐个寻找。可以采取如下方法来实现一次只显示一个屏幕的文件关联。

在命令提示符后输入下列命令再按 Enter 键：

assoc |more

运行结果如图 7-2 所示。

```
.!!!=NetAnts Unfinished Download
.323=h323file
.386=vxdfile
.3g2=RealPlayer.3GPP2.10
.3gp=RealPlayer.3GPP_AMR.10
.669=Winamp.File
.7z=WinRAR
.8ba=Photoshop.PlugIn
.8bc=Photoshop.PlugIn
.8be=Photoshop.PlugIn
.8bf=Photoshop.PlugIn
.8bi=Photoshop.PlugIn
.8bp=Photoshop.PlugIn
.8bs=Photoshop.PlugIn
.8bx=Photoshop.PlugIn
.8by=Photoshop.PlugIn
.8li=Photoshop.PlugIn
.aac=Winamp.File
.abdata=Bridge.Data
.abr=Photoshop.BrushesFile
.ac3=NeroShowTime.Files7.ac3
.aca=Agent.Character.2
.acb=Photoshop.ColorBooks
.ace=WinRAR
-- More --
```

图 7-2

在屏幕的最底行显示有“——More——”的字样，按下任意键可以继续显示下一屏的内容，直至显示全部内容。

8. 如何将文件关联保存到文件

使用 assoc >assoc.cfg 命令，可以将文件关联保存为一个文件（assoc.cfg），输出的关联文件的文件名和扩展名均可自定义。如果不仅可以将关联文件保存为 123.cfg，也可以将其保存为 456.cfg，还可以保存为 123.456 和 assoc.txt 等等，以方便查看为宜。生成的文件被保存在 C:\Documentsand Settings\username（当前登录的用户名）目录下，如图 7-3 所示。

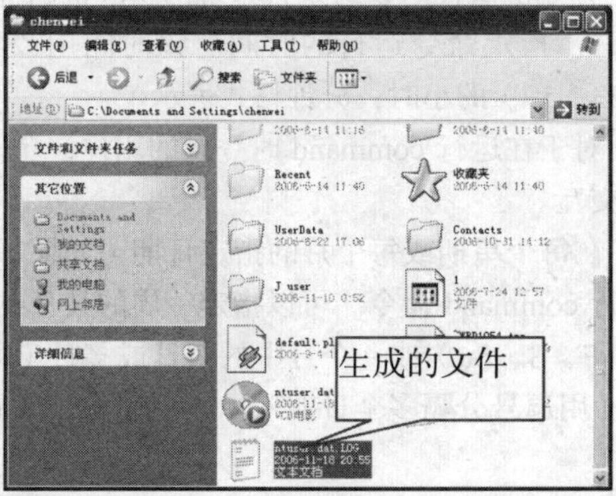

图 7-3

7-3 at——制订计划

1. at 命令的功能是什么

at 命令用于制订计划，以便系统按照该计划在指定的日期和时间启动和运行计算机上的命令和程序。

at 命令只能在“计划”服务运行时使用，如果在没有参数的情况下使用，则 at 列出已计划的命令。

2. at 命令的语法是怎样的

at 命令的语法形式为：

at [\\ComputerName][{[ID][/delete]|/delete[/yes]}]

at[\\ComputerName]hours:minutes[/interactive][{/every:date[, …]|/next:date[, …]）]command]

3. at 命令的参数各有什么作用

\\computername：指定远程计算机。如果省略该参数，则 at 计划本地计算机上的命令和程序。

ID：指定指派给已计划命令的识别码。

/delete：取消已计划的命令。如果省略了 ID，则计算机中所有已计划的命令将被取消。

/yes：删除已计划的事件时，对来自系统的所有询问都回答“是”。

Hours:minutes：指定命令运行的时间。该时间用 24 小时制（即从 00：00[午夜]到 23：59）的小时：分钟格式表示。

/interactive：对于在运行 command 时登录的用户，允许 command 与该用户的桌面进行交互。

/every:date：在每个星期或每个月的指定日期（如果每个星期四，或每月的第三天）运行 command 命令。可以指定一周的某日或多日（即，输入 M、T、W、Th、F、S、Su）或一个月中的某日或多日（即，输入从 1 到 31 之间的数字）。用逗号分隔多个日期项。如果省略了 date，则 at 使用该月的当前日。

/next:date：在下一个指定日期（比如，下一个星期四）到来时运行

command。

Command：指定要运行的 Windows 命令、程序（.exe 或 .com 文件）或批处理程序（.bat 或.cmd 文件）。当命令需要路径作为参数时，应使用绝对路径，也就是从驱动器号开始的整个路径。如果命令在远程计算机上，应指定服务器和共享名的通用命名协定（UNC）符号，而不是远程驱动器号。

/?：在命令提示符下显示帮助。

4. 加载 cmd.exe 时要注意什么

在运行命令之前，at 不会自动加载 cmd.exe（命令解释器）。如果没有运行可执行文件（.exe），则在命令开头必须使用如下所示的方法专门加载 cmd.exe：

cmd /c dir>c:\test.out。

5. 如何查看已计划的命令

当不带参数使用 at 时，将会显示本地计算机的全部计划任务列表。

Stams ID Day Time Command Line

OK 1 Each F 4：30 PM net send group leads status due

OK 2 Each M 12：00 AM chkstor>check. file

OK 3 Each F 11：59 PM backup2.bat

6. 使用包含标识号（ID）的 at 命令时要注意什么

当在命令提示下使用带有标识号（ID）的 at 命令时，单个任务项的信息会显示在类似于下面的格式中：

TaskID：1

Status：OK

Schedule：Each F

Time Of Day：4：30 PM

Command：net send group leads status due

当计划带有 at 的命令（尤其是带有命令行选项的命令）后，要通过输入不带命令行选项的 at 来检查该命令语法是否输入正确。如果显示在“命令行”列中的信息不正确，应删除该命令，然后重新输入它。如果还不正确，则可以在重新输入该命令时让它少带些命令行选项。

7. 如何查看结果

使用 at 命令制定的计划将仅作为后台程序运行，运行结果不会显示在计算机上。要将输出重定向到文件，应使用重定向符号（>）。如果将输出重定向到文件，则不论是在命令行还是在批处理文件中使用 at，都需要在重定向符号之前使用转义符（^）。如果要重定向输出到 Output. text 文件，则要输入如下命令后按 Enter 键：

at 14：45 c:\test.bat ^ >c:\output.txt

执行命令的当前目录为 systemroot 文件夹。

> **提示!!** 简单地说，输出重定向就是指把命令（或可执行程序）的输出情况重新定向到指定文件夹中。这样，该命令的输出就不显示在屏幕上，而是写入到指定文件中。如果某个命令的输出很多，但是在屏幕上不能安全显示，那么可将输出重定向到一个文件中，然后再用文本编辑器打开这个文件，就可以查看输出信息；如果想保存一个命令的输出，也可以使用这种方法。

8. 如何更改系统时间

在使用 at 命令计划了要运行的命令之后，如果更改了计算机的系统时间，则通过输入不带命令行选项的 at 可使 at 计划程序与修改后的系统时间同步。

9. 连接到网络驱动器时要注意什么

对于需要访问网络的计划作业，请不要使用已重定向的驱动器。“计划”服务可能无法访问这些重定向的驱动器，或者，在该计划任务运行时如果有其他用户登录，则这些重定向的驱动器可能不会出现。因此，对于计划作业，应使用 UNC 路径。例如：

at 1：00pm my backup\\server\share

不要使用下述语法（其中/x:?表示由用户建立的连接）：

at 1：00pm my backup /x:

如果计划了一个使用驱动器号的 at 命令来连接共享目录，则应包含一个 at 命令以使在完成该驱动器的使用时断开与驱动器的连接。如果不能断开与驱动器的连接，则在命令提示下，所指派的驱动器号将不可用。

10. 如何显示 Office 服务器上已计划的命令列表

要显示 Office 服务器上已计划的命令列表，在命令提示符后输入下列命令再按 Enter 键：

at \\Office

11. 如何了解某个标识号的命令的详细信息

如果要了解服务器 jzxh 上标识号为 1 的命令的详细信息，则在命令提示符后输入下列命令再按 Enter 键：

at \\jzxh 1

12. 如何在指定时间运行命令，并将该列表重定向到某个文件中

如果要在上午 10:00 在 Company 服务器上运行网络共享命令，并将该列表重定向到 Maintenance 服务器的 jzxh.txt 文件（位于 Reports 共享目录下）中，则在命令提示符后输入下列命令再按 Enter 键：

at \\jzxh 10:00 cmd/c "net share reports=d:\office\reports>>\\maintenance\reports\jzxh.txt"

如何取消当前服务器上的所有计划

要取消当前服务器上的所有计划，则在命令提示符后输入下列命令再按 Enter 键：

at /delete

13. 如何在使用 at 命令之前加载 cmd.exe

如果要运行的命令不是可执行（.exe）文件，则按下述方法在该命令之前使用 cmd/c 来加载 cmd.exe：

在命令提示符后输入下列命令再按 Enter 键：

cmd /c dir>c:\test.out

示例 7：在午夜将“Documents”文件夹中的所有文件复制到“MyDocs”文件夹中，则输入如下命令：

at 00：00 cmd/c copy C：kDocuments*.*C:\MyDocs

14. 如何实现自动定时关闭计算机

如果想离开计算机，但它又正在进行工作，这时就要用到自动关机。Windows XP/2003 具备定时关机的功能。如果想让 Windows 2000 也实现同样的效果，可以把 Shutdown.exe 复制到系统目录下。

如果想在 22:00 关机，则在命令提示符后输入下列命令再按 Enter 键：

at 22:00 Shutdown-S

这样，到了 22：00 点的时候，电脑就会出现“系统关机”对话框，默认有 30s 的倒计时并提示您保存工作。

如果想以倒计时的方式关机，则在命令提示符后输入下列命令再按 Enter 键：

Shutdown.exe-S-t 3600

这里表示 60 分钟后自动关机，“3600”代表 60 分钟。

7-4 break——检查 Crtl+C

1. break 命令的功能是什么

break 命令的功能是设置或清除对扩展键 Crtl+C 的检查。可在命令提示符下或 Config.sys 文件中使用该命令。

按下 Ctrl+C，可终止一个程序或操作（如文件搜索、排序等）的执行。一般情况下，MS.DOS 只有在进行读键盘、写屏幕或打印等操作时，才对 Ctrl+C 进行检查。如果 break 设置为 ON，可将 Ctrl+C 扩展键的检查扩展到其他功能中，如磁盘读写操作。

2. break 命令的语法是怎样的

break 命令的语法形式为：

break [on|off]

显示当前 break 的设置状态，语法形式为：

break

在 Config.sys 文件中，采用下列语法形式：

break=on|off

3. break 命令的参数各有什么作用

on：允许对 Ctrl+C 的检查。

off：禁止对 Ctrl+C 的检查。

4. 使用 break 命令要注意什么

（1）Windows XP 和 Windows Server 2003 家族产品不使用此命令。只为了与现有的 MS. DOS 文件保持兼容性才包含此命令。但是，因为其功能是自动实现的，所以在命令行使用时不起作用。

（2）系统缺省的 break 设置是 off。若在 Config.sys 文件中用 break 命令，可在每次启动系统后激活 Ctrl+C 的检查。

5. 如何使用 break 命令

下面举例说明 break 命令的具体使用方法。

例 1：若要指定 MS-DOS 只在读键盘和写屏幕与打印机时才进行 Ctrl+C 检查，则可用下面的命令：

break off

例 2：若指定 MS-DOS 在读键盘、磁盘，或向磁盘、屏幕写时，检查 Ctrl+C，可用下面的命令：

break on

例 3：要在每次启动系统时，允许 Ctrl+C 检查，可在 Config.SYS 文件中加入如下命令行：

break=on

7-5　buffers——磁盘缓冲区

1. buffers 命令的功能是什么

buffers 命令的功能是在系统启动时，在内存中分配磁盘缓冲区的数目，通常设置为 20～30 左右。缺省值一般为 15。该命令仅用在 Config.sys 文件中。

2. buffers 命令的语法是怎样的

buffers 命令的语法形式为：

buffers=n[，m]

3. buffers 命令的参数各有什么作用

n： 指定磁盘缓冲区的数目。n 在 1~99。

m： 指定次高速缓存中的缓冲区数目。m 在 0~8。

缺省设置：磁盘缓冲区数目的缺省值设置随不同系统配置而定。

4. 使用 buffers 命令时要注意什么

（1）采用 DoubleSpace 和 SMARTDrive，且 MS-DOS 被加载到：HMA 中时，设置 buffers=10。该命令确保在 .HMA 中为 MS-DOS、DoubleSpace 以及所有的缓冲区留有足够的空间。如果 buffers 值大于 10，那么在 HMA 中就可能没有足够的空间来存放所有的缓冲区，MS-DOS 将把所有的缓冲区放到常规内存中。若使用 SMARTDrive，指定多于 10 个的缓冲区，并不会加快系统运行速度，而且需要使用更多的内存。

（2）采用 SMARTDrive.exe 时，就不必再用 buffers 命令或只需 buffers 指定较小的缓冲区数目。

5. 如何使用 buffers 命令

buffers 的使用非常简单，例如要设置磁盘缓冲区的数目为 20，则在 Config.sys 中的[COMMON]项中加上这样一行命令：

buffers=20

7-6 cacls——设置 ACL

1. cacls 命令的功能是什么

cacls 命令用于显示或修改访问控制列表（Access Control List）文件。

cacls 是一个在 Windows 2000/XP/Server 2003 操作系统下都可以使用的命令，作用是显示或者修改文件的访问控制表，在命令中可以使用通配符指定多个文件，也可以在命令中指定多个用户。

2. cacls 命令的语法是怎样的

cacls 命令的语法形式为：

cacls FileName[/t][/e][le][/g User：permission][/r User[…]][/p User：permission[…]][/d User[…]]

3. cacls 命令的参数各有什么作用

FileName：显示指定文件的 DACL。

/t：更改当前目录和所有子目录中指定文件的 DACL。

/e：编辑 DACL，而不是替换它。

/c：忽略错误，继续修改 DACL。

/g User:permission：将访问权限授予指定用户。表 7-1 列出了 permission 的有效值。

表 7-1

值	说　明
N	无
R	只读
W	写入
C	更改（写入）
F	完全控制

/r user：取消指定用户的访问权限。

/p User：permission：替代指定用户的访问权限。permission 的有效值与 g 参数相同。

/d user：拒绝指定用户的访问。

/?：在命令提示符下显示帮助。

4. 如何管理用户账户

利用用户组来管理域服务器或工作站的用户账户，可以极大地简化操作，用户组可以用来指定活动权限或访问权限，用户组的所有成员都将继承用户组的权限。通常在建立用户组的时候，需要建立一个和组名相匹配的用户目录，并设置此目录的安全性使得该目录只能被管理员和该组成员访问。对于目录的安全性控制，可以通过 cacls 命令来实现。下面以对 Coolpen 用户组进行管理为例：

（1）建立一个名为 Coolpen 的用户组，并为该组设立一个管理员 adaCoolpen，可以执行下面的命令：

Net Group Coolpen/add/Comment//建立名为 Coolpen 的用户组

Net User adaCoolpen/add/Comment//建立管理员账户 adaCoolpen

Net Group Coolpen adaCoolpen/add//将管理员加入组

（2）再为 Coolpen 用户组建立一个私有目录，执行下面的命令：

Md d:\Coolpen//这里可以根据实际情况选择不同的路径

Caclsd:\Coolpen/r everone/e/t//收回其他用户对该目录的访问权限

Caclsd:\Coolpen/g Coolpen：r/e/t//授予同组用户对该目录的读取访问权限

Caclsd:\Coolpen/g administrator.f/e/t//授予系统管理员对该目录的完全控制权限

（3）现在建立一个 Coolpen 组下的一般成员，运行下面的命令：

Net User C001/add/Commem//建立普通用户 C001

Net Group Coolpen C001/add//将普通用户加入 Coolepn 组

（4）为 Coolpen 用户建立自己的私有目录，此目录将只能由管理员、该组管理员和 C001 访问：

Md d:\Coolpen\C001

Caclsd:\Coolpen\C001/r Coolpen/e/t//收回本组其他用户对该目录的访问权限

Caclsd:\Coolpen\C001/g C001：f/e/t //授予用户自己对该目录的完全访问权限

Cacls d:\Coolpen\C001/g adaCoolpen：f/e/t //授予该组管理员对该目录的完全访问权限

提示!!

如果一次需要建立多个用户，可以建立一个批处理文件，将上面建立 C001 用户的命令段进行复制，把对应的用户名修改为所需要的用户名，然后执行批处理文件，就可以很方便地建立并配置很多用户，而不需要对每一个用户进行单独配置，大大提高了用户管理的效率。

5. 如何查看文件夹的访问控制权限

NTFS 文件系统可以为不同级别的用户设置相应的访问控制权限，包括完全控制、修改、读取和运行、列出文件夹目录、读取、写入、特别的权限等。除了在图形用户界面下对文件或文件夹的访问控制权限进行设置外，还可以在命令行方式下完成这项工作，这在由于某些原因无法进入图形用户界面时特别实用，虽然使用时有些麻烦，但却可以救急。

如果我们希望查看 h:\temp 文件夹的访问控制权限，那么只需输入如下命令后按 Enter 键：

cacls h:\temp

就看到所有用户组和用户对 h:\temp 文件夹的访问控制权限项目，这里的 CI 表示 ACE 会由目录继承，OI 表示 ACE 会由文件继承，IO 表示 ACI 不适用于当前文件或目录，每行末尾的字母表示控制权限，例如 F 表示完全控制，C 表示更改，W 表示写入。

如果希望查看该文件夹中所有文件（包括子文件夹中的文件）的访问控制权限，可以输入如下命令后按 Enter 键：

cacls h:\temp.

6. 如何修改文件夹的访问控制权限

如果希望给予本地用户 user 完全控制 h:\temp 文件夹及子文件夹中所有文件的访问权限，只需要输入如下命令后按 Enter 键：

cacls h:\temp/t/e/c/g user：f

提示!!

①/t 表示修改文件夹及子文件夹中所有文件的 ACI。

②/e 表示仅做编辑工作而不替换。

③/c 表示在出现拒绝访问错误时继续。

④ “/g user: f” 表示给予本地用户 user 以完全控制的权限，“f” 代表完全控制，如果只是希望给予读取权限，那么应当是 “r”。

7. 如何撤销用户的访问控制权限

如果希望撤销 user 用户对 h:\temp 文件夹及其子文件夹的访问控制权

限，可以输入如下命令后按 Enter 键：

cacls h:\temp/t/e/c/r user

如果只是拒绝用户的访问，则可以输入如下命令后按 Enter 键：

cacls h:\temp/t/e/c/d user

7-7 chkntfs——NTFS 分区检查

1. chkntfs 命令的功能是什么

Chkntfs 命令的功能是显示或指定在启动计算机时是否在 FAT、FAT32 或者 NTFS 卷上进行针对文件分配表的磁盘扫描程序。

如果 Windows 出现了非正常关机、死机等情况，那么在下次启动时就会自动运行磁盘扫描程序，对本地磁盘的各个分区进行检测。默认情况下，扫描每个分区前会等待 10s，用户此时可以按任意键跳过扫描继续启动。Chkntfs 命令用于对磁盘扫描程序进行设置。

2. chkntfs 命令的语法是怎样的

chkntfs 命令的语法形式为：

chkntfs volume:[...]

chkntfs[/d]

chkntfs[/t[:time]]

chkntfs[/x volume:[...]]

chkntfs[/c volume:[...]]

3. chkntfs 命令的参数各有什么作用

volume:[...]：必须指定驱动器号（冒号分隔）、装入点或卷名。显示识别指定卷的文件系统的信息。如果已计划运行自动文件检查，则该参数会显示表明卷是否已遭损坏的消息（要求运行 chkdsk）。

/d：还原所有 chkntfs 默认设置，除了自动文件检查的倒计时之外。计算机启动时，默认操作是检查所有卷；

/t[:time]：将 Autochk.exe 开始的倒计时时间更改为通过输入而指定的时间值（单位为秒）。如果未指定：time，/t 将显示当前的倒计时时间。

/x volume：计算机启动时不检查指定卷，即使该卷标记为需要 chkdsk。

/c volume：计划当计算机启动时对指定卷的检查时间。

/?：在命令提示符下显示帮助。

4. 使用 chkntfs 命令要注意什么

（1）要运行 chkntfs，您必须是 Administrators 组的成员。

（2）虽然可以将 Autochk.exe 开始的倒计时时间设为零，但这样做将无法取消潜在时间消耗的自动文件检查。

5. 如何查看并减少 Windows XP 磁盘扫描的等待时间

如果要查看 Windows XP 磁盘扫描的等待时间，并且减少等待时间为 5s，方法为：

（1）输入如下命令后按 Enter 键：

chkntfs /t

此时会显示所需要等待的时间，如图 7-4 所示。

（2）输入如下命令后按 Enter 键：

chkntfs /t:5

然后输入如下命令后按 Enter 键：

chkntfs /t

此时可以看到等待时间已经更改为 5s 了，如图 7-5 所示。

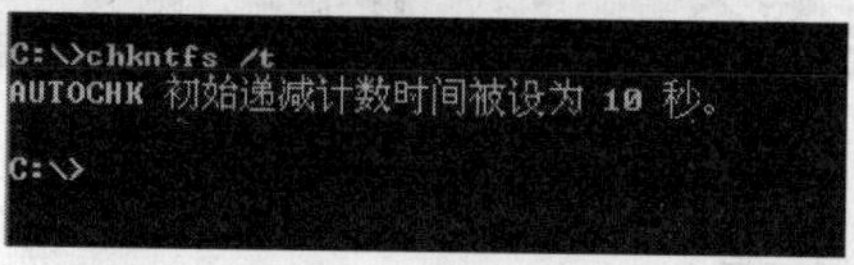

图 7-4

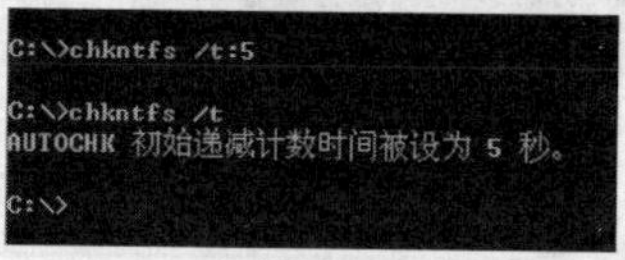

图 7-5

6. 如何排除多个卷

/x 命令行选项不能累积使用。如果多次输入该选项，则其最近输入的项将替代此前输入的项。要排除多个卷，应在一个命令中将所有卷列出。如果要禁止 J 盘和 K 盘的磁盘扫描，则输入如下命令后按 Enter 键：

chkntfs /x J:K:

要只排除 J 卷，则输入如下命令后按 Enter 键：

chkntfs /x J:

7. 如何只检查指定的卷

/c 命令行选项可以累积使用。如果只需要检查指定的卷，应首先重设默认值以清除任何以前的命令，然后将所有的卷排除检查，最后在所需卷上计划自动文件检查。如果要在 E 盘上计划自动文件检查，则输入如下命令后按 Enter 键：

chkntfs /d

chkntfs /x d: e: f: g:

chkntfs /c E:

运行结果如图 7-6 所示。

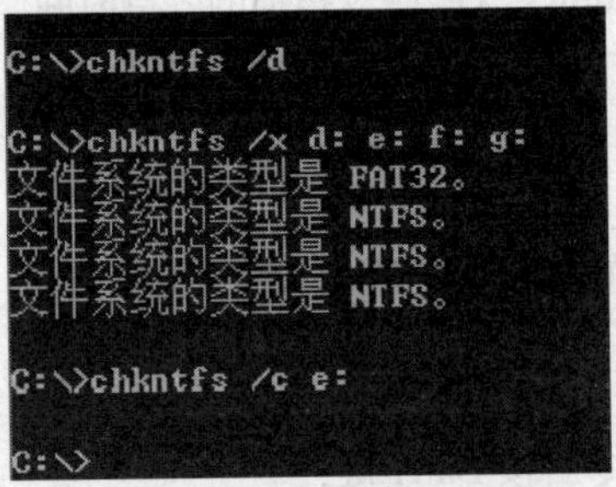

图 7-6

7-8 color——屏幕色彩

1. color 命令的功能是什么

color 命令的功能是，对于当前会话，更改命令提示窗口的前景和背景色。如果在不含参数的情况下使用，则 color 会将命令提示为窗口的前景色和背景色恢复成默认颜色。

2. color 命令的语法是怎样的

color 命令的语法形式为：

color [fb]

3. color 命令的参数各有什么作用

fb：设置背景 f 和前景 b 颜色。表 7-2 列出了可用作 f 和 g 的值的有效十六进制数字。

表 7-2

值	颜　色	值	颜　色	值	颜　色	值	颜　色
0	黑色	4	红色	8	灰色	C	浅红色
1	蓝色	5	紫色	9	浅蓝色	D	浅紫色
2	绿色	6	黄色	A	浅绿色	E	浅黄色
3	湖蓝色	7	白色	B	浅水绿	F	亮白色

/?：在命令提示符下显示帮助。

4. 使用 color 命令要注意什么

（1）要恢复默认的命令提示窗口颜色，应单击命令提示窗口的左上角，单击“默认值”，然后在“控制台窗口属性”的“颜色”选项卡下，选择应用于“屏幕文字”和“屏幕背景”的颜色。

（2）对于当前会话，可以使用 cmd，t：fb 来更改命令提示窗口的颜色。

（3）如果前景和背景色相同，color 命令会将 ERRORL.EVEL 设置为 1。

5. 如何更改窗口的前景色和背景色

如果要将命令提示窗口的前景色设为黑色，背景色设为白色，则输入如下命令后按 Enter 键：

color F0

7-9　compact——NTFS 压缩

1. compact 命令的功能是什么

compact 命令的功能是显示和设置 NTFS 分区上的文件或目录的

压缩。

compact 命令允许用户查看并修改 NTFS 分区上的文件与目录（不包括卷）压缩属性。如果希望在计算机上获取更多的磁盘空间，可以使用该命令对文件进行压缩。使用 compact 命令时要注意的是：当对一个文件夹进行压缩或解压缩操作时，会自动地对这个文件夹中的子文件夹和文件进行压缩或解压缩，系统不再询问是否将更改应用于子文件夹和文件。

如果在没有参数的情况下使用，则 compact 显示当前目录的压缩状态。

2. compact 命令的语法是怎样的

compact 命令的语法形式为：

compact [{/c|/u}][/s[:dir]][/a][/i][/f][/q][FileName[...]]

3. compact 命令的参数各有什么作用

/c：压缩指定的目录或文件。

/u：解压缩指定的目录或文件。

/s:dir：将压缩或解压缩操作应用到指定目录的所有子目录，或者如果没有指定目录，则应用到当前目录的所有子目录。

/a：显示隐藏或系统文件。

/j：忽略错误。

/f：对指定目录或文件进行压缩或解压缩。这用于当系统崩溃中断操作时文件被部分压缩的情况。要强制文件压缩完全，应使用/c 和/f 参数并指定部分压缩的文件。

/q：只报告最基本的信息。

FileName：指定文件或目录。可以使用多个文件名和通配字符（*和?）。

/?：在命令提示符下显示帮助。

4. 使用 compact 命令要注意什么

（1）该命令在 Windows 98/Me 操作系统的 DOS 窗口中不存在，只能用于 Windows 2000/XP。

（2）compact 命令是 NTFS 文件系统中比较功能的命令行版本。它显示和改变 NTFS 分区上的文件和目录的压缩属性。目录的压缩状态表明是否自动添加到该目录的文件压缩。设置目录的压缩状态时，不必更改该目录中已有文件的压缩状态。

（3）对于已通过 DriveSpace 或 DoubleSpace 压缩过的卷，将无法使用 compact 进行读取、写入操作或装配卷。

5. 查看当前目录下的文件和文件夹的压缩状态

如果要查看当前 c 目录下文件和文件夹的压缩状态，则在命令提示符下输入如下命令再按 Enter 键：

compact

执行后的结果如图 7-7 所示。

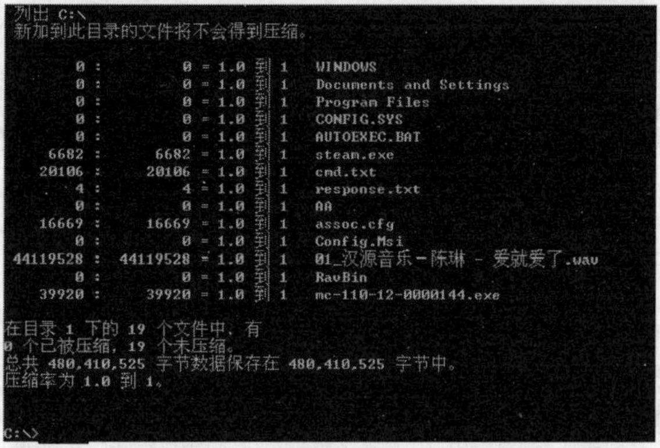

图 7-7

6. 如何将指定目录及其下所有目录和文件设置为压缩状态

如果要将 I:\music 以及包含的所有目录和文件设置为压缩状态，以便使添加到该目录中的文件自动被压缩，则在命令提示符下输入如下命令再按 Enter 键：

compact /c /s:i:\music

执行上述操作后，被压缩的文件夹及其子文件夹和文件都以蓝色的文件名标识，从而表明文件夹及其子文件均处于压缩状态。

如果不改变文件夹的状态，仅对文件夹中的文件、子文件夹以及所有子文件夹中的文件进行压缩，则在命令提示符下输入如下命令再按 Enter 键：

compact /c /s:i:\music*.*

执行此操作后，文件夹的名称没有变化，而其内的子文件夹和文件的文件名均以蓝色标识，表明文件夹没有被压缩，但是其中的子文件夹和文件已被压缩。

7. 如何删除指定目录的压缩属性但不更改该目录中任何文件的压缩状态

如果要删除 I:\music 目录的压缩属性，但不更改该目录中任何文件的压缩状态，则输入如下命令后按 Enter 键：

compact /u I:\music

如果既要删除 I:\music 目录中其他子目录的压缩属性，还要删除 I:\music 目录的压缩属性，则输入如下命令后按 Enter 键：

compact /u /s I:\music

8. 如何压缩指定目录及其内的所有子目录中某一类型的文件

如果要压缩目录 J:\Temp 和其内的所有子目录中扩展名为.bmp 的文件，但不修改这些目录的压缩属性，则输入如下命令后按 Enter 键：

compact /c /s:e:\temp*.bmp

9. 如何设置根文件夹和该卷上所有文件夹的压缩状态，并将该卷上的每个文件压缩

如果要设置 C 盘根文件夹和该卷上所有文件夹的压缩状态，并将该卷上的每个文件压缩，则在该卷的根文件夹下输入如下命令后按 Enter 键：

compact /c /I /s:\

/i 参数可以确保出错消息不会中断压缩过程。

同理，解压缩卷则可以在根文件夹下输入如下命令后按 Enter 键：

compact /u /I /s:\

7-10　convert——分区系统类型转换

1. convert 命令的功能是什么

convert 命令的功能就是将 FAT 和 FAT32 卷转换为 NTFS 卷。

2. convert 命令的语法是怎样的

convert 命令的语法形式为：

convert [volume]/fs:ntfs[/v][/cvtarea:FileName][/nosecurity][/x]

3. convert 命令的参数各有什么作用

volume：指定驱动器号（其后要紧跟冒号）、装入点或要转换为 NIFS 的卷名。Windows Seiwer 2003 中的服务器群集支持卷，这是卷上的一些目录，应用程序可以使用这些目录来“装入”不同卷，也就是说对它进行设置，以供用户在指定的位置使用。

/fs:ntfs：必须将卷转换为 NTFS。

/v：指定详细模式，即在转换期间将显示所有的消息。

/cvtarea:FileName：仅适用于高级用户。指定将主控文件表（MFT）以及其他 NTFS 元数据文件写入相邻的现存占位符文件中。该文件必须位于要转换的文件系统的根目录下。如果使用/cvtarea 参数，可以使转换后的文件系统具有较少的碎片。为了得到最佳结果，该文件的大小最好为 1KB 与文件系统中文件和目录数量的乘积，虽然，该转换工具也接受任意大小的文件。如果文件系统中文件数量为 X，目录数量为 Y，那么该文件的大小则为 XYKB。在运行 convert 命令之前，首先必须使用 fsutil file createnew 命令创建占位符文件（convert 命令并不创建此文件）。convert 使用 NTFS 元数据覆盖此文件。完成转换后，会释放此文件中所有未被使用的空间。

/nosecurity：将转换后的文件和目录的安全性，设置为每个人都可访问。

//x：如果需要，使用该参数可在转换之前强行卸载卷。对该卷任何打开的句柄不再有效。句柄是 Windows 用来标识被应用程序所建立或使用的对象的，Windows 使用各种各样的句柄标识诸如应用程序实例、任务、菜单、字体、图标等等。

4. 使用 convert 命令要注意什么

（1）必须指定重新启动计算机时应该转换的驱动器。否则，将无法转换当前驱动器。

（2）如果 convert 无法锁定驱动器（系统卷、当前驱动器等），它会自动在下次重新启动计算机时转换该驱动器。

（3）与最初就使用 NTFS 进行格式化的卷相比，从 FAT 转换为 NTFS 的卷会缺少部分性能。在转换后的卷上，MFIT 可能会变得破碎。另外，转换后的启动卷上的 NTFS 权限不再适用。

（4）如果是 NTFS 转换为 FAT32 格式，除使用第三方软件外，我们可进入 Windows XP 的修复控制台，使用 Diskpart 命令将分区删除，然后重建以及格式化有关分区，这样此分区内的资料无法保留，此时应先将该分区上的文件进行备份。即使是使用第三方软件，将 NTFS 分区转换为 FAT32 格式，分区内的资料也可能损坏。

5. 如何将 FAT32 分区转换为 NTFS 分区

若欲将 FAT 或 FAT32 文件系统转换为 NTFS 文件系统，可以使用 Windows 2000/XP 的转换工具 convert。如果使用 convert 命令转换 Windows 2000/XP 安装所在的系统分区，则需要在下一次重新启动计算机时才可以转换。

如果若欲将驱动器 D 的文件系统由 FAT32 转换为 NTFS，则方法为：

（1）输入如下命令后按 Enter 键：

convert d:/fs:ntfs/v

此时系统要求输入该逻辑驱动器卷标，以进行确认。

（2）输入卷标并回车，文件系统开始转换，并很快执行完毕。

卷标输入错误，将不执行分区格式转换操作。可以使用 dir 命令查看磁盘分区的卷标，在命令提示符下输入 dir /x:（x 为欲查看卷标的分区）。

6. 如何将 FAT 分区转换为 NTFS 分区

在 Windows XP/2000 下，利用 convert 命令转换分区（由 FAT 格式转换为 NTFS），并不会影响磁盘分区上数据的存在。下面以将 FAT 格式的 G 盘转换为 NTFS 分区格式为例予以说明。

（1）在命令提示符后输入如下命令再按 Enter 键：

convert g:/fs:ntfs/V

此时系统会提示输入欲转换驱动器的卷标。

（2）在“输入驱动器 G：的当前卷标”的后面输入“本地磁盘”（磁盘分区的默认卷标），进入输入当前卷标界面。

（3）按 Enter 键后，系统开始转换，转换时间因分区容量大小的不同而有所差异。

7. 如何转换系统分区

若欲转换操作系统安装所在的分区（系统分区），则上述过程是稍有不同，方法为：

（1）在命令提示符下输入如下命令再按 Enter 键：

convert c:/fs:ntfs

此时系统提示由于另外一个程序（windows）正在使用该卷，无法转换，是否卸载该卷。

（2）输入 N 后按 Enter 键，不卸载系统卷。然后系统会提示转换过程不能独占系统分区的访问，是否在下次重新启动计算机时转换。

（3）输入 Y 后按 Enter 键。此时提示下一次重新启动计算机时，转换操作会自动进行。

（4）关闭命令提示符，重新启动计算机，即可进行文件系统的转换。该过程无须用户干预，转换完成之后将自动启动到 Windows 系统。

7-11　debug——调试

1. debug 命令的功能是什么

debug 命令是一个可用于测试和调试 MS-DOS 可执行文件的程序。如果在不含参数的情况下使用，则 debug 会启动 debug.exe 并显示 debug 提示符，该提示符用连字符（-）表示。

2. debug 命令的语法是怎样的

debug 命令的语法形式为：

debug [[Drive:][Path]FileName[parameters]]

3. debug 命令的参数各有什么作用

[Drive:][Path]FileName：指定要测试的可执行文件的位置和名称。

Parameters：指定要测试的可执行文件所需要的任何命令行信息。

?：显示 debug 子命令列表。

4. 使用 debug 命令要注意什么

（1）Windows 2000/XP 的 Debug 模式。打开启动分区的“boot.ini”文件，接着在“multi（0）disk（0）rdisk（0）partition（1）\WINNT=“Microsoft Windows 2000 Professional”/fastdetect”语句后面加一个空格，然后再输入“/DEBUG”，在启动 Windows 2000/XP 时调入系统中的除错程序，可以在任何时间激活，这个参数可以用来解决有规律发生的错误。如果设置为“/CRASHDEBUG”，那么在系统核心没有发生错误之前不会生效，如果遇到随机的内核错误，就会帮我们除错。

（2）使用 MS-DOS 子系统命令。debug 是运行在 WOW/NTVDM 下的 MS-DOS 子系统命令。

（3）分隔命令参数。参数之间可以使用逗点或空格分隔，然而只有在两个十六进制值之间才需要这些分隔符。如果以下命令是等价的：

dcs：100 110

d CS：100 110

d，CS：100，ll0

5. 如何破解 BIOS 密码

忘记 BIOS 密码，一般都采用放电法来清空密码，但这对普通用户有一定难度，并且还得开机箱。其实利用 Debug 的 0 命令则简单得多！请在“-”后输入以下命令：

o 70 19

o 71 15

q

重启电脑，系统提示 CMOS 校验和出错，并要求重新进入 BIOS 设置 CMOS。

提示!!

70 和 71 是 CMOS 的两个端口，我们可以在它们的后面随意写入一些错误数据（如 19、16、17 等），就会清空 CMOS 里所有设置，如果不见效不妨多用几个数据试试。

如果觉得每次输入 debug 命令太麻烦，可以用下面的方法把命令保存为一个 COM 文件，需要解除密码时只要运行一下就行了。请在 debug 中命令提示符“-”后输入以下命令：

A 100

MOV DX,70

MOV AL. 10

OUT DX,AL

MOV DX,71

MOV AL. 01

OUT DX,AL（这里要两次回车，接着会出现“-”提示符，然后再输入下面的命令）

R CX（回车后会出现“CX 0000”，然后再次按回车）

0C

N biospass.COM

W

Q

这样就会在 debug 当前目录下生成 biospass. com，是一个清除 BIOS 口令设置的程序，只要在 DOS 提示符下输入“biospass”，然后按回车键即可。

6. 如何清除硬盘驱动器的所有信息

通常情况下，清除硬盘信息用 fdisk 便可以完成。如果由于特殊原因（如病毒侵害、高版本 Windows 分区等），fdisk 命令无法删除分区信息，甚至一运行 fdisk 就死机，那么就不得不求助于 debug 了。通过下面的命令，可以清除硬盘上所有分区信息。

C:\>debug

F 200L1000 0

ACS：100

xxx/x:0100 MOV AX,301

xxx/x:0103 MOV BX,200

xxx/x:0106 MOV CX 1

xxx/x:0109 MOV DX,80（注意：80 代表主盘，81 代表从盘）

xxx/x:010C INT 13

xxx/x:010E INT 20

xxx/x:0110

g

Program terminated normally

q

以上程序执行完毕后，重启电脑，此时硬盘的分区信息都已经被清除，我们便可以使用 fdisk 为硬盘进行重新分区，然后格式化即可正常使用了。

7. 如何删除所有分区

若欲快速删除所有分区，那么可将以下命令保存到一个文本文件中（如 Delpart.txt）：

a 100 int13rax

0301

rbx

0200

f2001200 0

rcx

0001

rdx

0080

p

q

然后在纯 DOS 中执行如下命令：

debug<Delpart.txt

8. 如何拯救软盘数据

当插入软盘后，系统提示“该软盘没有格式化”时，往往是软盘的 0 面 0 道 1 扇区逻辑损坏的原因。借助以下操作，通常可以解决问题：

（1）将一张好的软盘插入软驱。

（2）执行 Debug，并在提示符“-”后输入以下命令：

-L 100 0 0 1

（3）将好的软盘取出，插入需要恢复的软盘，再输入以下命令：

-W 100 001

不过，如果 0 面 0 道 1 扇是物理损坏，debug 会告诉我们不能写盘，这时，您只能再尝试 HD-COPY 等工具软件了。

9. 如何清除硬盘的主引导记录

如果 fdisk 不能识别硬盘，或在电脑启动时出现没有硬盘的错误提示，如：“Fixed disk 0 Failure”，那么可以试试下面的方法，但是要注意的是，这样会删除所有硬盘分区（包括非 DOS 分区），当然数据也会全部丢失。

（1）制作一张启动软盘，其中包括：DEBUG、FDISK、FORMAT 等程序。用它启动电脑，在提示符后输入 debug 并按 Enter 键。

（2）在 debug 的命令提示符“-”后输入以下命令：

```
FCS：200 400 0
RAX
0301
RBX
0600
RCX
0001
RDX
0080
E 100 CD 13
P
Q
```

（3）完成后，分别运行 fdisk 和 format 进行分区和格式化即可。

10. 如何完全低级格式化硬盘

由 debug 通过中断指令来调用 BIOS，借助 INT 13H 中断的 7 号功能，也可以对硬盘进行低级格式化。

-a 100

mov ax，0703：交叉因子为 3

mov cx，0001：0 磁道 0 扇区起

mov dx，0080；C 盘 0 磁道

int 13

int 3

010D

G 100

11. 如何调用 BIOS 完全低级格式化硬盘

有些主板的 BIOS 中已经存放着低格程序，因此，可以直接用 debug 来调用，命令为“g c800：0005”。

a:/>debug -g c800：0005

屏幕显示系统提示信息（不同版本的 BIOS 显示的信息不一样），回车后提示：

current interleave is 3 select new interleave or return fot current

要求用户选择交叉因子，按回车键表示取默认值，系统提示：

Are you aynameically configuring the drive-answer Y/N

Press “Y” tobegin formatting the drive c：with interleave03

输入“Y”后，开始低格操作。

Formatting

低格完成后，系统询问是否处理坏磁道：

Do you want to format bat trackanswer Y/N?

如没有坏道，则输入“N”，系统提示：

Format successful，system will new restart，insert dos diskette in dirve a：

插入系统盘到 A 驱，即可进行分区，高级格式化等操作。

12. 快速低级格式化硬盘

对硬盘调用 INT 13H 的 5 号功能只能低格 0 面 0 道 1 扇区，而不必低格整个硬盘，从而使低格在很短的时间内完成。

-a 100

mov ax，0500：调用 5 号功能

mov bx，0180：设置缓冲区地址

```
mov cx，0001：0 道 1 扇区起
mov dx.0080：C 盘 0 磁道
int 13
int 3
E0180 0 00002；写入参数
G 100
```

13. 硬盘启动失败怎么办

在使用正常的电脑上格式化一张软盘，无其他数据，然后进入debug：

```
-L 0 201
-W 0001
-Q
```

用系统盘启动故障机后，再进入 debug：

```
-L O 001
-W O201
-Q
```

14. 如何保存与恢复 DOS 引导扇区的数据

DOS 引导程序是被读到内存 0000：7C00 初开始执行的。

进入 Debug，获得正常的引导程序：

```
-L 100 2 0 1
-N AOSBOOT,COM
-R CX
：200
-W
-Q
```

进入 Debug，装入引导程序：

```
-N AOSBOOT.COM
-L
-R CX
：200
```

-W 100 201

-Q

15. 如何保存与恢复硬盘主引导扇区数据

硬盘工作正常时读取主引导扇区信息。需要注意的是，在分区改变时不能用此数据恢复。

进入 Debug，保存主引导扇区数据：

```
-A100
MOV AX.  0201
MOV BX.  0110
MOV CX.  0001
MOV DX.  0080
INT 13
INT 3
-G=100
-E 102 3
-E 10E C3
-R BX
BX 0110
:0
-R CX
CX 0001
：210
-N A：RBOOT,COM
-W
-Q
```

若欲恢复主引导扇区数据时，只需运行 A 盘的 RBOOT,COM 即可。

16. 如何备份、恢复硬盘分配表

计算机运行正常时，进入 debug 备份分配表：

```
-L 100 2 0 1
-N ABRUPDAT
```

```
-R CX
F
C:200
-W
```

在系统瘫痪或需要时，进入 Debug 恢复硬盘分配表：

```
-N ABRUP,DAT
-L
-W 100 201
-Q
```

7-12　defrag——磁盘碎片整理

1. defrag 命令的功能是什么

零碎的文件和文件夹不仅影响磁盘的读取速度，严重时还会造成文件的损坏。defrag 命令用于定位并整理本地卷上零碎的文件、文件夹。

2. defrag 命令的语法是怎样的

defrag 命令的语法形式为：

```
defrag volume
defrag volume[/a]
defrag volume[/a][/v]
defrag volume[/v]
defrag volume[/f]
```

3. defrag 命令的参数各有什么作用

volume：将执行磁盘碎片整理的卷的驱动器号或装入点。

/a：分析卷并显示分析报告的摘要。

/v：显示完整的分析和碎片整理报告。与/a 组合使用时，只显示分析报告。单独使用时，则显示分析报告和碎片整理报告。

/f：强制对卷进行碎片整理，而不管该卷是否需要进行碎片整理。

/?：在命令提示符下显示帮助。

4. 使用 defrag 命令要注意什么

（1）所需整理的卷必须有至少 15%的可用空闲空间，defrag 命令才能完整和充分地整理它的磁盘碎片。defrag 使用该空间作为文件碎片的排序区域。如果卷有少于 15%的可用空间，则 defrag 只能部分地整理其碎片。删除不需要的文件或将其移至其他磁盘，可以增加卷的可用空间。

（2）无法对文件系统（可能已经损坏）已作废的卷进行碎片整理。使用 fsutildirtyquery 命令可查看卷是否作废。

（3）当 defrag 正在分析并整理卷的碎片时，将显示闪烁光标。当 defrag 完成分析并整理卷的碎片时，将显示分析报告、碎片整理报告、或两者的报告，然后返回命令提示符状态。

（4）如果不指定参数/a 或/V，则在默认情况下，defrag 将综合显示分析报告和碎片整理报告。

（5）输入//ename.txt 参数，可以将报告发送到文本文件中。其中 fo;ename.txt 是指定文件的名称（文件名可以自定义），例如：defrag volume/vfilename.txt。

（6）要中断碎片整理进程，应在命令行处按 CTRL+C 键。

（7）运行 defrag 命令和运行“磁盘碎片整理程序”相互排斥。如果在 Windows 下使用“磁盘碎片整理程序”来整理卷，并在命令行提示符处运行 defrag 命令，则 defrag 命令将会失败。相反，如果运行 defrag 命令，并打开磁盘碎片整理程序，则磁盘碎片整理程序中的碎片整理选项不可用。

5. 如何进行磁盘碎片整理

如果某计算机的操作系统是 Windows XP，由于长期没有进行磁盘碎片整理，最近该计算机的运行速度明显地慢了下来。现在要对其进行磁盘碎片整理，方法为：

（1）在提示符后输入如下命令后按 Enter 键：

```
defrag C:
```

磁盘碎片整理完成后，可以看到如图 7-8 所示的界面。

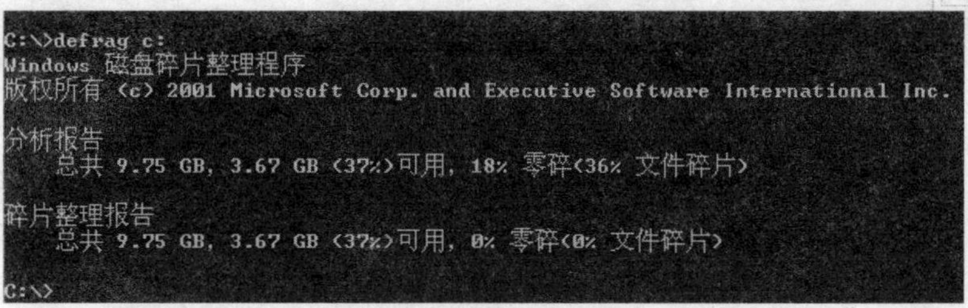

图 7-8

（2）以同样的办法继续对其他盘进行碎片整理。

> 提示：如果对磁盘分区进行整理的时候出现类似"卷（C:）只有5%可被磁盘碎片整理程序使用（由于保留系统空间）。要有效运行，磁盘碎片整理程序需要至少 15%的可用空间。磁盘空间不足，无法完成操作。从磁盘上删除一些不需要的文件，然后再试。"的提示，表示该分区的空间少于 15%。只有硬盘分区空间大于 15%，defrag 才能完整和充分地整理它的磁盘碎片。如果分区只有少于 15%的可用空间，defrag 只能部分地整理其碎片。

（3）如果不想删除文件，就要强制对卷进行碎片整理，只要加上参数 /f 即可。输入如下命令后按 Enter 键：

C：>defrag C:/f

6. 如何对驱动器进行分析并显示分析报告

如果要对驱动器 C 进行分析并显示分析报告，则输入如下命令后按 Enter 键：

defrag C:/a|v

7. 如何对驱动器进行碎片整理并显示碎片整理报告

如果要对驱动器 C 进行碎片整理并显示碎片整理报告，则输入如下命令后按 Enter 键：

defrag C:/v

7-13 device——将驱动程序加载到内存

1. device 命令的功能是什么

device 命令的功能是将指定的设备驱动程序加载到内存。

2. device 命令的语法是怎样的

device 命令的语法形式为：

device=[Drive:][Path]FileName[dd-parameters]

3. device 命令的参数各有什么作用

[Drive:][Path]FileName：指定要加载的设备驱动程序的位置和名称。需要 FileName。

[dd-parameters]：指定设备驱动程序所需要的任何命令行信息。

/?：在命令提示符下显示帮助。

4. 使用 device 命令要注意什么

（1）使用 systemroot\System32\Config.sys 文件或某个程序的程序信息文件（PIF）中指定的等价启动文件加载 MS-DOS 子系统的设备驱动程序。

（2）device 命令只能用于 Windows 98/Me 的命令提示符环境下，而不能用于 Windows XP/2003 的命令提示符环境下。

5. 如何在 DOS 下制作启动光驱的启动软盘

device 命令的作用就是可以加载设备的驱动程序，以使系统在启动后能使用某些设备。例如我们的计算机只能进入 DOS 状态，但又需要用到光驱，这时就可以制作一张启动光驱的启动软盘，在系统配置文件中加载光驱的驱动程序到内存中，以便在 DOS 下也可以使用光驱。

（1）首先准备一张软盘，并在 DOS 状态下输入如下命令后按 Enter 键创建 DOS 启动盘：

sys A：

（2）在软盘上创建 Autoexec.bat 和 Config.sys 两个文件，或直接复制 C 盘根目录上的这两个文件。

（3）从 Windows 中复制这几个文件：Msdos.sys，himem.sys，mscdex.exe 和 oakcdrom.sys 到软盘上。其中，mscdex.exe 和 oakcdrom.sys 这两个文件位于 Windows 98/Me 所在系统安装盘符的 windows\command\3 文件夹下。

（4）打开 Config.sys 文件并加入下面命令行：

device=himem.sys

device=oakcdrom.sys/d:mscdxxx

（5）打开 Autoexec.bat 文件并输入如下命令：

A:krnscdex.exe/d:mscdXXX

（6）最后用这张软盘启动计算机，当启动系统时就会自动把光驱的驱动程序加载到内存中，光驱有了驱动程序就可以工作，也就可以在 DOS 下使用光驱了。

7-14 devicehigh——加载驱动程序到高内存区

1. devicehigh 命令的功能是什么

devicehigh 命令的功能是加载设备驱动程序到高内存区，它可提供更多的常规内存供其他程序使用。若无高内存区，则 devicehigh 命令等价于 device 命令。

2. devicehigh 命令的语法是怎样的

devicehigh 命令的语法形式为：

devicehigh=[Drive:][Path]FileName[dd-parameters]

devicehigh size=hexsize[Drive:][Path]FileName[dd-parameters]

3. devicehigh 命令的参数各有什么作用

[Drive:][Path]FileName：指定要加载到高端内存区域的设备驱动程序的位置和名称。需要 Filename。

dd-parameter：指定设备驱动程序所需要的任何命令行信息。

Hexsize：必需。指定在 devicehigh 尝试将设备驱动程序加载到高端内存区之前必须可用的最小内存（字节数，十六进制格式）。必须同时使用 size 和 hexsize，见第二个语法行所示。

/?：在命令提示符下显示帮助。

4. 使用 devicehigh 命令要注意什么

（1）devicehigh 命令只能用在 Config.sys 文件中。

（2）若要使用 devicehigh 命令，则必须在 Config.sys 文件中包含 DOS=UMB 命令。如果没有指定该命令，则所有的设备驱动程序将装载到常规内存。

（3）加载设备驱动程序到高内存区，计算机就必须有扩充内存。用户必须首先使用 device 命令安装 Himem.sys 驱动程序，然后再安装高内存块（UMB）支持程序。在 Config.sys 文件中，这些命令必须出现在 devicehigh 之前。如果没有足够的高内存区来装载设备程序，MS-DOS 将设备驱动程序装载到常规内存（这样则等价于 device 命令）。

（4）devicehigh 与 device 命令有些类似，就是都可以把程序加载到内存中，但又有所不同，devicehigh 命令是将程序加载入高端内存，而 device 命令则是将程序加载到常规内存中。

5. 如何将设备驱动程序加载到高端内存区之中

如果要将名为 Mydriv.sys 的设备驱动程序加载到高端内存区之中，则在 Config.sys 或等价的启动文件中输入如下命令：

```
device=c:\winnLt\system32\himem.sys
dos=umb
devicehigh=mydriv.sys
```

7-15 diskcomp——磁盘比较

1. diskcomp 命令的功能是什么

diskcomp 命令的功能是比较两张软盘的内容。如果没有指定参数，diskcomp 就会使用当前驱动器来比较两张软盘。

2. diskcomp 命令的语法是怎样的

diskcomp 命令的语法形式为：

diskcomp [drivel:[drive2:]]

3. diskcomp 命令的参数各有什么作用

drive1：指定包含其中一个软盘的驱动器。

drive2：指定包含其他软盘的驱动器。

/?：在命令提示符下显示帮助。

4. diskcomp 命令能否用于硬盘

diskcomp 命令只应用于软盘。diskcomp 命令不能用于硬盘。如果指定 drive1 或 drive 2 的硬盘驱动器，diskcomp 将显示如图 7-9 所示的错误消息。

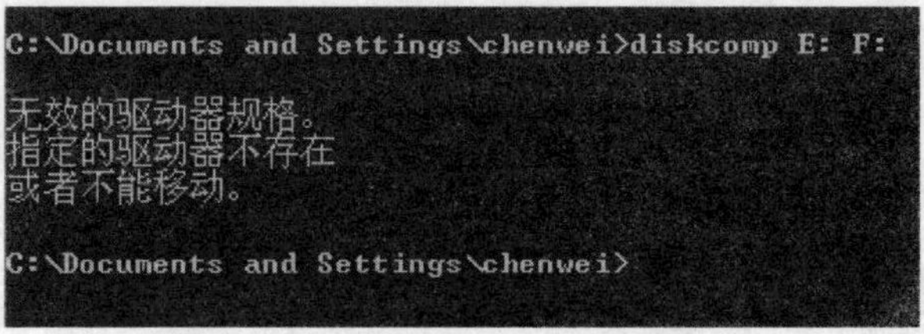

图 7-9

5. 比较磁盘时要注意什么

用该命令比较磁盘时，不是对文件进行逐个比较，而是以磁道对磁道的方式逐个加以比较，一直到比较完所有磁道为止。

（1）如果两个被比较的磁盘中所有磁道均相同，diskcomp 将显示下列消息：

Compare OK（比较无误）

（2）如果磁道不同，diskcomp 将显示与下面类似的消息：

Compare error on side 1，track 2（在第一面的第二个磁道上比较出错）

（3）当 diskcomp 完成比较时，它显示下列消息：

Compare another diskette（Y/N）？ （还要比较其他的磁盘吗?）

①如果按 Y 键，Discopy 将提示插入用于下一次比较的磁盘。

②如果按 N 键，diskcomp 将停止比较。

提示!! diskcomp 在比较磁盘时，它会忽略磁盘的卷标。

6. 省略驱动器参数时会出现什么情况

（1）如果省略 drive 2 参数，diskcomp 将把当前驱动器作为 drive 2 驱动器。

（2）如果省略 drive1 和 drive2 驱动器参数，diskcomp 将使用当前驱动器作为这两个参数。

（3）如果当前驱动器与 drive1 相同，diskcomp 会提示用户根据需要交换磁盘。

7. 使用一个驱动器做比较时会发生什么事情

如果为 drive1 和 drive 2 指定相同的软盘驱动器，diskcomp 将使用一个驱动器并在需要时提示插入磁盘来进行比较。根据磁盘容量和可用内存大小，可能需要多次交换磁盘。

8. Diskcomp 能否比较不同类型的磁盘

diskcomp 不能比较单面磁盘和双面磁盘，也不能比较高密度磁盘和双密度磁盘。如果 drive 1 中的磁盘与 drive 2 中的磁盘类型不同，diskcomp 将显示下列消息：

Drive types or diskette types not compatible（驱动器类型或磁盘类型不兼容）

9. 能否对网络和重定向驱动器使用 diskcomp

diskcomp 不能在网络驱动器或由 subst 命令创建的驱动器上工作。如果要将 diskcomp 用于其中的任何类型的驱动器，diskcomp 将显示如下错误信息：

Invalid drive specification（无效驱动器规格）

10. 将原始磁盘与其副本进行比较时会发生什么事情

当在利用 copy 制作的磁盘中使用 diskcomp 时，diskcomp 可能显示类似于下面的消息：

Compare error on side 0，track 0（在第零面的第零个磁道上比较出错）

即使磁盘上的文件相同，也可以发生这种类型的错误。尽管 copy 复制信息，但因为它不必将信息存放在目标磁盘上的相同位置。

11. diskcomp 退出代码各有什么含义

表 7-3 列出了每个退出代码和简单描述。

表 7-3

退出代码	说　明
0	磁盘相同
1	找到差异
3	出现了硬错误
4	出现了初始化错误

提示!!

要处理 diskcomp 返回的退出代码，可以在批处理程序中的 if 命令行上使用 errorlevel 参数。

7-16 driverquery——查看设备驱动程序

1. driverquery 命令的功能是什么

driverquery 命令的功能是显示所有已安装的设备驱动程序及其属性的列表。

2. driverquery 命令的语法是怎样的

driverquery 命令的语法形式为：

driverquery[/s Computer][/u Domain\User/p Password][/fo{TABLE|LIST|CSV}][/nh][/v][/si]

3. driverquery 命令的参数各有什么作用

/s Computer：指定远程计算机名称或 IP 地址（不能使用反斜杠）。默认值是本地计算机。

/u Domain\User：运行具有由 User 或 Domain\User 指定的用户的账户权限的命令。默认值是当前登录发布命令的计算机的用户权限。

/p Password：指定用户账户的密码，该用户账户在/u 参数中指定。

/fo{TABLE|LIST|CSV}：指定显示驱动程序信息的格式。有效值为 TABLE、LIST 和 CSV。输出的默认格式为 TABLE。

/nh：省略显示的驱动程序中的标题行。当/fo 参数设置为 TABLE 或 CSV 时有效。

/v：指定显示详细驱动程序信息。

/si：显示已签名和未签名的设备驱动程序的数字签名信息。

/?：在命令提示符下显示帮助。

4. 如何显示硬件设备的安装信息

如果要显示硬件设备的安装信息，包括模块名、显示名、驱动程序类型以及链接日期，那么在命令提示符下，输入如下命令后按 Enter 键：

driverquery

运行结果如图 7-10 所示。

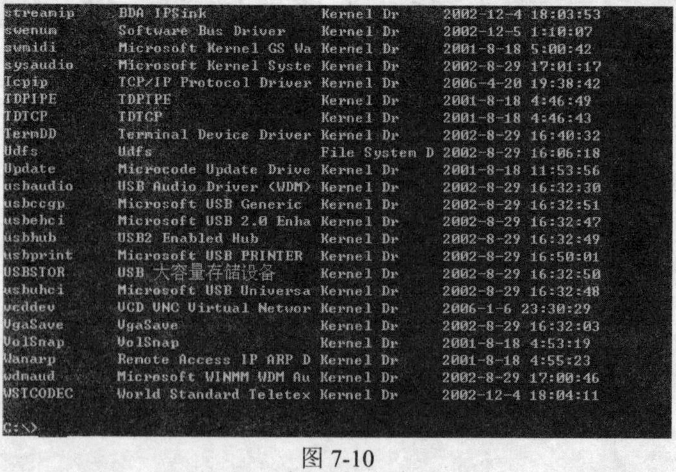

```
streamip    BDA IPSink              Kernel Dr      2002-12-4 18:03:53
swenum      Software Bus Driver     Kernel Dr      2002-12-5 1:10:07
swmidi      Microsoft Kernel GS Wa  Kernel Dr      2001-8-18 5:00:42
sysaudio    Microsoft Kernel Syste  Kernel Dr      2002-8-29 17:01:17
Tcpip       TCP/IP Protocol Driver  Kernel Dr      2006-4-20 19:38:42
TDPIPE      TDPIPE                  Kernel Dr      2001-8-18 4:46:49
TDTCP       TDTCP                   Kernel Dr      2001-8-18 4:46:43
TermDD      Terminal Device Driver  Kernel Dr      2002-8-29 16:40:32
Udfs        Udfs                    File System D  2002-8-29 16:06:18
Update      Microcode Update Drive  Kernel Dr      2001-8-18 11:53:56
usbaudio    USB Audio Driver (WDM)  Kernel Dr      2002-8-29 16:32:30
usbccgp     Microsoft USB Generic   Kernel Dr      2002-8-29 16:32:51
usbehci     Microsoft USB 2.0 Enha  Kernel Dr      2002-8-29 16:32:47
usbhub      USB2 Enabled Hub        Kernel Dr      2002-8-29 16:32:49
usbprint    Microsoft USB PRINTER   Kernel Dr      2002-8-29 16:50:01
USBSTOR     USB 大容量存储设备       Kernel Dr      2002-8-29 16:32:50
usbuhci     Microsoft USB Universa  Kernel Dr      2002-8-29 16:32:48
vcddev      UCD UNC Virtual Networ  Kernel Dr      2006-1-6 23:30:29
VgaSave     VgaSave                 Kernel Dr      2002-8-29 16:32:03
VolSnap     VolSnap                 Kernel Dr      2001-8-18 4:53:19
Wanarp      Remote Access IP ARP D  Kernel Dr      2001-8-18 4:55:23
wdmaud      Microsoft WINMM WDM Au  Kernel Dr      2002-8-29 17:00:46
WSTCODEC    World Standard Teletex  Kernel Dr      2002-12-4 18:04:11

C:\>
```

图 7-10

5. 如何显示远程计算机上的某位用户的详细驱动信息

如果要显示远程计算机 serverpc 上的用户 jzxh 的详细驱动信息，则输入如下命令后按 Enter 键：

driverquery /s serverpc/u jzxh/v

> 提示!! 显示远程计算机驱动信息必须要服务器是可用的。RPC（Remote Procedure Call）是 Windows 操作系统使用的一种远程过程调用协议，RPC 协议提供一种进程间的交互通信机制，它允许本地机器上的程序进程在远程系统中无缝地使用代码。

6. 如何以 list 格式显示远程计算机某个域中的带有密码的用户的设备驱动信息和属性

如果要以 list 格式显示远程计算机 serverpc 上域 company 中的用户 hz 的设备驱动信息和属性，并且用户密码为 password，则输入如下命令后按 Enter 键：

driverquery /s serverpc/u company\hz /p password/fo list

7-17 echo——回显

1. echo 命令的功能是什么

echo 命令的功能是打开或者关闭回显功能（即允许或禁止命令在屏幕上显示），或显示提示消息。如果没有任何参数，echo 命令将显示当前回显设置。

2. echo 命令的语法是怎样的

echo 命令的语法形式为：

echo [{on|off}][message]

3. echo 命令的参数各有什么作用

On：显示所执行的每个命令。

Off：不显示命令行，只显示命令的输出结果。

Message：要显示的提示信息。

/?：在命令提示符下显示帮助。

4. 使用 echo 命令时要注意什么

（1）当回显关闭时可以使用 echo message 命令。要显示几行长的消息而不显示其他命令，可以在批处理程序的 echo off 命令后包含几个 echo message 命令。

（2）如果使用 echo off，屏幕上就不会出现命令提示符。要显示命令提示符，应输入 echo on。

（3）要避免回显某行，应在批处理程序中的命令前面插入 at 符号（@）。

（4）要在屏幕上回显空白行，可以在 echo 后面加上一个“ .”，也就是“echo.”，其中后面的“ .”号要紧跟在 echo 的后面，不能有空格。另外，“ .”符号也可以用其他符号，如 ， ： ； ” / [\ ] +等代替。

（5）当使用 echo 命令时，要显示管道（I）或重定向字符（<或>），应管道（|）或重定向字符（例如， ^ >、^ <或， ^ |）的前面使用脱字符（ ^ ）。如果需要使用脱字符（ ^ ），应输入两个脱字符（ ^ ^ ）。

（6）echo 的作用和@命令有些相似，都是禁止命令在屏幕上显示。但又有许多不同，@只能禁止一行命令的显示，而运行“echo off”时，该命令行下所有运行的批处理命令都不会显示，而且如果将@加在“echo off”的前面，运行时连 echo 命令都不会显示。

5. 如何只让某一行命令显示在屏幕上

在批处理文件运行的时候，屏幕上并没有显示 Autoexec.bat 文件中的命令，主要就是因为用了 echo 命令，在批处理文件的首行加上 echo off 命令，即：

```
@echo off
```

这样就可以禁止批处理程序中的命令正文显示到屏幕上。

而如果只想让某一行命令显示在屏幕上，这时可以在这一行命令的前面加上 echo 命令即可，如果要显示暂停命令 pause 执行时的状态，则在 Autoexec.bat 中的 pause 命令前加上 echo，即：

echo pause

这样，当执行到 pause 命令时，就会在屏幕上显示出 pause 命令状态。

7-18 edlin——面向行的文本编辑器

1. edlin 命令的功能是什么

edlin 命令是一个可用于创建和更改 ASCII 文件的、面向行的文本编辑器。

2. edlin 命令的语法是怎样的

edlin 命令的语法形式为：

edlin [Drive:][Path]FileName[/b]

3. edlin 命令的各个参数有什么作用

[Drive:][Path]FileName：指定磁盘上的 ASCII 文件的位置和名称。需要 FileName。如果文件存在，edlin.exe 将打开该文件。如果文件不存在，使用 edlin 命令时，edlin.exe 将在内存中创建一个文件，并使用指定的位置和文件名在磁盘上创建文件。

/b：指定 edlin.exe 忽略文件结束符（CTRL+Z）。

?：显示 edlin 子命令列表。

4. 使用 edlin 命令要注意什么

（1）edlin 命令在 64 位操作系统上不可用。

（2）edlin.exe 是对内存中文本文件的每一行进行编号，可以使用 edlin.exe 插入、修改、复制、移动和删除文件行。如果要使用全屏编辑器，请使用 edit 命令。

（3）edlin.exe 每行最多容纳 253 个字符。

（4）可以使用多个 edlin 子命令。

（5）如果星号作为行上的唯一字符出现，它是 edlin*提示符，则可以在其后面输入 edlin 子命令。当星号出现在行上的某个行号之后时，它表明是插入点所在的行。

（6）文本页面是全屏信息。通过 25 行屏幕模式，edlin.exe 在每页上显示 24 行文本。每页的行数取决于使用的屏幕模式。

（7）如果要在内存中的文件里插入几行，应使用 i（insert）子命令。当完成插入行后，按 Enter 键然后按 Ctrl+C 停止插入模式。

5. 如何打开一个文件

如果要打开 C 盘根目录下的 Autoexec.bat 文件进行编辑，则在 C 盘根目录下输入如下命令后按 Enter 键：

```
edlin c:\autoexec.bat
```

在打开的窗口中就可以对该文件进行编辑了。

7-19　exit——退出命令行

1. exit 命令的功能是什么

exit 命令的功能是退出当前批处理脚本或 cmd.exe 程序（命令解释程序），并返回到已启动 cmd.exe 的程序或返回到“程序管理器”。

2. exit 命令的语法是怎样的

exit 命令的语法形式为：

```
exit [/b][ExitCode]
```

3. exit 命令的参数各有什么作用

/b：退出当前批处理脚本。

ExitCode：指定数字编号。

/?：在命令提示符下显示帮助。

4. 使用 exit 命令要注意什么

（1）如果在批处理脚本之外使用/b，就会退出 cmd.exe。

（2）如果使用/b，cmd.exe 将 ERRORLEVEL 设置为指定的

ExitCode。如果退出 cmd.exe，cmd.exe 则使用指定的 ExitCode 设置进程退出代码。

5. 如何关闭命令解释程序

要关闭命令解释程序 cmd.exe，则应输入如下命令后按 Enter 键：

exit

7-20　expand——解压缩文件

1. expand 命令的功能是什么

expand 命令的功能是展开一个或多个压缩文件。该命令用于从安装盘中检索压缩文件。

2. expand 命令的语法是怎样的

expand 命令的语法形式为：

expand [-r]Source[Destination]

expand-d Source.cab[-fifties]

expand Source.cab-fifties Destination

3. expand 命令的参数各有什么作用

-r：重命名扩展文件。

/d：显示源位置中的文件列表。不展开或提取文件。

-f:files：指定在 cab 文件（.cab）中要展开的文件。可以使用通配符（*和?）。

Source：指定要展开的文件。source 可由驱动器号和冒号、目录名、文件名或组合所组成。可以使用通配符（*和?）。

Destination：指定在何处展开文件。如果 source 是多个文件并且没有指定-r，则 destination 必须是目录。Destination 可由驱动器号和冒号、目录名、文件名或组合而组成。

/?：在命令提示符下显示帮助。

4. 使用 expand 命令要注意什么

（1）可以在“故障恢复控制台”中使用 expand 命令，并可使用各种参数。

（2）驱动程序 cab 文件包含成千上万的文件，其中包括由 Windows 提供的大部分驱动程序。将所有文件从 cab 文件展开到硬盘上需要花较长的时间和大量的磁盘空间。建议仅从该文件中提取需要的文件。

（3）如果没有指定目标，文件将被复制到当前目录。

（4）不能将软盘驱动器或 CD-ROM 等可移动媒体指定为目标。

5. 如何使用 expand 命令解压缩文件

下面举例说明 expand 命令解压缩文件的应用。

例 1：如果要将 vsafe.co_文件解压为 vsafe.com 文件，则在命令提示符下输入如下命令再按 Enter 键：

C:\>expand a:vsafe.co_ C:\DOS\vsafe.com

例 2：若要从安装光盘上的驱动程序.cab 文件（假设该文件在 D:\i386\driver.cab 下）中提取 msgame.sys 文件，并将其复制到 C:\Windows\System\Drivers 文件夹下，则在命令提示符下输入如下命令再按 Enter 键：

expand D:\i386\driver.cab\f:msgame.sys C:\Windows\system\drivers

提示!! “f:”参数的作用是指定要展开的文件。

例 3：如果要列出安装光盘上的驱动程序 cab（假设位于 D:\i386\下）文件中的所有文件，则在命令提示符下输入如下命令再按 Enter 键：

expand /d D:\i386\driver.cab

7-21 extract——从安装盘提取文件

1. extract 命令的功能是什么

在 Windows 98 的 DOS 环境中，可以使用 extract 命令直接从 Windows 98 安装盘中的 cab 文件中提取所需的文件。在 Windows XP/2000 系统中，expand 命令的作用与 extract 相同。

2. extract 命令的语法是怎样的

extract 命令的语法形式有如下 3 种：

extract [/y][/a][/d][/e][1 dir]cabinet[filename]

extract [/y]source[newname]

extract [/y][/c]source destination

3. extract 命令的参数各有什么作用

cabinet：指定 Windows 98 安装盘中的 cab 文件。

Filename：指定要从 cab 文件中解压缩的文件，可使用通配符或多个文件（以空格隔开）。

Source：包含一个文件的 cab 文件。

Newname：为解压后的文件命名，缺省用原文件名。

/y：覆盖已存在的文件时不再提示。

/a：处理全部 cab 文件，从指定的第一个 cab 文件开始。

/d：显示 cab 文件中所包含的文件的目录，不进行解压缩。

/e：解压缩，取代*.*，即解压缩所有的文件。

l dir：指定解压缩文件的位置，缺省为当前目录。

/c：复制 cab 文件。

4. 如何恢复误删文件

某电脑的开机蓝屏无法进入 Windows 98，还存在着下面这种情况：回收站误删并且被清空，或者被 deletree 误删，并且文件数目不多。要排除该故障，需要使用 Windows 98 启动盘启动计算机进行恢复。用到的 DOS 命令主要是 ext 和 extract。

（1）用 Windows 98 启动盘启动计算机，然后在 DOS 命令提示符下输入如下命令再按 Enter 键：

ext

（2）输入如下命令后按 Enter 键：

C:\mybak\pwin98\win98（Windows 98 的安装目录，按自己目录中实际情况输入即可）

（3）输入如下命令后按 Enter 键：

ifshlp.sys

（4）输入如下命令后按 Enter 键：

C:\Windows

（5）输入如下命令后按 Enter 键：

y

（6）直到又出现 A:\>，拿出软盘后重新启动计算机即可。

5. 如何排除死机故障

Windows 98 死机后，使用启动盘和安装光盘重新启动计算机。屏幕提示 C:\Windows\system 下的 ios.vxd 文件丢失，而 ios.vxd 文件位于安装光盘 Win98 文件夹下的 win98_62.cab 压缩包里。重新引导到 MS DOS 模式，输入如下命令后按 Enter 键：

Extract /y win98_62.cab ios.vxd

重新启动后即恢复正常。

7-22 format——磁盘格式化

1. format 命令的功能是什么

format 命令的功能是格式化指定卷中的磁盘，创建磁盘的新根目录和文件系统。该命令也可以检查磁盘上的损坏区域，并且可以删除磁盘上的所有数据。

2. format 命令的语法是怎样的

format 命令的语法形式为：

format volume [/fs:file-system][/v:label][/q][/a:UnitSize][/e][/x]

format volume [/v:label][/q][/f:size]

format volume [/v:labeO[/q][/t:tracks /n:sectors]

format volume [/v:label][/q]

format volume[/q]

3. format 命令的参数各有什么作用

volume：指定要格式化的驱动器的装入点、卷名或驱动器号。如果不指定以下的任何命令行选项，format 将使用卷类型来决定磁盘的默认格式。

"/fs:file.system"：指定要使用的文件系统：FAT、FAT32 或 NTFS。软盘只能使用 FAT 文件系统。

"/v:label"：指定卷标。如果省略/v 命令行选项或使用它而不指定卷标，format 将在格式化完成后提示输入卷标。使用语法/v：来防止提示输入卷标。如果利用一个 format 命令格式化多个磁盘，则对所有磁盘指定相同的卷标。有关磁盘卷标的详细信息，应单击"相关部分"列表中的 Dir、Label 和 Vol。

"/a:UnitSize"：指定要在 FAT、FAT32 或 NTFS 卷上使用的分配单位大小。如果没有指定 UnitSize，将根据卷的大小进行选择。表 7-4 列出了 UnitSize 的有效值。

表 7-4

值	说　明
512	每个簇 512 字节
1 024	每个簇 1 024 字节
2 048	每个簇 2 048 字节
4 096	每个簇 4 096 字节
8 192	每个簇 8 192 字节
16K	每个簇 16K 字节
32K	每个簇 32K 字节

/q：执行快速格式化。删除以前已格式化卷的文件表和根目录，但不在扇区之间扫描损坏区域。使用/q 命令行选项应该仅格式化以前已格式化的完好的卷。

"/f:size"：指定要格式化的软盘大小。可能的话，使用此命令行选项取代/t 和/n 命令行选项。Windows 接受如下大小的值：

1 440 或 1 440k 或 1 440kb 或 1.44 或 1.44m 或 1.44mb

1.44 MB、双面、四倍密度的 3.5 英寸磁盘。

"/t:tracks"：指定磁盘上的磁道数。应尽可能使用/f 命令行选项来代替该命令行选项。如果使用/t 命令行选项，必须同时使用/n 命令行选项。这两个命令行项提供指定格式化磁盘大小的另一种方法。不能将/f 命令行选项与/t 命令行选项同时使用。

"/n:sector"：指定每个磁道上的扇区数。应尽可能使用/f 命令行选项来代替该命令行选项。如果使用/n 命令行选项，必须同时使用/t 命令行选项。这两个命令行项提供指定格式化磁盘大小的另一种方法。不能将/f 命令行选项与/n 命令行选项同时使用。

/c：仅限于 NTFS。默认情况下，在新卷上创建的文件将被压缩。

/x：如果需要，在格式化之前卸除卷。对该卷任何打开的句柄不再有效。

/?：在命令提示符下显示帮助。

4. 使用 format 命令要注意什么

（1）可在"故障恢复控制台"使用 format，并可带有各种参数。

（2）必须是 Administrators 组的成员才能格式化硬盘。

（3）format 命令创建磁盘的新根目录和文件系统。也可以检查磁盘上的损坏区域，并且它可以删除磁盘上的所有数据。要能够使用新磁盘，必须首先用此命令格式化磁盘。

（4）格式化软盘后，format 显示出下面的信息：

Volume label（11 characters，ENTER for none）?

卷标最多可以包含 11 个字符（包含空格）。如果不需要磁盘卷标，应按 ENTER 键。

（5）在使用 format 命令格式化硬盘时，format 在格式化硬盘之前显示下列格式的消息：

WARNING. ALL DATA ON nonremovable DISK

DRIVE /x:WILL BE LOST!

Proceed with Format（Y/N）?-

要格式化硬盘，应按 Y 键；如果不需要格式化硬盘，应按 N 键。您必须有管理员权限才能格式化硬盘。

（6）FAT 文件系统限制磁族数不得多于 65526。FAT32 文件系统将磁族数限制在 65527~4177917。对于大于 4096 的分配单元，不支持 NTFS 压缩方式。

（7）在格式化完成后，format 显示总磁盘空间、标记为错误的空间以及文件可用的空间的消息。

（8）通过/q 命令行选项可以加速格式化过程。只有在硬盘上没有坏的扇区时才能使用该命令行选项。

（9）不应该在通过使用 subst 命令准备的驱动器上使用 format 命令。不能通过网络格式化磁盘。

5. Format 的退出代码各有什么含义

表 7-5 列出了每个退出代码及其含义的简短说明。

表 7-5

退出码	说　　明
0	格式操作成功
1	提供了不正确的参数
3	发生致命的错误（除 0、1 或 5 以外的任何错误）
4	用户按 N 键将响应提示“Proceed with Format（Y/N）?”以停止过程

提示!! 通过使用 errorlevel 条件和 if 批处理命令，可以检查这些退出代码。

6. 如何快速格式化磁盘

如果硬盘已经被格式化，那么再次对它进行格式化时，就可以加上一个参数/q，进行快速格式化。比如要快速格式化 C 盘，则输入以下命令后按 Enter 键：

C：>format d:/q

确认格式化后，就可完成 D 盘的快速格式化。

顾名思义，快速格式化的速度会比较快。

7. 如何格式化新软盘

如果压迫以默认大小格式化驱动器 A 中的新软盘，则输入以下命令后按 Enter 键：

format a:

8. 如何快速格式已格式化的软盘

如果要快速格式化驱动器 A 中已格式化的软盘，则输入以下命令后按 Enter 键：

format a: /q

9. 如何格式软盘并要删除磁盘上的所有数据

如果要格式化驱动器 A 中的软盘，并要删除磁盘上的所有数据，则输入以下命令后按 Enter 键：

format a: /u

10. 如何格式软盘并指定卷标

如果要格式化驱动器 A 中的软盘，并将卷标指定为“DATA”，则输入以下命令后按 Enter 键：

format a: /v:DATA

7-23 help——帮助

1. help 命令的功能是什么

help 命令的功能是提供关于系统命令的联机信息（即非网络命令）。使用不带参数的 help 列举并简要描述每个系统命令。

2. help 命令的语法是怎样的

help 命令的语法形式为：

help [command]|[command]/?]

3. help 命令的参数有什么作用

command：指定需要有关信息的命令的名称。

4. 使用 help 命令要注意什么

有两种方法可以获得命令的联机帮助。可以输入 help command，或输入 command/?，两种方式的效果完全一样，不过，/?的输入要稍微快一些。

5. 如何查看有关命令的详细信息

如果要查看有关 dir 命令的详细信息，则在命令提示符下输入如下命令再按 Enter 键：

help dir

或：

dir/?

两种方法的运行结果是一样的，如图 7-11 所示。

```
C:\>help dir
Displays a list of files and subdirectories in a directory.

DIR [drive:][path][filename] [/A[[:]attributes]] [/B] [/C] [/D] [/L] [/N]
  [/O[[:]sortorder]] [/P] [/Q] [/S] [/T[[:]timefield]] [/W] [/X] [/4]

  [drive:][path][filename]
              Specifies drive, directory, and/or files to list.

  /A          Displays files with specified attributes.
  attributes   D  Directories                R  Read-only files
               H  Hidden files               A  Files ready for archiving
               S  System files               -  Prefix meaning not
  /B          Uses bare format (no heading information or summary).
  /C          Display the thousand separator in file sizes.  This is the
              default.  Use /-C to disable display of separator.
  /D          Same as wide but files are list sorted by column.
  /L          Uses lowercase.
  /N          New long list format where filenames are on the far right.
  /O          List by files in sorted order.
  sortorder    N  By name (alphabetic)       S  By size (smallest first)
               E  By extension (alphabetic)  D  By date/time (oldest first)
               G  Group directories first    -  Prefix to reverse order
  /P          Pauses after each screenful of information.
Press any key to continue . . .
```

图 7-11

7-24　loadhigh——高内存装载

1. loadhigh 命令的功能是什么

loadhigh 命令的功能是将一个程序加载到高端内存区域（UMA），为其他程序在常规内存中留出更多的空间。

使用 systemroot\System32\Config.sys 文件或程序信息文件（PIF）中指定的等价启动文件指定加载到高端的程序。

2. loadhigh 命令的语法是怎样的

loadhigh 命令的语法形式为：

loadhigh [drive:][path]filename[parameters]

3. loadhigh 命令的参数各有什么作用

[drive:][path]filename：指定要加载的程序的位置和名称。需要 FileName。

Parameters：指定程序所需要的任何命令行信息。

/?：在命令提示符下显示帮助。

4. 使用 loadhigh 命令要注意什么

（1）Windows XP 和 Windows Server 2003 不使用该命令。

（2）要使用 loadhigh 命令，必须在 Config.sys 或等价的启动文件中包含 dos=umb 命令。

（3）在将程序装入高内存区之前，必须安装 Himem.sys 扩展内存管理程序。使用 Config.sys 或同等的启动文件中的 device 命令安装 Himem.sys。

（4）如果使用 loadhigh 命令加载程序，Windows XP 尝试将程序加载到 UMA 中。如果 UMA 中没有足够的磁盘空间，则将程序加载到常规内存中，但不指定使用的内存区域。

（5）使用 loadhigh 命令的最简便方法是，将它包含在 Autoexec.nt 或等价的启动文件中。

5. 如何将 MYPROG 程序装入常规内存并让程序可存取上端内存 1 区

以下命令行将 MYPROG 程序装入常规内存(0 区)并让程序可存取上端内存 1 区：

loadhigh /l:0;1 c:\programs\myprog.exe

6. 如何将驱动程序加载到高端内存区

要将驱动程序加载到高端内存区（HMA），则将以下行添加到

Autoexec.nt 或等价的启动文件中：

lh%systemroot%\system32\dosx

7-25 more——单屏输出

1. more 命令的功能是什么

MORE 命令从管道或重定向文件中读标准输入，并每次显示一屏信息。该命令一般用于查看长文件。

2. more 命令的语法是怎样的

more 命令的语法形式为：

command|more[/c][/p][/s][/tn][+n]

more[[/c][/p][/s][/tn][+n]]<[Drive:][Path] FileName

more[/c][/p][/s][/tn][+n][files]

3. more 命令的参数各有什么作用

[drive:][path]filename：指定要显示的文件。

Command：指定要显示其输出的命令。

/c：显示页面前清除屏幕。

/p：扩展换页符。

/s：将多个空白行更改为一个空白行。

/tn：更改由 n 指定的空格数的制表符。

+n：显示由 n 指定的行开始的第一个文件。

Files：指定要显示的文件列表。用空格分隔文件名。

/?：在命令提示符下显示帮助。

4. 使用 more 命令要注意什么

（1）more 命令具有多个参数并可通过故障恢复控制台使用。

（2）表 7-6 所示命令在 more 提示（-More-）下接受。

表 7-6

键	操　作
SPACEBAR	显示下一页
Enter	显示下一页
F	显示下一页
Q	退出
?	显示可用命令
=	显示行号
p/v	显示下面的 N 行
s/v	跳过下面的 N 行

（3）当使用重定向字符（<）时，必须指定文件名作为来源。在使用管道（|）时，可以使用诸如 dir、sort 和 type 之类的命令。

5. 如何使用 more 命令

要了解 more 命令的使用方法，下面举例来说明。

如果要在显示文件 Autoexec.bat 之前清除屏幕并删除所有附加空白行，则输入以下任意一个命令后按 Enter 键：

more/c/s<C:\Autoexec.bat

type C:\Autoexec.bat more/c/s

接着，more 命令显示来自 c:kAutoexec.bat 的第一屏信息，然后显示以下提示：

——More——

如果每次显示文件的一行，请按 ENTER 键。

要显示下一页，请按 SPACEBAR 键。

要显示命令行上列出的下一个文件，请输入 f。

要退出 more，请输入 q。

7-26　print——打印

1. print 命令的功能是什么

print 命令的功能是将文本文件发送到打印机。

2. print 命令的语法是怎样的

print 命令的语法形式为：

print [/d:Printer][Drive:][Path] FileName[...]

3. print 命令的参数各有什么作用

“d:Printer”：指定要执行打印作业的打印机。可以通过指定打印机连接的计算机端口来指定本地打印机。并行端口的有效值为 LPT1、LPT2 和 LPT3。串行端口的有效值为 COM1、COM2、COM3 和 COM4。也可以通过队列名（\\ServerName\ShareName）指定网络打印机。如果未指定打印机，则打印作业将发送到 LPT1。

“Drive:”：指定待打印文件所在的逻辑或物理驱动器。如果待打印的文件位于当前驱动器上，则不需指定该参数。

Path：指定待打印文件在驱动器上的位置。如果待打印的文件位于当前目录，则不需指定该参数。

FileName[...]：必须按名称指定要打印的文件。一个命令中可以包括多个文件。

4. 使用 print 命令要注意什么

（1）如果将文件发送到连接了本地计算机串口或并口的打印机，则可以用后台方式打印文件。

（2）许多程序都拥有自己的打印命令。应该使用程序的 print 命令打印使用该程序创建的文件。

（3）可以利用 mode 命令从命令行执行多种配置任务。

5. 如何将指定目录下的文件发送到本地打印机

如果要将 C:\documents and settings\目录下的文件 files.txt，发送到连接在本地计算机的打印机 LPT1，则输入如下命令后按 Enter 键：

print /d:lptl C:\“documents and settings”\files.txt

6. 如何将指定目录下的文件发送到网络打印机

如果要将 I:\DL 目录下的文件 ch01.doc 发送到服务器\\jzxhPC 上的

LaserJ1 打印队列，则输入如下命令后按 Enter 键：

print /I:\\ jzxhPC\ LaserJ1 I:\DL\ch01.doc

7. 如何查看打印队列的状态

要查看打印队列的状态，则输入如下命令后按 Enter 键：

print

MS-DOS 会显示正在打印的文件名（如果有的话）、队列中的文件名，如果有错误，还会显示错误信息。

8. 如何删除打印队列中的文件

如果要从打印队列中删除 PENCIL.TST 文件，则输入如下命令后按 Enter 键：

print a:pencil.tst /c

9. 如何同时删除和添加打印文件

如果要从打印队列中删除 PENCIL.TST 文件，并加入 PEN.TST 文件，则输入如下命令后按 Enter 键：

print pencil.tst /c pen.tst /p

10. 如何指定 PRINT 打印每个字符的最多花费时间

如果要指定 PRINT 打印每个字符最多花费 4 个时钟数（而非默认的 2 个时间片），则输入如下命令后按 Enter 键：

print /m:4

11. 如何改变打印队列中的最大文件数

要改变打印队列中的最大文件数，可使用如下带/Q 开关的 PRINT 命令：

print /q:32

7-27 set——设置环境变量

1. set 命令的功能是什么

set 命令的功能是显示、设置或删除环境变量。如果没有任何参数，set

命令将显示当前环境设置。

2. set 命令的语法是怎样的

set 命令的语法形式为：

set [[/a[expression]][/p[variable=]]string]

3. set 命令的参数各有什么作用

/a：将 string 设置成可求值的数字表达式。

/p：将 variable 的值设置成输入行。

variable：指定需要设置或修改的变量。

string：指定要与指定变量关联的字符串。

4. 使用 set 命令要注意什么

（1）字符<>|& ^ 是特殊命令外壳字符，在字符串中使用时必须位于 escape 字符（^）之前或用引号引起来（即“StringContaining&Symbol”）。如果要使用引号将含有特殊字符的字符串引起来，则该引号将被设置成环境变量值的一部分。

（2）使用环境变量可控制某些批处理文件和程序的操作，并可控制 Windows XP 和 MS-DOS 子系统显示和工作的方式。Autoexec.nt 文件中经常使用 set 命令设置环境变量。

（3）当只输入 set 命令时，将显示当前的环境设置。这些设置通常包含用来帮助查找磁盘上程序的 COMSPEC 和 PATH 环境变量。Windows XP 使用的两个其他环境变量是 PROMPT 和 DIRCMD。

（4）当指定变量和字符串的值时，指定的变量值将被添加到该环境，而且该字符串与该变量关联。如果环境中已经存在该变量，新的字符串值将替代旧的字符串值。如果只为 set 命令指定一个变量和一个等号（没有字符串），则与该变量关联的字符串值将被清除，如同变量根本不存在一样。

（5）注意支持/a 的运算符的使用。表 7-7 按优先性从高到低的顺序列出了支持/a 的运算符。

表 7-7

运 算 符	执行的操作
〈 〉	分组
*/%+-	算法
《 》	逻辑移位
&	按位“和”运算
^	按位“异或”运算
|	按位“或”运算
=*=/=+=-=&=^=|=《=》=	分配
,	表达式分隔符

①如果使用逻辑（&&||）或模（%）运算符，则应使用引号将表达式字符串引起来。表达式中的非数字字符串将被视为环境变量名，其值将转化成数字然后才进行处理。如果指定当前环境中没有定义的环境变量名，将会分配零值，允许用户对环境变量进行算术运算，而不需要使用%找回值。

②如果从命令脚本外的命令行中运行 set/a，则会显示该表达式的最终值。

③数值是指十进制的数字，在前缀加 0×则表示十六进制数字，加 0 则表示八进制数字。因此，0×2 与 18 相同，也与 022 相同，八进制表示法容易引起混淆。如果 08 和 09 不是有效数字，因为 8 和 9 不是有效的八进制数字。

（6）该命令要求有提示字符串。

（7）该命令已经添加延迟的环境变量扩展支持。默认情况下禁用该支持，不过可使用 cmd/v 对其启用或禁用。

（8）当启用命令扩展（默认）并单独运行 set 时，将显示所有当前的环境变量。如果使用一个值来运行 set，则会显示与该值匹配的变量。

（9）创建批处理文件时，可以使用 set 命令创建变量，然后像使用编号变量%0~%9 一样使用这些变量。也可以使用%0~%9 变量作为 set 命令的输入。

（10）从批处理文件调用变量值时，必须将该值用百分号（%）括起来。如果如果批处理程序创建了一个环境变量 BAUD，则可以在命令行中输入%baud%，将与 BAUD 关联的字符串作为可替换参数使用。

5. 如何把临时文件夹设置到其他容量充裕的分区

TEMP 文件夹是用来放置临时文件，位于 Windows 所在安装盘符（一般为 C 盘）的 Windows 文件夹下。当临时文件太大，会占用宝贵的系统磁盘空间。利用 set 命令把该文件夹设置到其他容量充裕的分区即可。如果要把 TEMP 文件夹的路径设为 K:\TEMP，则可以在 Autoexec.bat 或 Config.sys 文件中加入如下命令：

```
set tmp=e:\temp
set temp=e:\temp
```

这样每次启动时系统就会自动把临时文件夹自动设置为 K 盘的 TEMP 文件夹。

6. 如何设置变量为某个字符串

如果要设置名为 COMD 的变量，使它等于字符串 C:\Windows\command，则可在批处理文件输入以下命令：

```
set comd=c:\windows\command
```

在批处理文件中可用%COMD%代替 C:\Windows\command。如果要显示 COMD 环境变量表示的“C:\Windows\command”目录中的内容，则可以直接运行以下命令：

```
dir%comd%
```

这样，当系统处理命令时，会用字符串 C:\Windows\command 代替%COMD%。

7. 如何在 PATH 环境变量中加入新目录

SET 命令在批处理程序中的另一种用法是在 PATH 环境变量中加入新目录，例如：

```
@echo off
rem ADDPATH.bat adds a new directory
rem to the PATH environment variable
setpath=%1：%path%
set
```

7-28 shutdown——关闭或重启计算机

1. shutdown 命令的功能是什么

shutdown 命令的功能是允许用户关闭或重新启动本地或远程计算机。如果没有使用参数，shutdown 将注销当前用户。

2. shutdown 命令的语法是怎样的

shutdown 命令的语法形式为：

shutdown [{-l|-s|-r|-a}][-f][-m[\\ComputerName]][-t xx][-c "message"][-d[u][p]:xx:yy]

3. shutdown 命令的参数各有什么作用

-l：注销当前用户，这是默认设置。-m ComputerName 优先。

-s：关闭本地计算机。

-r：关闭之后重新启动。

-a：中止关闭。除了-l 和 computerName 外，系统将忽略其他参数。在超时期间，只可以使用-a。

-f：强制运行要关闭的应用程序。

-m [\\ComputerName]：指定要关闭的计算机。

-txx：将用于系统关闭的定时器设置为 xx 秒。默认值是 20 s。

-c "message"：指定将在"系统关闭"窗口中的"消息"区域显示的消息。最多可以使用 127 个字符。引号中必须包含消息。

-d [u][p]x/x:yy：列出系统关闭的原因代码。表 7-8 列出了不同的值。

表 7-8

值	说　明
u	指定用户代码
p	指定已计划的关闭代码
xx	指定主要原因代码（0~255）
yy	指定次要原因代码（0~65536）

?：在命令提示符下显示帮助。

4. 使用 shutdown 命令要注意什么

一旦指定了主要和次要原因代码，用户必须首先为计划使用某种特定原因的每个计算机定义那些原因代码。如果目标机器上没有定义原因代码，则事件查看器无法记录正确的原因文本。

5. 如何注销本地计算机用户

如果要注销本地计算机用户，则在命令提示符下输入如下命令再按 Enter 键：

shutdown -l

6. 如何关闭本地计算机

要关闭本地计算机，则在命令提示符下输入如下命令再按 Enter 键：

Shutdown -s

默认的时间期限是半分钟。

7. 如何重启本地计算机

要重启本地计算机，则在命令提示符下输入如下命令再按 Enter 键：

shutdown -r

8. 如何让 Windows XP 系统在指定时间后自动关机

如果要让 Windows XP 系统在 2 个小时后自动关机，则输入如下命令后按 Enter 键：

shutdown -s -t 120

这里的 120 表示 120 分钟。执行上述命令后，屏幕中央即可出现如图 7-12 所示的“系统关机”警告框，提示两小时后系统将会关机，并提醒用户保存必要的数据。在这段时间里，除了无法关闭这个对话框之外，还可以做任何事情。

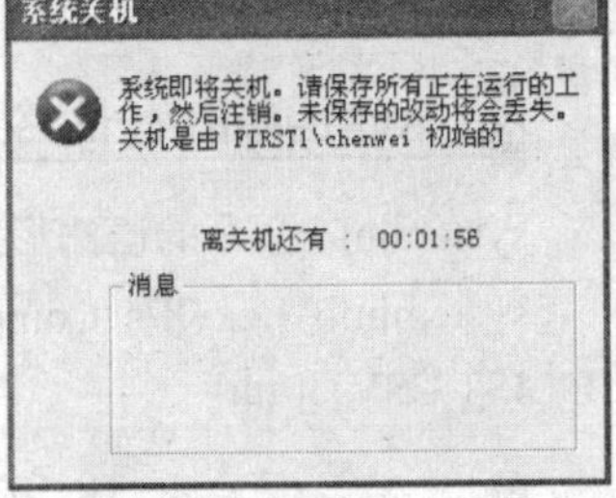

图 7-12

如果在这段时间内又后悔了，还可以在命令提示符下输入“shutdown -a”命令来撤销本次关机任务。

9. 如何实现远程关机

要实现远程关机，方法为：

（1）在命令提示符下输入如下命令再按 Enter 键：

shutdown -i

此时打开如图 7-13 所示界面。

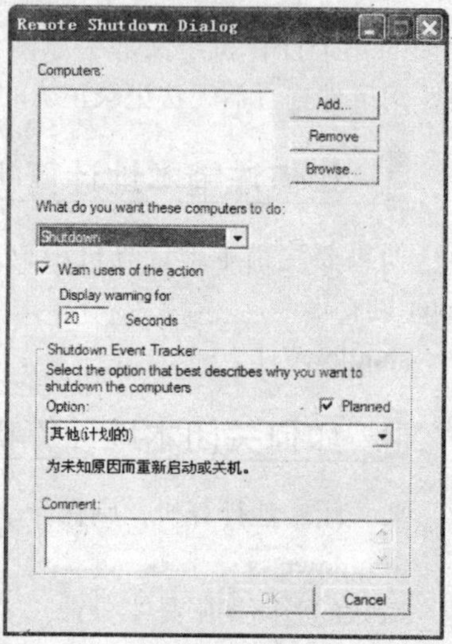

图 7-13

（2）单击“Add”按钮，然后输入欲远程关闭计算机的名称，例如 chenwei（多个计算机之间用“;”分隔即可），然后对注释等相关选项进行设置。

（3）单击“确定”按钮，即可执行远程关机操作。如果要取消该次远程关机操作，则在命令提示符下输入如下命令再按 Enter 键：

shutdown -a -m\\chenwei

7-29 systeminfo——系统信息

1. systeminfo 命令的功能是什么

systeminfo 命令的功能是显示关于计算机及其操作系统的详细配置信息，包括操作系统配置、安全信息、产品 ID 和硬件属性，如 RAM、磁盘空间和网卡。

2. systeminfo 命令的语法是怎样的

systeminfo 命令的语法形式为：

systeminfo [.exe][/s Computer[/u Domain\User [/p Password]]][/fo{TABLE|LIST|CSV}][/nh]

3. systeminfo 命令的参数各有什么作用

/s Computer：指定远程计算机名称或 IP 地址（不能使用反斜杠）。默认值是本地计算机。

/u Domain\User：运行具有由 User 或：Domain\user。指定用户的账户权限命令。默认值是当前登录发布命令的计算机的用户权限。

/p Password：指定用户账户的密码，该用户账户在/u 参数中指定。

/fo{TABLE|LIST|CSV}：指定输出所用的格式。有效值为 TABLE、LIST 和 CSV。输出的默认格式为 LIST。

/nh：取消输出结果中的列标题。当/fo 参数设置为 TABLE 或 CSV 时有效。

4. 如何显示本地计算机的系统信息

要显示本地计算机的系统信息，包括硬件配置、系统版本、运行时间、网卡的 IP 地址等信息，则在命令提示符下输入如下命令再按 Enter 键：

Systeminfo

结果如图 7-14 所示。

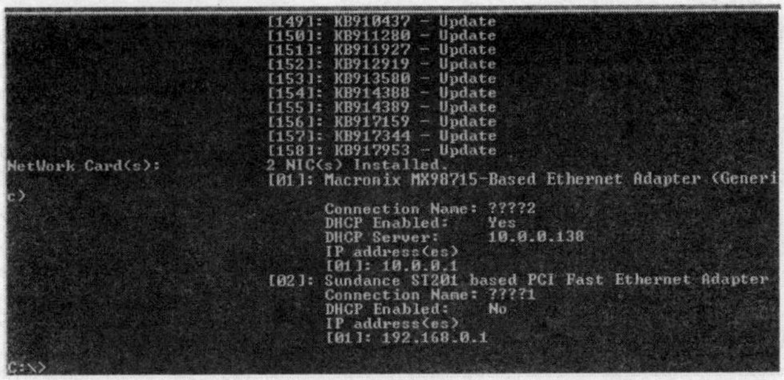

图 7-14

5. 如何以表格方式显示计算机的系统信息

如果要以表格方式显示远程计算机“61.159.62.131”的系统信息，则输入如下命令后按 Enter 键：

systeminfo /s 61.159.62.131 /u domain_name\user_name /p password/fo table

其中：

（1）61.159.62.131 指远程计算机的 IP 地址，也可以是计算机名。

（2）domain_name 指计算机所在的域。

（3）user name 和 password 指拥有访问权限的用户名和密码。

结果如图 7-15 所示。

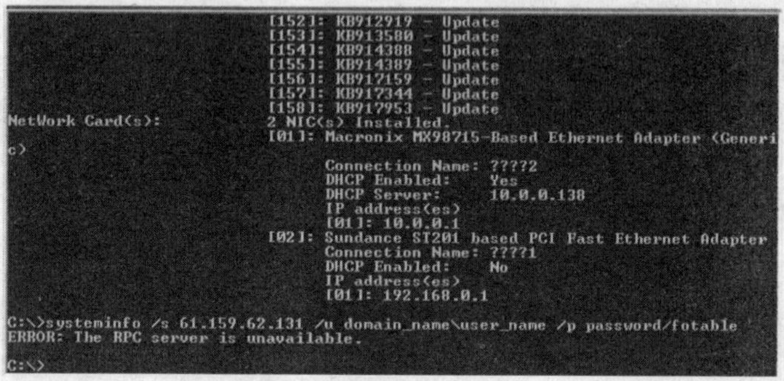

图 7-15

7-30 Where——位置

1. Where 命令的功能是什么

Where 命令的功能是定位与显示和给定参数匹配的所有文件。默认情况下，搜索在当前目录中进行，并且在 PATH 环境变量下进行。与 dir 命令相比，where 可以同时显示多种扩展名的文件，可以同时搜索多个文件夹。

2. Where 命令的语法是怎样的

Where 命令的语法形式为：

Where [/r Dir][/q][/f][/t]Pattern...

3. Where 命令的参数各有什么作用

/r Dir：指示从指定的名为 Dir 的目录开始进行递归搜索。

/q：返回退出码 0 表示成功，返回 1 表示失败而不显示这些文件。

/f：显示引号中的输出文件名。

/t：显示文件的大小、时间和日期。

Pattern：指定要查找的目录、文件或文件集的名称。可以使用通配符（即*或?）。

4. 使用 Where 命令要注意什么

Where 可以运行递归搜索、显示诸如日期或大小等文件信息，并可接受环境变量来代替本地计算机上的路径。

5. 如何搜索指定文件夹中的某类型文件

如果要搜索 C:\windows 文件夹中，所有*.exe、*. dll 和*.bat 文件，则输入如下命令后按 Enter 键：

WHERE /R c:\windows*.exe*. dll*.bat

6. 如何搜索文件并显示其大小、日期和时间

如果要搜索扩展名为 dll 的文件，并显示其大小、日期和时间，则输入如下命令后按 Enter 键：

WHERE /F /T *.dll

7. 如何显示 Windows 系统文件夹下的所有文件

要显示 Windows 系统文件夹下的所有文件，则输入如下命令后按 Enter 键：

WHERE $windir:*.*

7-31 call——调用予批处理

1. call 命令的功能是什么

在一个批处理程序中调用另一个子批处理程序，并且不终止父批处理程序。

call 命令接受用作调用目标的标签。如果在脚本或批处理文件外使用 call，它将不会在命令行起作用。

2. call 命令的语法是怎样的

call 命令的语法形式为：

call [[Drive:]][Path]FileName[BatchParameters]][:label[arguments]]

3. call 命令的参数各有什么作用

[Drive:][Path]FileName：指定要调用的批处理程序的位置和名称。filename 参数必须具有. bat 或. cmd 扩展名。

BatchParameters：指定批处理程序所需的任何命令行信息，包括命令行选项、文件名、批处理参数（从 0%到 9%）或变量（如果%baud%）。

":label"：指定批处理程序要跳转到的标签。使用带有该参数的 call 命令可以创建新的批处理文件上下文，并将控制权交给指定标签后的语句。当首次遇到该批处理文件的末尾时（在跳转到标签后），控制权将交还给 call 语句后的语句。第二次遇到批处理文件的末尾，批脚本将被退出。

Arguments：对于以":label"打头的批处理程序，指定要传送给其新实例的命令行信息，包括命令行选项、文件名、批处理参数（从 1%到 9%）或者变量（如果%baud%）。

/?：在命令提示符下显示帮助。

4. 使用 call 命令要注意什么

（1）批处理参数可以含有传送给批处理程序的任何信息，包括命令行选项、文件名、批处理参数（从 1%到 9%）或者变量（如果%baud%）。

（2）不要在 call 命令中使用管道和重定向符号。

（3）可以创建调用自身的批处理程序，但是，必须提供退出条件。否则，父和子批处理程序可以无限循环。

（4）如果启用命令扩展（即默认情况下），call 将接受 label 参数作为调用目标。正确语法如下：

call :label arguments

有关启用和禁用命令扩展的详细信息，请参阅书中的 cmd 命令部分。

5. 如何使用 call 命令

在运行批处理文件如 Autoexec. bat 的过程中，如果需要再调用一个名为 md.bat 的批处理文件，可以使用 call 命令，在批处理中加上这样一行：

call md.bat

如果 md.bat 和 Autoexec.bat 文件不是放在同一个路径下，调用时还要输入完整的路径，例如 md.bat 放在 D:\Test 下，在调用 md.bat 文件时就需要这样来调用：

call D:\md.bat

这样，在运行一个批处理文件时就可以调用另一个批处理程序来运行了。

7-32　chang——终端服务更改

1. change logon 命令的功能是什么

change logon 命令的功能是允许或禁止客户登录到服务器或显示当前登录状态。该命令只能应用于支持多用户的服务器操作系统，而不能应用于工作站，因此该命令对系统的维护非常有用。

2. change logon 命令的语法是怎样的

change logon 命令的语法形式为：

change logon {/enable|/disable|/query}

3. change logon 命令的参数各有什么作用

/enable：允许从客户会话登录，但禁止从控制台登录。

/disable：禁止以后从客户会话登录，但允许从控制台登录。目前登录的用户不受影响。

/query：不管是允许还是禁止，都显示当前登录的状态。

/?：在命令提示符下显示帮助。

4. 使用 change logon 命令要注意什么

（1）只有管理员才能使用 change logon 命令。

（2）如果从客户会话连接到终端服务器并禁止登录，然后在重新允许登录之前注销，则不能从此会话中重新连接。为了重新允许从客户会话登录而在控制台上登录。当重新启动系统时，也将重新允许登录。

5. 如何显示当前登录状态

要显示当前登录状态，则输入如下命令后按 Enter 键：

change logon/query

6. 如何允许从客户端会话登录

要允许从客户端会话登录，则输入如下命令后按 Enter 键：

change logon/enable

7. 如何禁止客户端登录

要禁止客户端登录，则输入如下命令后按 Enter 键：

changelogon/disable

8. Change port 命令的功能是什么

Change port 命令的功能是列出或更改服务器上的 COM 端口映射以便与 MS-DOS 应用程序兼容。

9. Change port 命令的语法是怎样的

Change port 命令的语法形式为：

change port [{portx=porty|d portx|/query}]

10. Change port 命令的参数各有什么作用

portx=porty：将 COM 端口 x 映射为 y。

/d portx：删除对 COM 端口 x 的映射。

/query：显示当前端口映射。

/?：在命令提示符下显示帮助。

11. 使用 Change port 命令要注意什么

（1）大多数 MS-DOS 应用程序只支持 COM1 到 COM4 的串行端口。Change port 命令将串行端口映射为不同的端口号，允许不支持较高编号的 COM 端口的应用程序访问该串行端口。如果要把 COM12 映射到 COM1 以便让基于 MS-DOS 的应用程序使用，应输入 change port com12=com1。重新映射只能用于当前会话，而且在您从会话注销然后再次登录时不保留。

（2）不带任何参数使用 change port 将显示可用的 COM 端口及其当前映射。

12. 如何使用 Change port 命令

下面举例说明 Change port 命令的使用方法。

如果要将 COM12 映射为 COM1 供基于 MS-DOS 的应用程序使用，则输入如下命令后按 Enter 键：

change port com12=com1

要显示当前端口映射，则输入如下命令后按 Enter 键：

change port/query

13. Change User 命令的功能是什么

Change User 命令的功能是更改服务器操作系统上.ini 文件映射的设置。

14. Change User 命令的语法是怎样的

Change User 命令的语法形式为：

change user {/execute|/install|/query}

15. Change User 命令的参数各有什么作用

Execute：允许.ini 文件映射到主目录，这是默认设置。

/install：禁止.ini 文件映射到主目录，读取所有的.ini 文件，并写到系统目录。在终端服务器上安装应用程序时，必须禁用.ini 文件映射。

/query：显示.ini 文件映射的当前设置。

/?：在命令提示符下显示帮助。

16. 使用 Change User 命令要注意什么

（1）在安装应用程序之前使用 change user/install 在系统目录中创建应用程序的.ini 文件。这些文件作为用户特定.ini 文件的主控副本使用。在安装应用程序之后，使用 change user/execute 恢复为标准.ini 文件映射。

（2）首次运行应用程序时，将搜索.ini 文件的主目录。如果.ini 文件在主目录中没有找到，但是在系统目录中找到，则终端服务会把.ini 文件复制到主目录，以确保每个用户都有应用程序.ini 文件的单一副本。任何新的.ini 文件都是在主目录中创建的。

（3）每个用户都应该有应用程序.ini 文件的单一副本。这可以防止不同用户可能有不兼容的应用程序设置，如果不同的默认目录或屏幕分辨率。

（4）当该系统处于安装模式（change user/install）时，将出现多种情况。已创建的所有注册表项在 HKEY_LOCAL_MACHINE\SOFTWARE\Microsoft\WindowsNT\CurrentVersion\TerminalServer\Install 下都有镜像。添加到 HKEY_CURRENT_USER 的注册表项将复制到\SOFTWARE 下，而且添加到 HKEY-LOCAL-MACHINE 的注册表项将复制到\MACHINE 中。如果应用程序使用像 GetWindowsDirectory 这样的系统调用查询 Windows 目录，则终端服务器返回 systemroot 目录。如果所有.in 文件项都是用系统调用（如 WritePrivateProfileString）添加的，则这些项将添加到 systemroot 目录下的.ini 文件中。

（5）当系统返回到执行模式（changeuser/execute），而且应用程序试图读取 HKEY_CURRENT_USER 下已不存在的注册表项时，终端服务将进行检查，以查看是否在\TerminalServer\Install 注册表项下存在注册表项的副本。如果是这样的，这些注册表项将复制到 HKEY_CURRENT_USER 下的相应位置。如果应用程序试图从已不存在的.ini 文件读取，则终端服务会在系统根目录下搜索这个 ini 文件。如果.ini 文件在系统根目录下，则它将被复制到用户主目录的\Windows 子目录。如果该应用程序查询 Windows 目录，则终端服务器返回用户主目录的\Windows 子目录。

（6）当用户登录时，终端服务会检查它的系统.ini 文件是否比用户计算机上的.ini 文件新。如果系统版本是新的，则用户的.ini 文件将被替换或与新版本合并。这取决于 INISYNC 位 0x40 是否是为此.ini 文件设置的。以前版本的.ini 文件更名为 Inifile. ctx。如果在\TerminalServer\Install 注册表项下的系统注册表值比 HKEY_CURRENT_USER 下的新，那么这些注册表项的版本将被删除，而且将被\TerminalServer\Install 下的新注册表项替换。

17. 如何在主目录中禁用.ini 文件映射

要在主目录中禁用.ini 文件映射，则输入如下命令后按 Enter 键：

change user /install

18. 如何在主目录中启用.ini 文件映射

要在主目录中启用.ini 文件映射，则输入如下命令后按 Enter 键：

change user /execute

19. 如何显示.ini 文件映射的当前设置

要显示.ini 文件映射的当前设置，则输入如下命令后按 Enter 键：

change user /query

7-33 cmd——命令行

1. cmd 命令的功能是什么

cmd 命令的功能是启动命令解释器 cmd.exe 的新实例。如果在不含参数的情况下使用，则 cmd 显示 Windows 的版本和版权信息。

2. cmd 命令的语法是怎样的

cmd 命令的语法形式为：

cmd [[{/c|/k)][/s][/q][/d][{/a|/u)][/t:fg][/e:{on|off}][/f:{on|off}][/v:{on|off}]string]

3. cmd 命令的参数各有什么作用

/c：执行 string 指定的命令，然后停止。

/k：执行 string 指定的命令并继续。

/s：修改位于/c 或/k 之后的 string 处理。

/q：关闭回显。

/d：禁用自动运行命令执行。

/a：创建美国国家标准协会(ANSI)输出。

/u：创建 Unicode 输出。

"/t:fg"：设置前景 f 和背景 g 的颜色。表 7-9 列出了可用作 f 和 g 的值的有效十六进制数字。

表 7-9

值	颜　色	值	颜　色	值	颜　色	值	颜　色
0	黑色	4	红色	8	灰色	C	浅红色
1	蓝色	5	紫色	9	浅蓝色	D	浅紫色
2	绿色	6	黄色	A	浅绿色	E	浅黄色
3	湖蓝色	7	白色	B	浅水绿	F	亮白色

"/e:on"：启用命令扩展。

"/e:off"：禁用命令扩展。

"/f:on"：启用文件和目录名完成。

"/f:off"：禁用文件和目录名完成。

"/v:on"：启用延迟的环境变量扩展。

"/v:off"：禁用延迟的环境变量扩展。

String：指定要执行的命令。

/?：在命令提示符下显示帮助。

4. 如何使用多个命令

可以在 string 中使用由&&分隔的多个命令，不过这些命令必须置于引号之中，例如"command&&command&&command"。

5. 如何处理引号

如果指定了/c 或/k，则在满足下述所有条件的情况下，cmd 会处理 string 中的其余命令而将引号保留：

①未使用/s。

②正确使用一对引号。

③在引号内未使用任何特殊字符，例如&<>()@ ^|。

④在引号内使用了一个或多个空格字符。

⑤引号内的 string 为可执行文件的名称。

如果上述条件不能满足，则处理 string 时将首先检查它的第一个字符以验证其是否为左引号。如果第一个字符是左引号，则它会与右引号分离开。跟在右引号之后的任何文本都会得到保留。

6. 如何执行注册表项

如果在 string 中未指定/d，cmd.exe 会查找下述注册表子项：

HKEY_LOCAL_MACHINE\Software\Microsoft\CommandProcessor\AutoRun\REG_SZ

HKEY_CURRENT_USER\Software\Microsoft\CommandProcessor\AutoRun\ REG_EXPAND_SZ

如果上述一个注册表子项或两个都存在，则会在执行其他变量之前执行它们。

7. 如何启用和禁用命令扩展

在 Windows XP 中，命令扩展在默认情况下是启用的。对于特定过程可以使用“/e:off”将它们禁用。通过设置下述 REG DWORD 值，可以在计算机上或用户会话中启用或禁用所有 cmd 命令行选项的扩展：

HKEY_LOCAL_MACHINE\Software\Microsoft\Command Processor\Enable Extensions\REG_DWORD

HKEY_CURRENT_USER\Software\Microsoft\Command Processor\EnableExtensions\REG_DWORD

在注册表中编辑器(Regedit.exe)中可以将 REG_DWORD 值设为 1（启用）或 0（禁用）。用户特定设置优先于计算机设置，并且命令行选项优先于注册表设置。

启用命令扩展后，会影响到下述命令：

assoc，call，chdir(cd)，color，del(erase)，endlocal，for，ftype，goto，if，mkdir(md)，popd，prompt，pushd，set，setlocal，shift 和 start。

8. 启用延迟的环境变量扩展时要注意什么

启用延迟的环境变量扩展时，可以使用感叹号字符来替代运行时的环境变量值。

第 8 章

DOS 经典应用

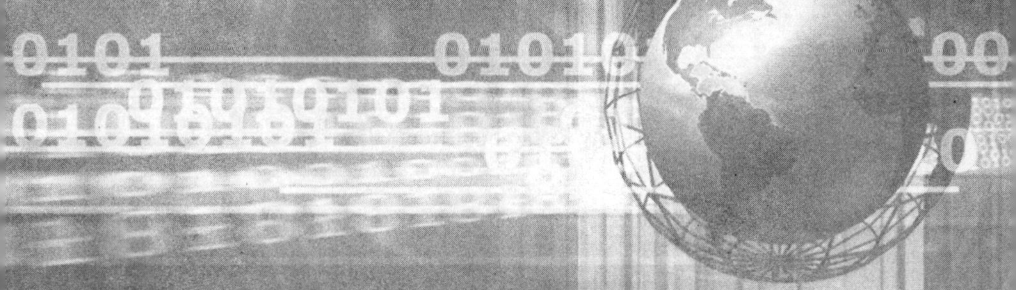

DOS/ Windows 命令速查 1000——本章内容

8-1 如何使用 Windows XP 安装光盘对硬盘进行分区和格式化

由于 Fdisk 命令并不能完善支持大于 137G 硬盘的 48bit 寻址，现在新的硬盘容量大多超过 137G，主流硬盘已经达到 160GB，甚至 320GB 的容量。对于这些大硬盘的分区和格式化，可以借助 Windows XP 安装光盘执行分区和格式化操作，下面以 Windows XP SP2 安装光盘为例介绍具体的操作。

（1）先准备一张 Windows XP SP2 的安装光盘插入光驱，开机后按 DEL 键进入 CMOS 设置，将光驱设置为第一启动。

（2）当屏幕出现“Press any key to boot from CD”提示时，按下任意键启动，如图 8-1 所示。

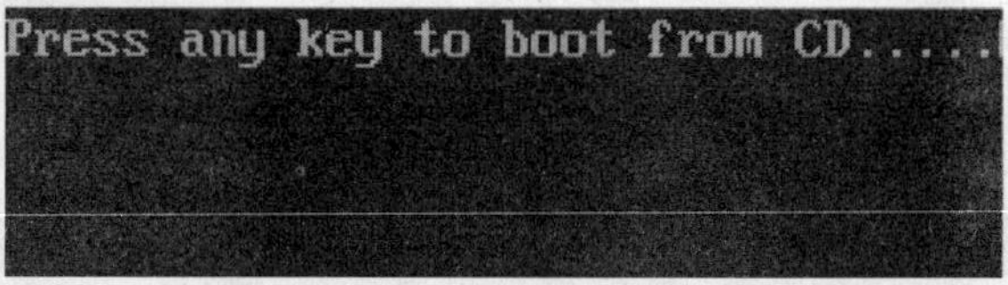

图 8-1

（3）Windows XP 安装光盘开始检测硬件，检测完毕，在出现的界面中移动方向键↓选择“要在尚未划分的空间中创建分区，请按 C”，此时就按下 C 键，如图 8-2 所示。

（4）在“创建磁盘分区大小（单位 MB）:”命令行中输入需要划分分区的容量。比如，这块硬盘需要创建一个 10GB 的分区，输入 10240，然后按 Enter 键即可，如图 8-3 所示。

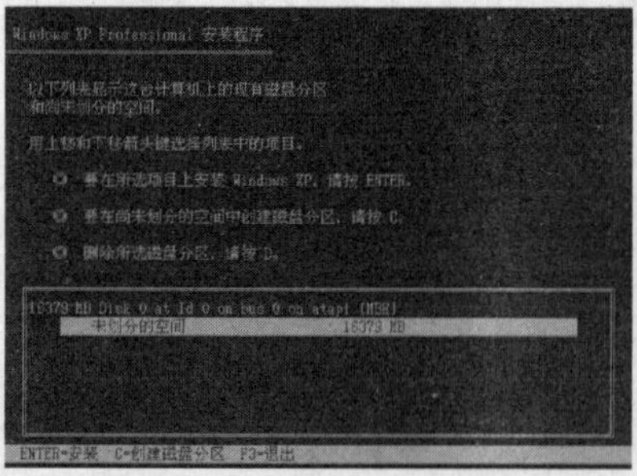

图 8-2

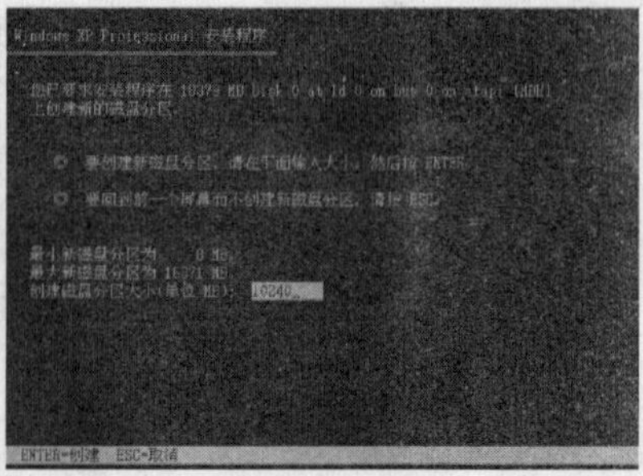

图 8-3

（5）由于还有剩余的空间，完成分区划分后返回分区显示窗口，用方向键↓选中“未划分的空间”，然后按下 C 键，如图 8-4 所示。

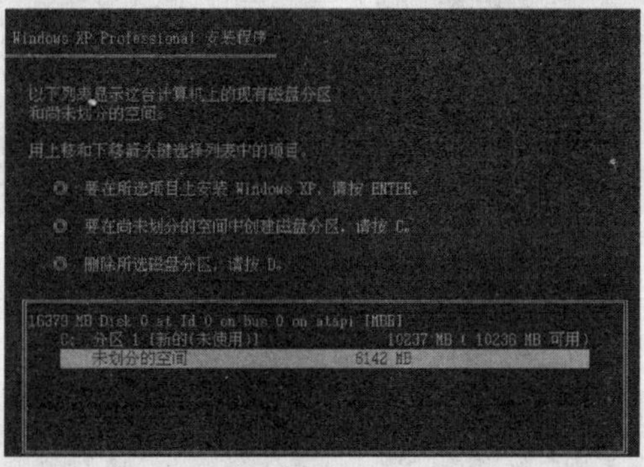

图 8-4

（6）按提示输入对应的容量，这样就又完成一个分区的创建。

重复上述的操作可以划分出自己所需的分区数目，但是通过这种分区方法，会有 8MB 的保存空间是系统保留的，如图 8-5。

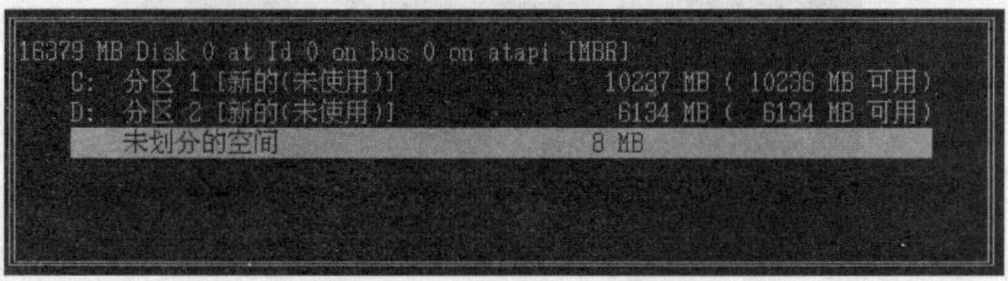

图 8-5

这 8MB 的剩余空间，用于基本磁盘转换为动态磁盘。动态磁盘可以提供一些基本磁盘不具备的功能，例如创建可跨越多个磁盘的卷（跨区卷和带区卷）和创建具有容错能力的卷（镜像卷和 RAID-5 卷）。动态磁盘只能通过 Windows 2000 或 Windows XP Professional 访问.

（7）完成分区的创建后，就可以进行格式化了。在分区列表选中需要格式化的分区，按回车键，这时系统会提示选择格式化分区的格式，这里选择 FAT，如图 8-6。

提示!! Windows 常见分区格式有 FAT16、FAT32、NTFS 三种，详细介绍请参见本书第 3 章。

（8）按 Enter 键，继续进行格式化操作，如图 8-7。

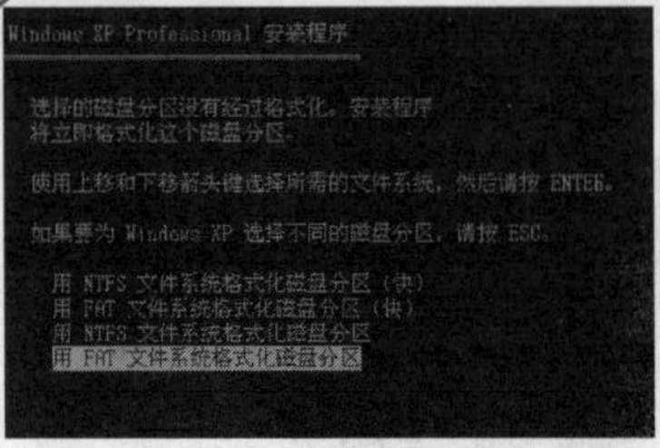

图 8-6

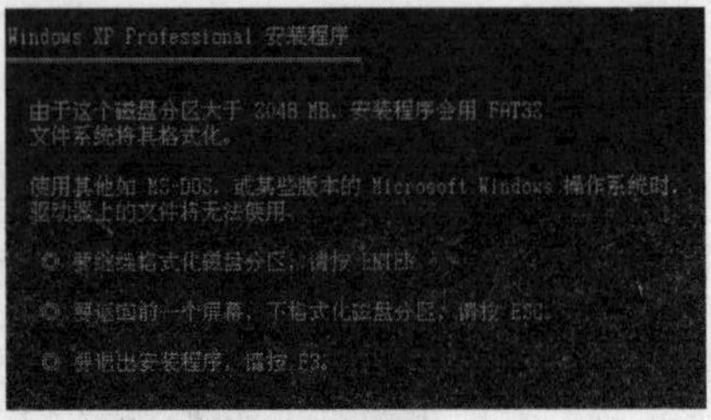

图 8-7

（9）按 Enter 键正式开始执行格式化操作。等到完成 100%后，重复上述的操作，将所有新建分区均执行格式化，如图 8-8。

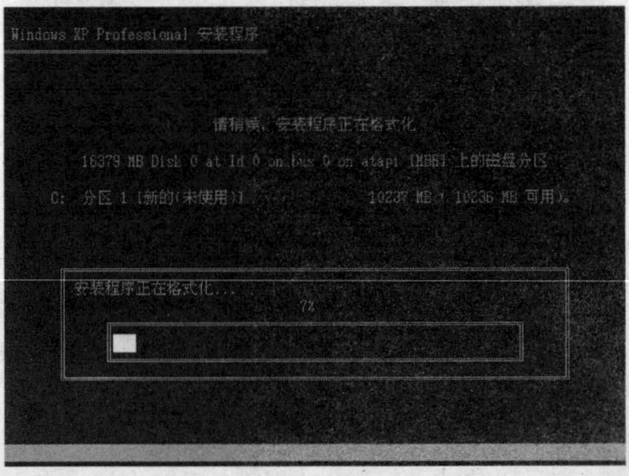

图 8-8

8-2 如何使用 DM 快速给硬盘分区

借助 DM 万用版则可以轻松、快速地对大硬盘进行分区。

方法如下：

（1）到网上下载 DM 万用版，下载后解压得到一个 DM957Ld.exe 文件，使用 WinRAR 将它解压到用作启动盘的闪盘的根目录下的“DM”文件夹中。

（2）用闪盘启动到 DOS 后，输入“dm \dm.com”后按 Enter 键，启动 DM 万用版，在出现如图 8-9 所示的软件介绍画面后按 Enter 键继续。

（3）选择 Advanced Option（高级分区模式），如图 8-10 所示。

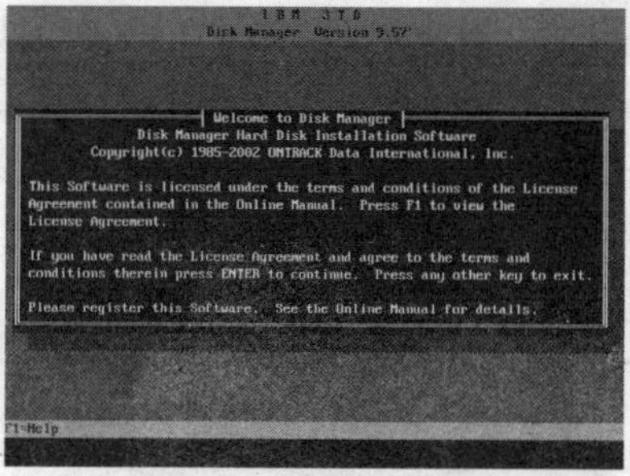

图 8-9

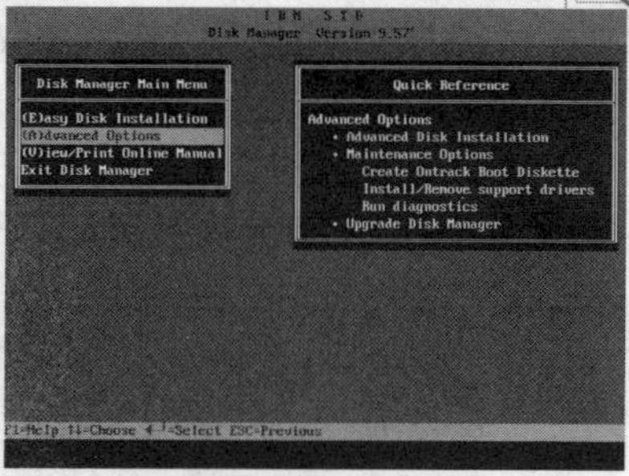

图 8-10

（4）选择 Advanced Disk Installation（高级分区向导），如图 8-11 所示。

（5）此时开始扫描硬盘。如果 DM 的扫描结果正确，则选择 Y 确认；否则，重新进行扫描，如图 8-12 所示。

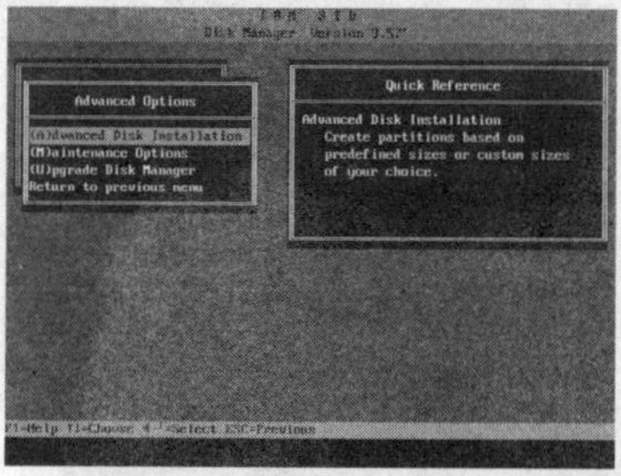

图 8-11

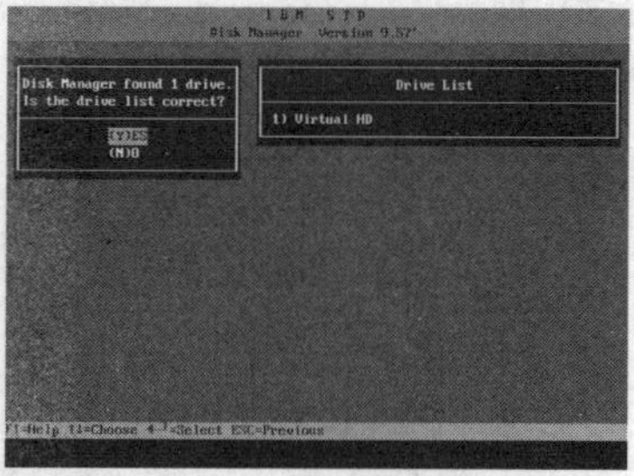

图 8-12

（6）选择“2.Windows 全部支持的格式（FAT16 or FAT32）”，如图 8-13 所示。

（7）此时提示是否将规划好的分区格式化为 FAT32 分区，按下 Y 键确认即可，如图 8-14 所示。

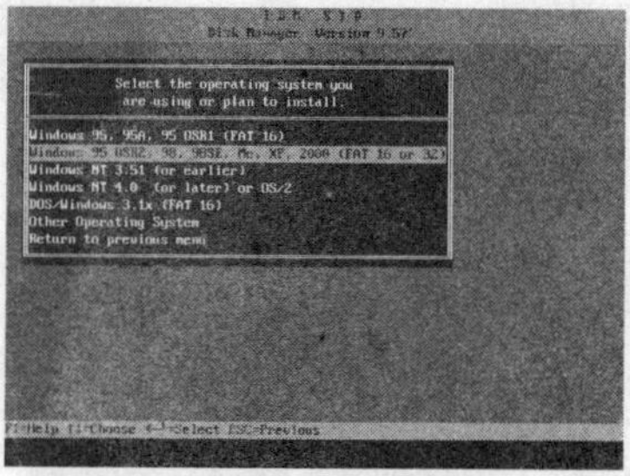

图 8-13

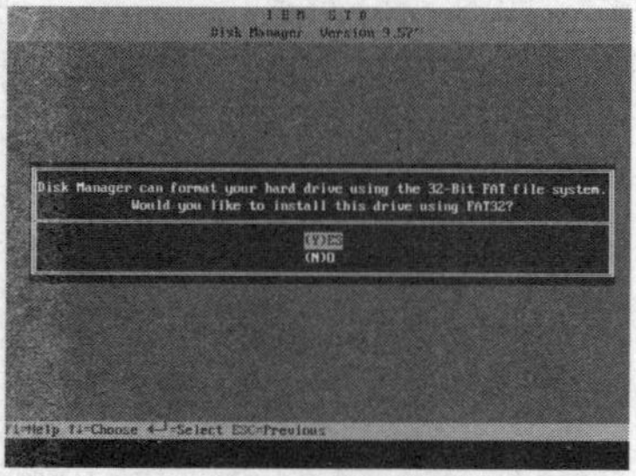

图 8-14

（8）选择“Option（C）Define your own（自定义进行分区）”，如图 8-15 所示。

（9）在分区容量框中按提示输入主分区的容量，然后按 Enter 键确认完成主分区的容量划分，如图 8-16 所示。

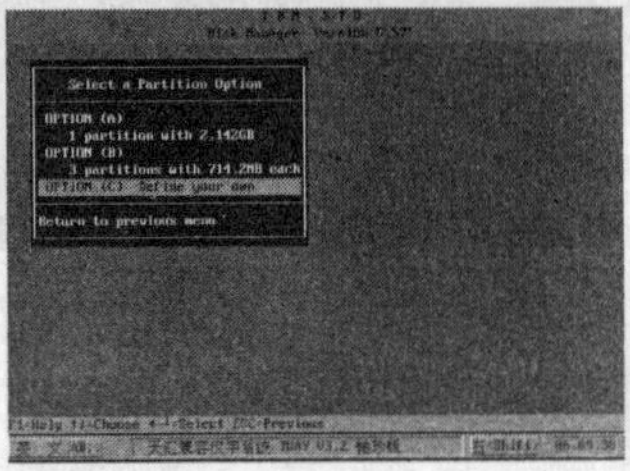

图 8-15

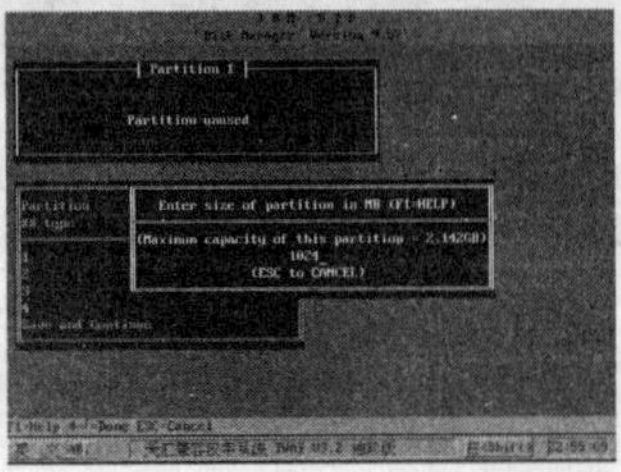

图 8-16

（10）输入逻辑分区的容量，完成主分区的划分后，剩下的空间会自动划分为扩展分区，这里规划的就是扩展分区第一逻辑驱动器的容量，如图 8-17 所示。

（11）将剩余的分区容量划分为不同的逻辑分区，如图 8-18 所示。

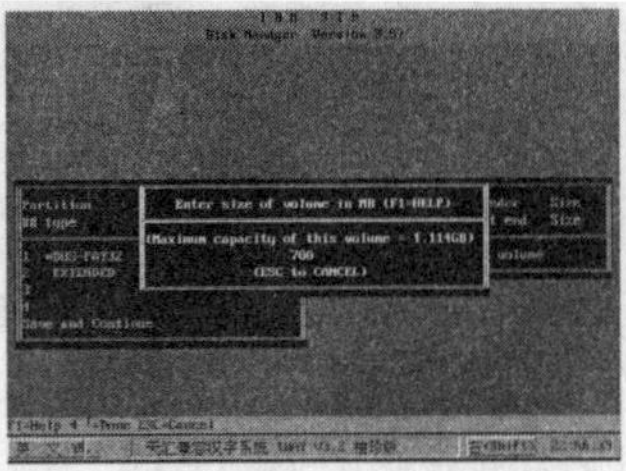

图 8-17

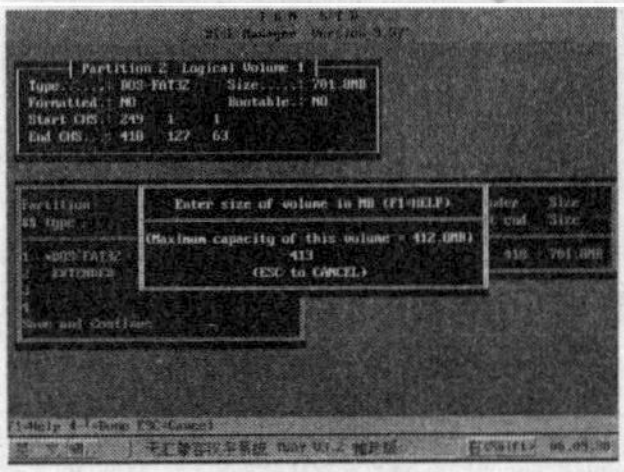

图 8-18

（12）完成上述操作后，就可以看到最后的分区结果了，如图 8-19 所示。

（13）选中 DOS 主分区，然后按 Enter 键，此时开始将分区格式化为 FAT32，如图 8-20 所示。

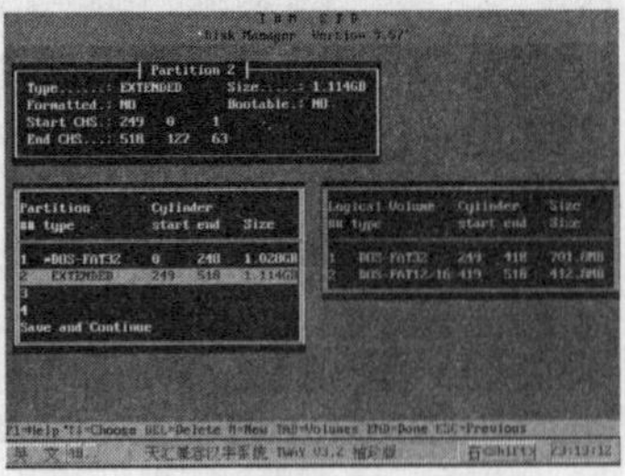

图 8-19

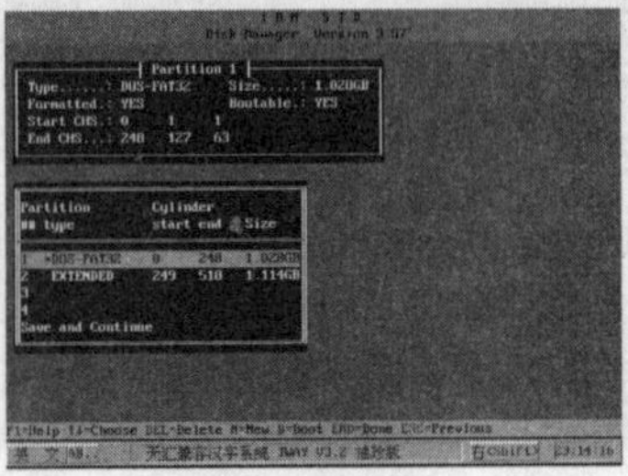

图 8-20

（14）按 TAB 键可以跳转到逻辑分区上查看详细的分区信息，如图 8-21 所示。

（15）选择“Save and exit”，保存分区结果并退出，如图 8-22 所示。

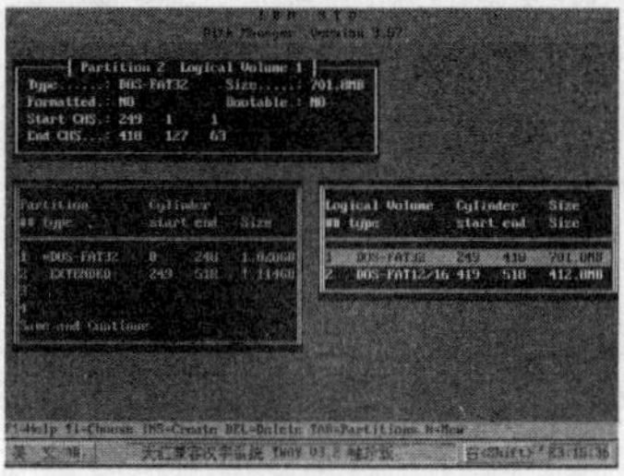

图 8-21

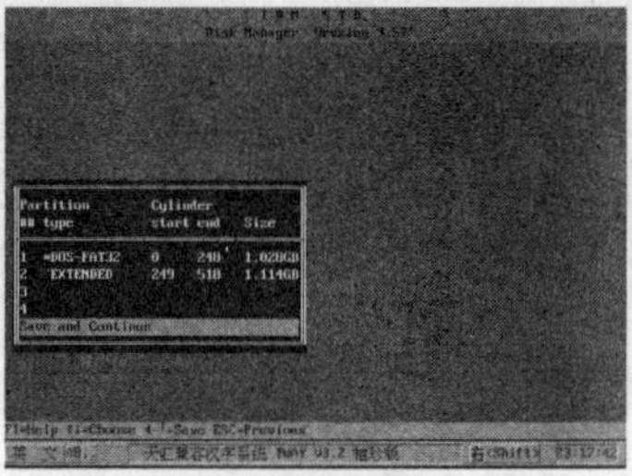

图 8-22

（16）此时提示是要对逻辑分区进行格式化，按下 Y 键确认，如图 8-23 所示。

（17）此时询问是否使用默认分区参数扫描磁盘，按下 Y 键确认，如图 8-24 所示。

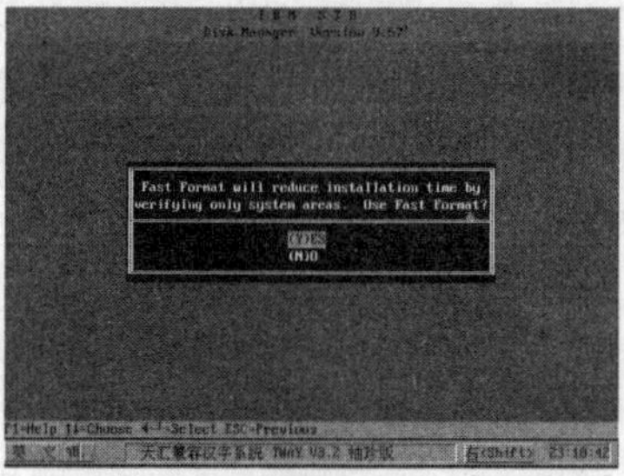

图 8-23

图 8-24

（18）接下来依次询问是否保存分区结果和参数，按下 Y 键确认，如图 8-25 所示。

（19）开始对逻辑分区进行格式化，如图 8-26 所示。

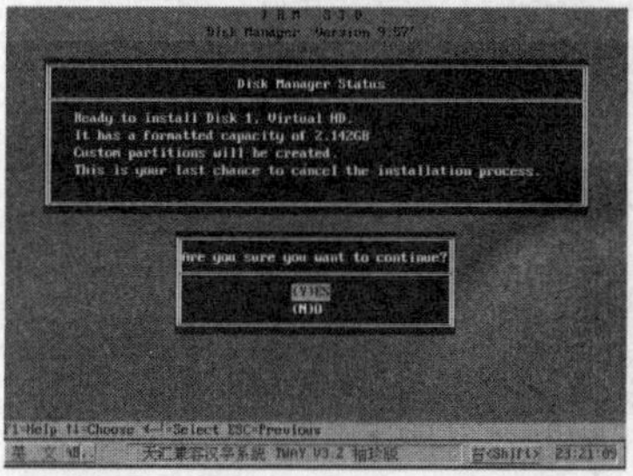

图 8-25

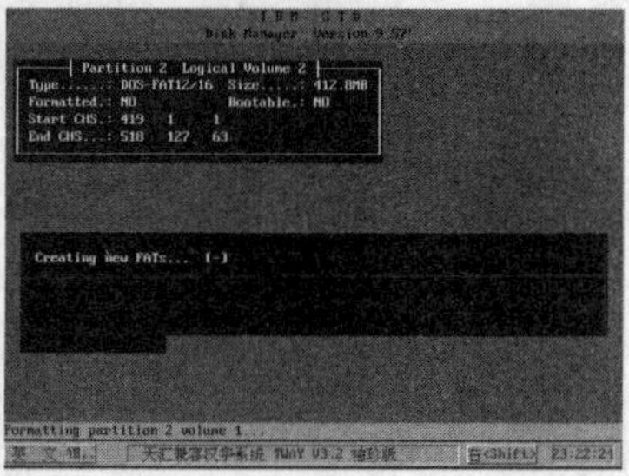

图 8-26

（20）格式化完成后，屏幕提示完成所有操作，如图 8-27 所示。

（21）按下 Ctrl+Del+Alt 重新启动电脑，如图 8-28 所示。

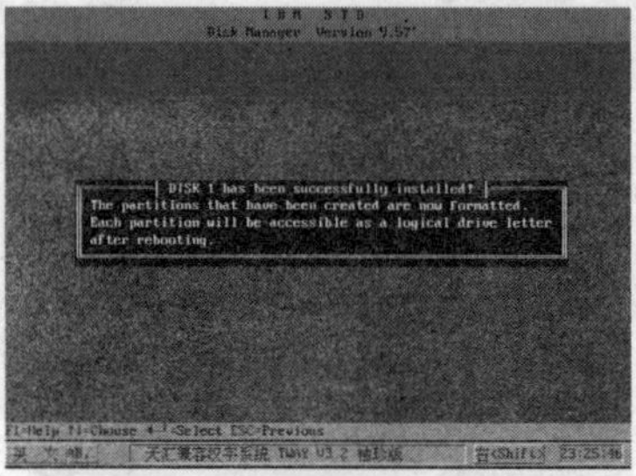

图 8-27

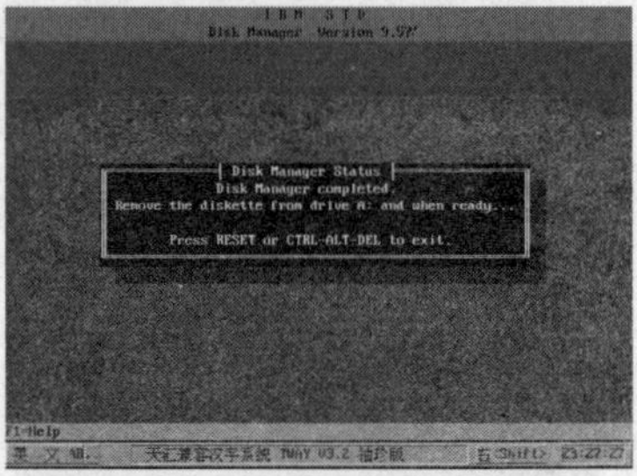

图 8-28

至此，整个分区和格式化分区的操作就完成了。

8-3 如何使用 Lformat 低级格式化硬盘

上面两节介绍在对硬盘进行分区完毕都要进行格式化后才能使用，不过上述的都是高级格式化。在有些时候，比如，硬盘被病毒严重破坏，或者需要修复硬盘某些错误，在这种情况下就需要进行低级格式化。下面就以介绍 Lformat 的使用方法来介绍如何对硬盘进行低级格式化的详细操作。

（1）首先从网上下载 Lformat，解压后将它复制到用作启动盘的闪盘的根目录下。

（2）启动到 DOS 后，输入 Lfomat 后按 Enter 键，启动 Lformat 程序。

（3）在弹出警告窗口后，按下 Y 键确认，如图 8-29 所示。

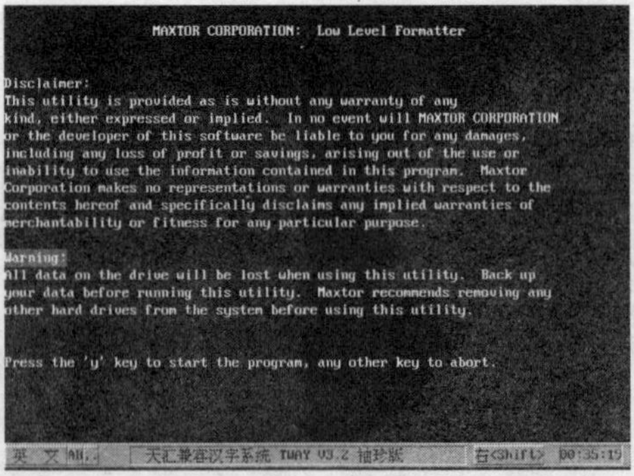

图 8-29

（4）进入的低格式程序主界面窗口后，会出现三个选项，分别是 Select Device（选择驱动器磁盘）、Low Level Current Device（低格当前驱动器）和 EXIT（退出）。使用方向键↓选择第二项，然后按 Enter 键，如图 8-30 所示。

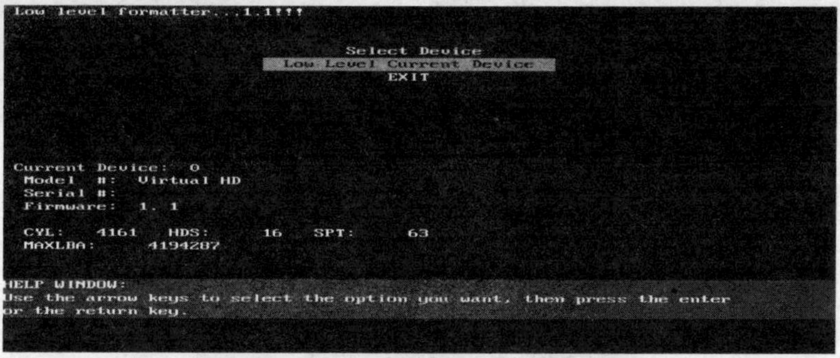

图 8-30

（5）此时出现“Do you want to use LBA mode (if not sure press(Y/N)?”的提示，询问是否使用 LBA 模式格式化已经选定的硬盘，按下 Y 键确认，如图 8-31 所示。

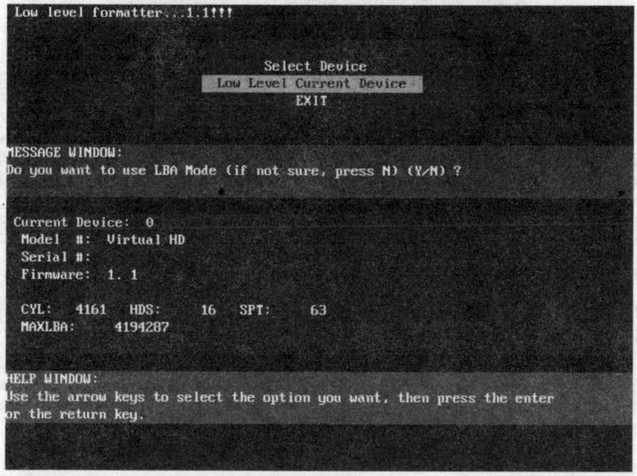

图 8-31

（6）接下来会出现一个警告信息，提示所有数据将全部丢失，如果确定格式化就按下 Y 键，如图 8-32 所示。

（7）依照屏幕提示，按下 Y 键开始低级格式化操作，如图 8-33 所示。

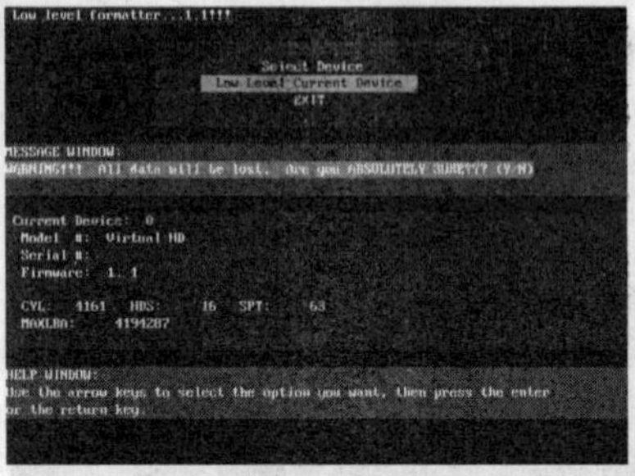

图 8-32

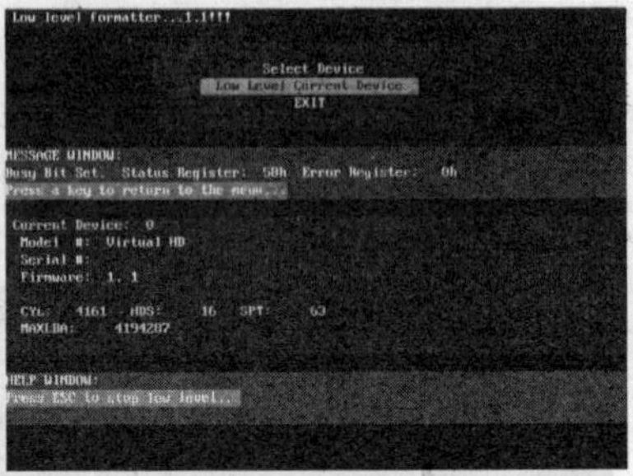

图 8-33

（8）低级格式化操作完成后，在程序界面中选择 Exit 退出即可，如图 8-34 所示。

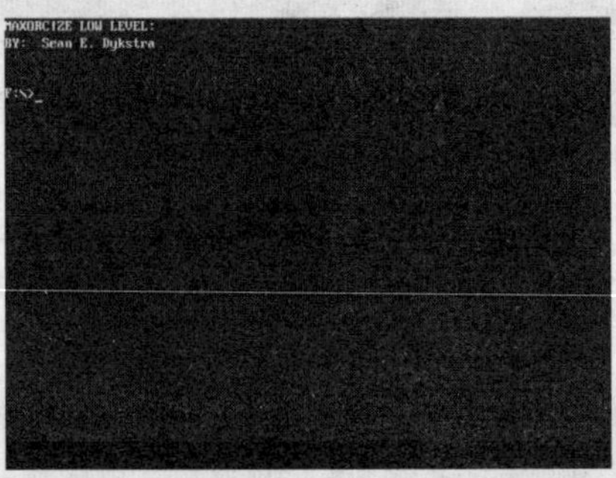

图 8-34

8-4 如何用 HWINFO 查看电脑整体性能

在 Windows 中，虽然可以通过设备管理器方便查看到电脑硬件信息，但是很多新机器并没有安装操作系统，怎么办呢？不要着急，只要借助 HWINFO 就可以在 DOS 下进行查看。下面就以 HWINFO 的使用方法为例来介绍如何用 HWINFO 查看电脑整体性能。

（1）到网上下载 HWINFO 软件，然后将文件解压到用作启动盘的闪盘的根目录下。

提示！！ 可在如下网址下载 DOS 版的 HWINFO 软件：

http://www.hongnew.com/down/downinfo/5551.html

（2）启动到 DOS 后，在命令提示符下输入 hwinfo.exe 后按 Enter 键，启动 HWINFO 程序。

（3）待屏幕上出现程序注册提示后，移动方向键选择“OK”后按 Enter 键，如图 8-35 所示。

（4）移动光标到 Info 菜单，然后按 Enter 键，再按下 Alt+I→M 组合键，如图 8-36 所示。

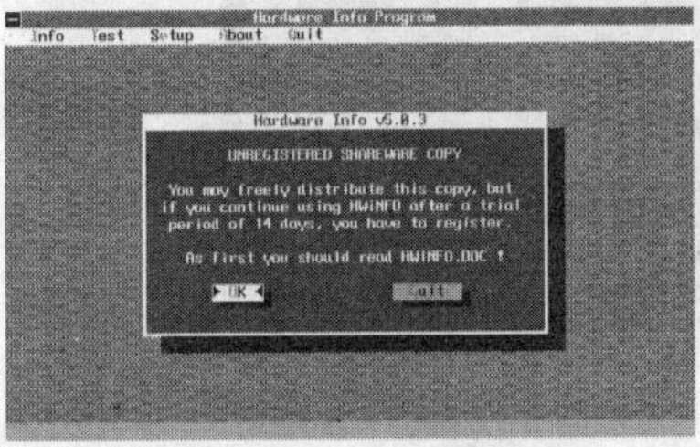

图 8-35

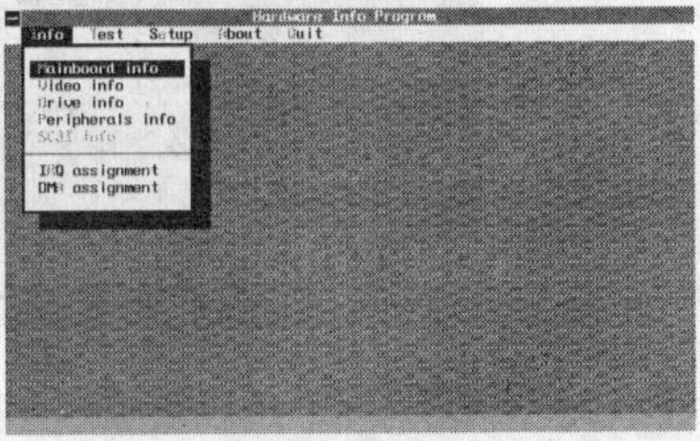

图 8-36

（5）这时就可以看到主板芯片组、CPU 型号等信息了，如图 8-37 所示。

（6）按 Alt+I→V 组合键，则可以看到显卡的详细信息，如图 8-38 所示。

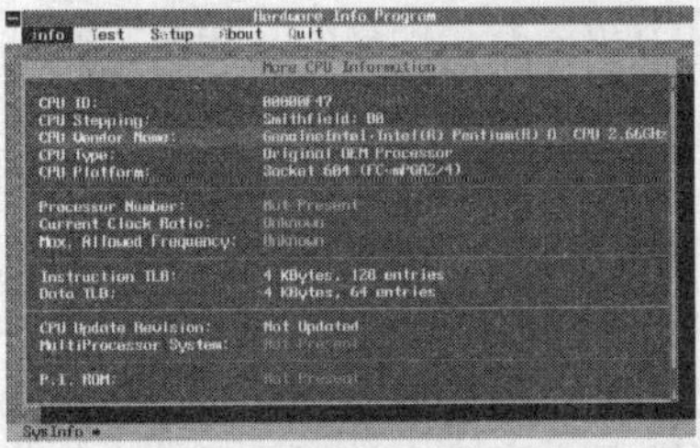

图 8-37

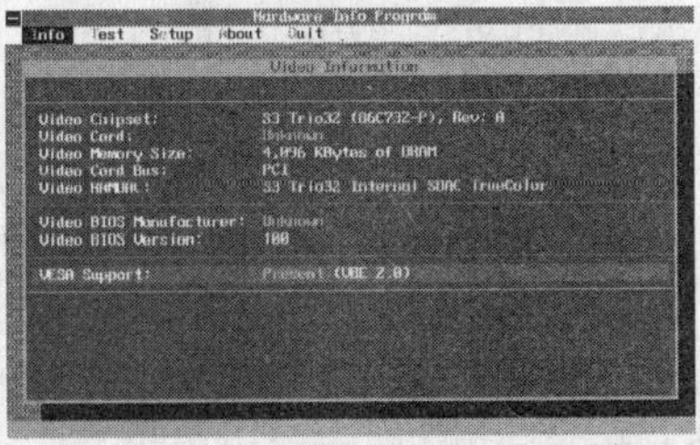

图 8-38

（7）按 Alt+I→D 组合键，则可以看到硬盘的详细信息，如图 8-39 所示。

（8）按 Alt+t→C 组合键，还可以测试 CPU，如图 8-40 所示

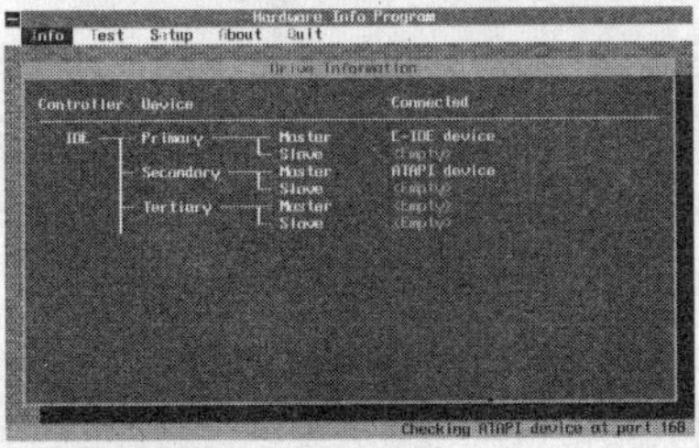

图 8-39

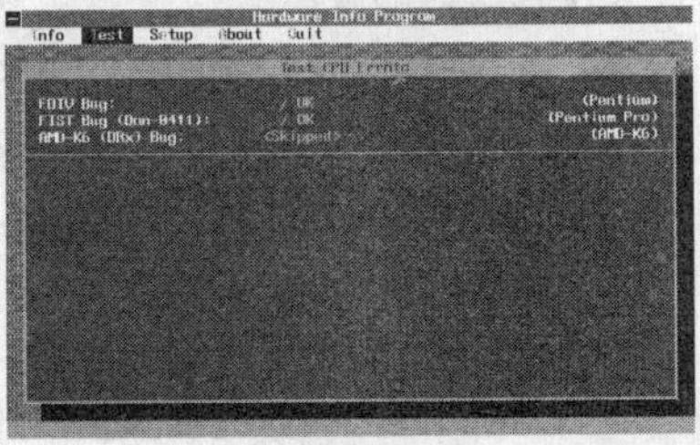

图 8-40

（9）按 Alt+E→C 组合键，可以对程序检测项目进行测试，如图 8-41

所示。

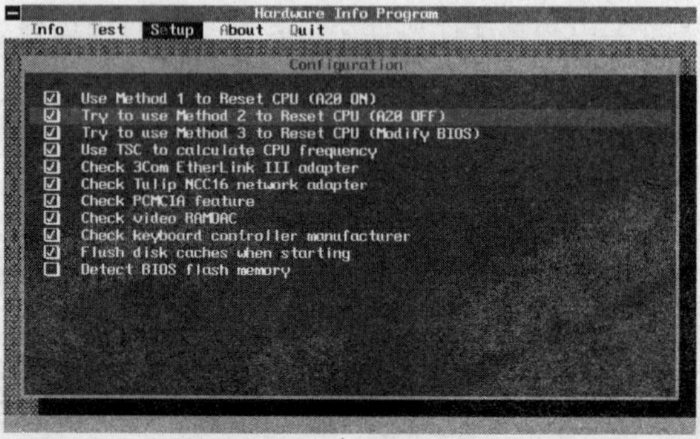

图 8-41

8-5 如何在 DOS 下检测主板是否支持大硬盘

现在硬盘的容量越来越大，很多人已经在使用 160GB、250GB 容量的硬盘，不过对于使用老主板的用户，在升级大容量硬盘的时候都会碰到一个问题，那就是 137GB 的容量限制。因为很多老主板使用的都是 28 位 LBA 硬盘寻址方式，最大只支持到 137GB 硬盘。因此使用这些主板用户，如果安装超过 137GB 的硬盘，剩余的容量就不会被系统识别。不过，对于一般的硬盘用户而言，最简单的方法就是使用“Intel 48-bit LBA Test Program”来对自己的主板进行检测。这是一个 Intel 出品的检测 48 位 LBA 的测试程序，它可以检测主板 BIOS 是否支持 48 位 LBA 寻址方式，从而确定您的主板 BIOS 是否支持 137GB 以上的硬盘。

下面来介绍在 DOS 下使用“Intel 48-bit LBA Test Program”检测主板是否支持大硬盘的方法。

（1）“Intel 48-bit LBA Test Program”可到如下网址进行下载，下载后将它复制到 C 盘根目录下。

http://download.zol.com.cn/detail/2/13924.shtml

（2）启动到 DOS 后，在命令提示符下输入如下命令后按 Enter 键：

48lbachk.exe

（3）如果本机没有安装超过 137GB 的大硬盘，程序会给出相应的检测提示“UNDETERMINED”，表示测试程序不能确定被测系统是否具有 48-bit LBA 能力，但这多半是因为当前系统中没有连接超过 137GB 的硬盘，如图 8-42 所示。

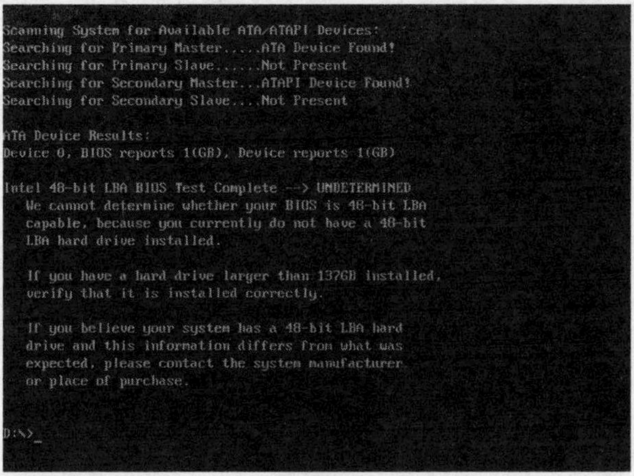

图 8-42

（4）如果给出了检测提示“PASSED”，表示支持 48 位的 LBA，如图 8-43 所示。

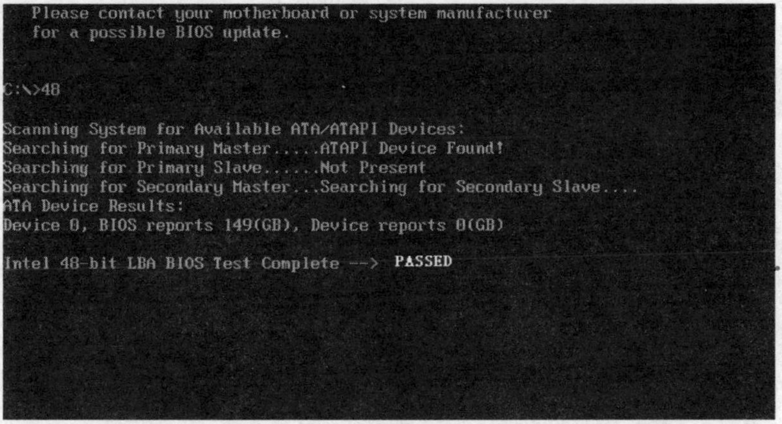

图 8-43

（5）如果给出检测提示“FAILED”表示不支持 48 位的 LBA，这时就需要进行相应的操作。比如，可以刷新主板的 BIOS，或者使用某种操作系统软件补丁、第三方硬盘管理工具等方法来使用全部的硬盘空间。此外，对于 Win2000 系统，首先打上 SP$补丁，然后修改注册表手动打开 48 位寻址功能。方法如下：

①启动到 Windows 桌面，然后单击“开始”/“运行”，在出现的“运行”对话框中输入 regedit 后按 Enter 键，打开注册表编辑器，如图 8-44 所示。

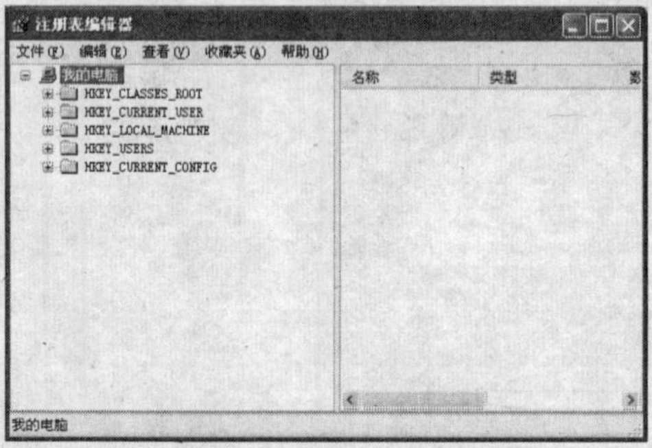

图 8-44

②找到如下注册表子项分支：

HKEY_LOCAL_MACHINE\SYSTEM\CurrentControlSet\Services\atapi\Parameters

然后在右侧窗口的右击空白处，选择“新建”/“DWORD 值”，并将新建值的名称设置为 EnableBigLba，数值设置为 1 即可。

8-6 如何用 PQ 隐藏硬盘坏道

硬盘出现坏道后，对于已经产生坏道的区域，即使修复坏道，在以后频繁读取时仍然很容易重新生成坏道。对于坏道比较集中的区域，通过隐藏这部分区域，使系统不再对它们进行读写是比较可行的保护方法。PQ 就是隐藏分区的“高手”，下面就来介绍如何使用 PQ6.0 来隐藏带坏道的分区。

> 提示!! 使用 PQ 调整分区很容易导致数据丢失，在执行下面操作之前一定要做好数据备份和转移工作。

（1）先用 USBoot 格式化一个启动闪盘，并在闪盘上新建一个名为 PQ 的文件夹。

（2）从网上下载到 PQ FOR DOS 版后，将全部文件复制到启动闪盘下的 PQ 目录下。

（3）准备一张 Windows 98 安装光盘启动电脑到 DOS，在命令提示符下输入“scandisk c:”命令后，按 Enter 键扫描 C 盘，在弹出如图 8-45 所示的询问窗口后，按 Enter 键确认。

（4）开始扫描 C 盘，并记下坏道位置。比如，下面这块硬盘的 C 分区（容量 10GB）就在 95%处发现坏道（红色 B 标记），坏道位置起始位置就是 10×95%，即在 9.5GB 处，如图 8-46 所示。

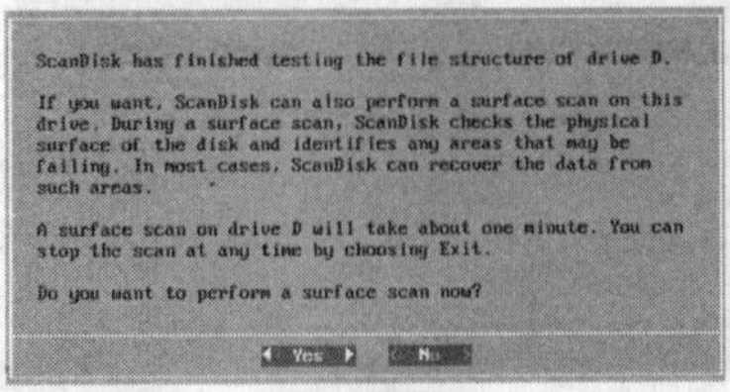

图 8-45

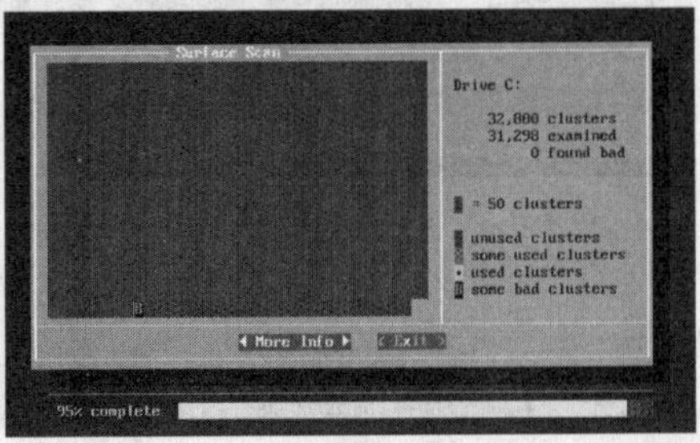

图 8-46

> 提示!!
> 坏道位置可以从下面扫描百分比获知，比如，扫描到 95&时发现坏道，则表示坏道位置在分区容量 95&处。

（5）扫描完成后，在弹出窗口选择 Exit 退出扫描，如图 8-47 所示。

（6）继续扫描 D 盘，这次在 D 盘 16%处又发现一处坏道，位置是 13.2GB 处，如图 8-48 所示。

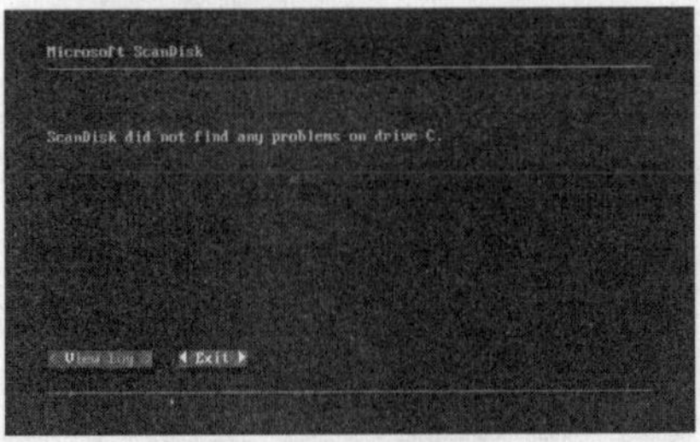

图 8-47

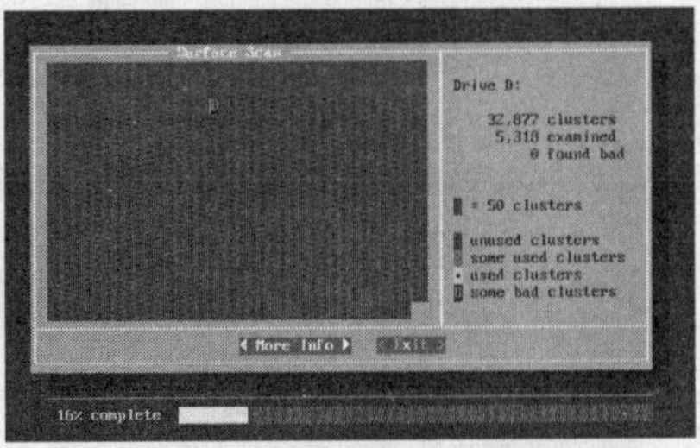

图 8-48

（7）继续扫描其他磁盘分区，没有发现坏道，这样我们需要屏蔽的区域就是 9.5~13.2GB 的位置，总计容量是 3.7GB。

（8）退出 DOS，用闪盘再次启动到 DOS 下，然后在命令提示下输入“cd pq”命令后，按 Enter 键进入 PQ 目录后，再输入“pqmagic.exe”命令后按 Enter 键，启动 PQ 并读取分区表。

（9）稍等片刻，就可以看到 PQ 读取本机硬盘的分区表并以窗口形式表示出来，如图 8-49 所示。

（10）按 Alt+P 组合键选中硬盘，然后在分区列表中用↓键选中 C 分区，再按 Alt+O 组合键选择“调整大小/移动”，如图 8-50 所示。

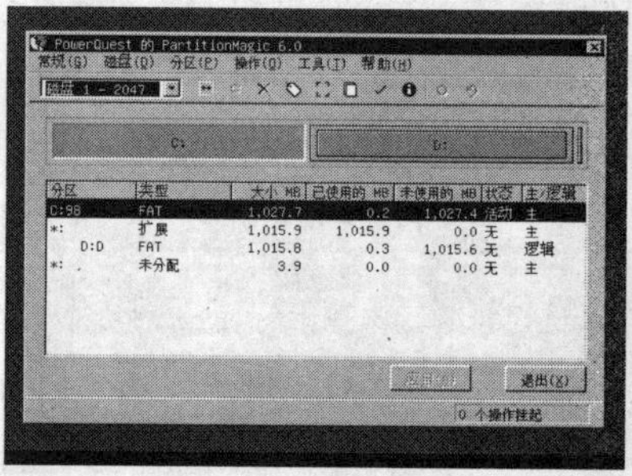

图 8-49

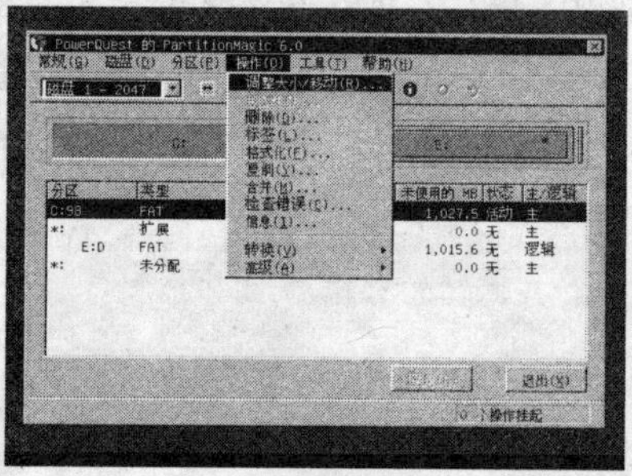

图 8-50

（11）弹出调整容量窗口后，按下 TAB 键定位到新大小框，输入 9 000（MB），即 C 盘第一个坏道位置（位置要离坏道 9.3GB 前一些），如图 8-51 所示。

（12）弹出 D 盘分区调整大小时，在“之前可用空间”处输入 3 600（NB），即 D 盘第一个坏道出现的区域，如图 8-52 所示。

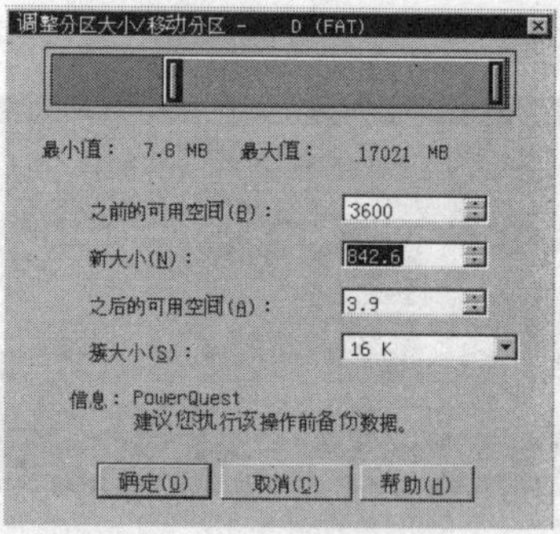

图 8-51

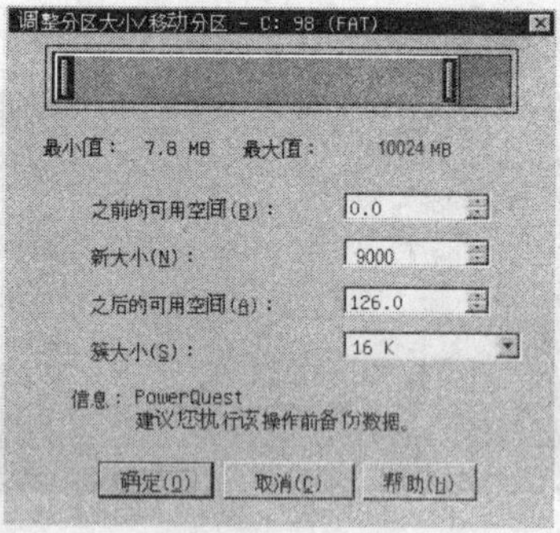

图 8-52

（13）现在就在 C 和 D 之间划分出了一块新的空间，这块空间包含了 C 和 D 之间的所有坏道，如图 8-53 所示。

（14）按 Alt+P 组合键，选择 C 下未分配区域，即上述划出的包含坏道的区域，如图 8-54 所示。

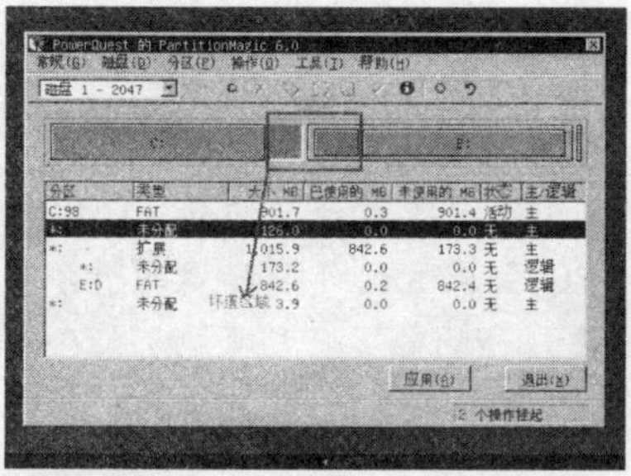

图 8-53

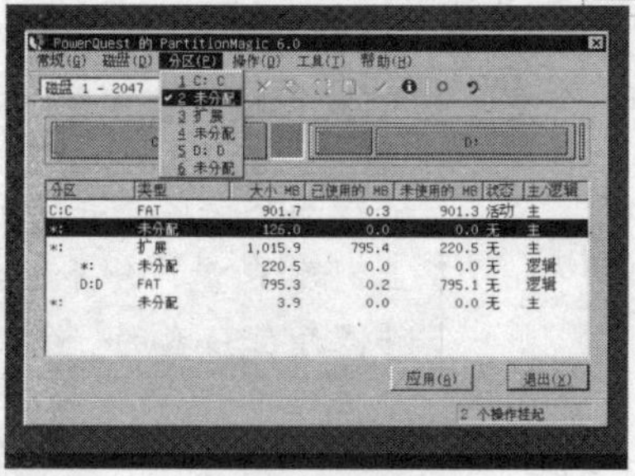

图 8-54

（15）按 Alt+O 组合键选择“创建”，准备创建一个新的分区，如图 8-55 所示。

（16）在弹出的新建分区窗口中选择全部未分配的容量创建新的分区，如图 8-56 所示。

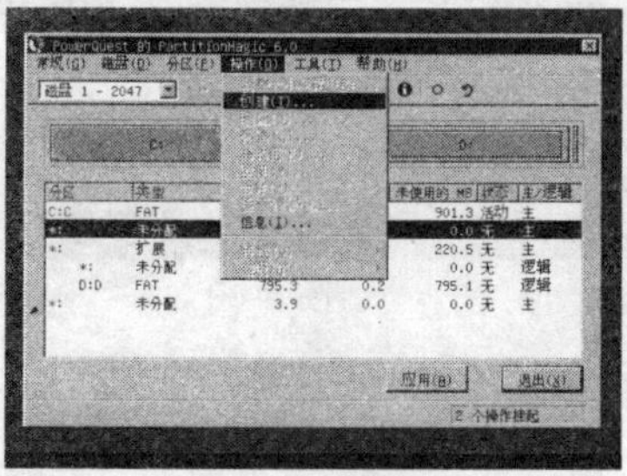

图 8-55

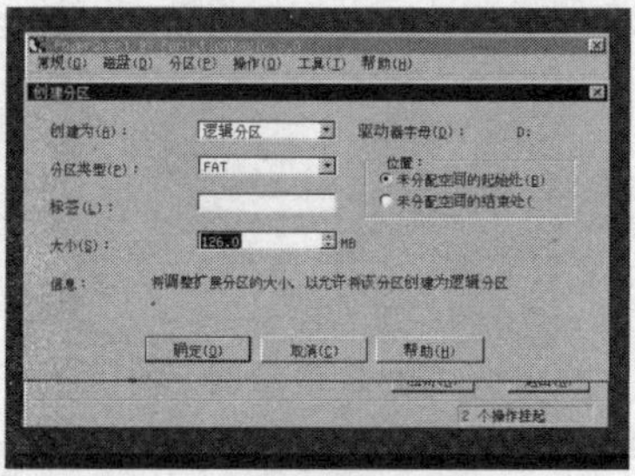

图 8-56

（17）重复上述的操作，创建 D 盘分出的区域，创建新的分区，这样就新增 2 个包含坏道的分区，如图 8-57 所示。

（18）选中新建的第一个分区（即 D 盘），按 Alt+O 组合键选择“合并”，如图 8-58 所示。

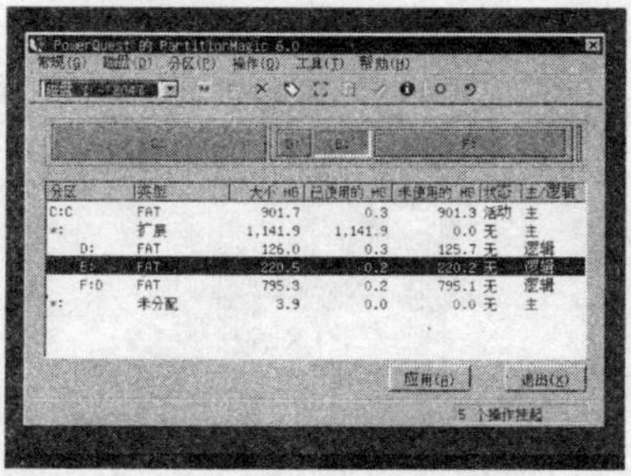

图 8-57

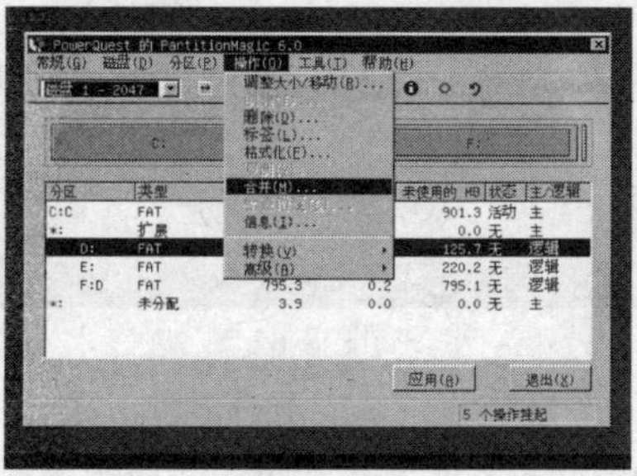

图 8-58

（19）弹出合并分区窗口，合并选项选择 E（E 盘原来的文件作为 D 盘的一个文件夹），然后输入合并文件夹名称如 F，如图 8-59 所示。

> **提示!!** 进行两个分区合并的时候，PQ 会把被合并的分区，比如上例的 E 盘，合并之前，PQ 会提示我们将 E 盘的所有文件保存在 D 盘的一个文件夹。

（20）合并以后，所含坏道分区就合并成为一个新的分区 E，结果如图 8-60 所示。

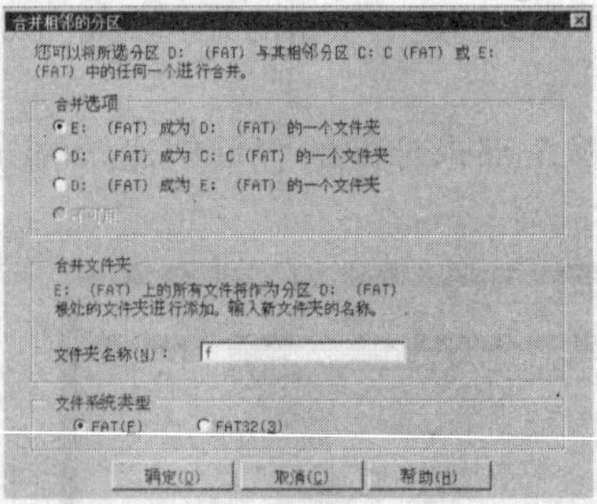

图 8-59

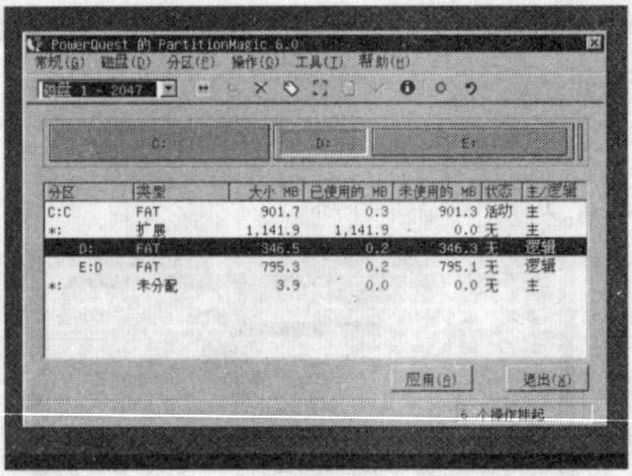

图 8-60

（21）按 Alt+P 组合键选中上述新建的分区 D，再按 Alt+O 组合键选择“高级”/“隐藏分区”，如图 8-61 所示。

（22）弹出是否隐藏分区窗口后，按 Enter 键确认，这样就隐藏这个带坏道的分区，如图 8-62 所示。

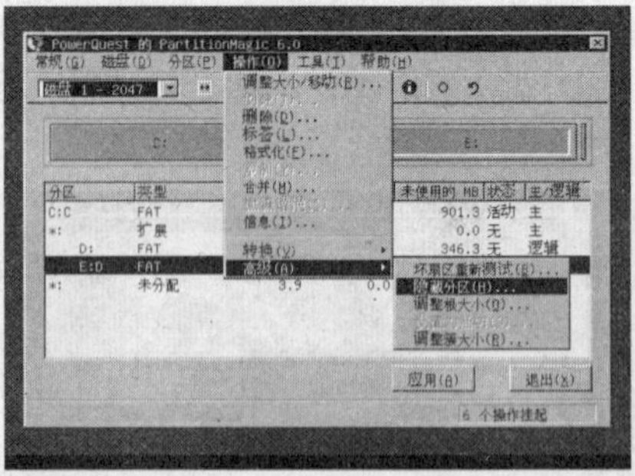

图 8-61

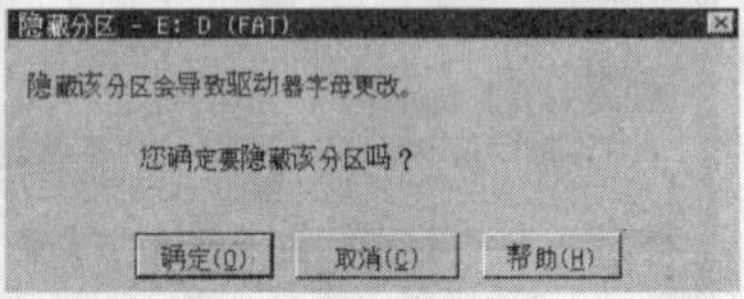

图 8-62

（23）返回 PQ 窗口就可以看到 D 盘被隐藏了，现在进入 Windows 使用电脑，系统就不会再去读取这个分区了，如图 8-63 所示。

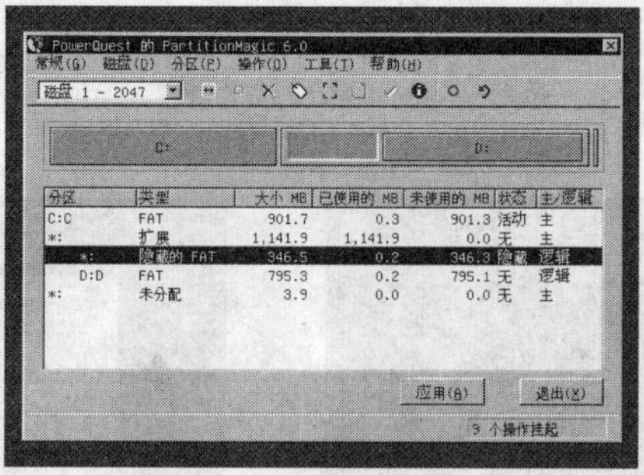

图 8-63

8-7　在 DOS 下安装操作系统

一块新硬盘经过分区和格式化后，我们就可以在硬盘上安装操作系统了，由于新硬盘上没有安装任何东西，所以我们只能在 DOS 下安装操作系统。下面介绍如何在 DOS 下安装 Windows 98 和 Windows XP。

1. 在 DOS 下安装 Windows 98

在 DOS 下安装 Windows 98 的方法为：

（1）准备一张 Windows 98 安装光盘插入光驱，开机后按 DEL 键进入 CMOS\设置，将光驱设置为第一启动。保存并退出后重新启动计算机，当出现的多重启动菜单选择“1. Start computer with CD-ROM support.”（加载光驱的支持），如图 8-64 所示。

（2）进入 DOS 用 CD 命令定位到光驱目录，比如光驱盘符是 F:，安装程序是“f:\win98\setup.exe”，则输入“f:\win98\setup.exe”后按 Enter 键，启动安装程序。按照提示按 Enter 键，开始安装，如图 8-65 所示。

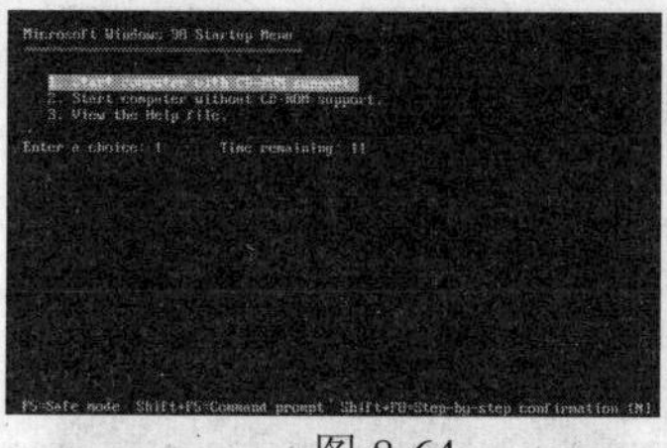

图 8-64

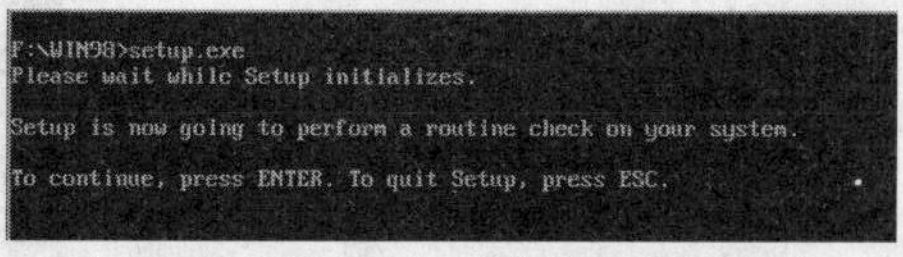

图 8-65

（3）安装程序开始扫描本机所有分区，扫描完成后，用 TAB 键定位到

Exit 后按 Enter 键退出扫描，如图 8-66 所示。

（4）稍等一会儿，屏幕就会弹出开始安装 Windows 98 窗口，此时单击“继续”按钮，如图 8-67 所示。

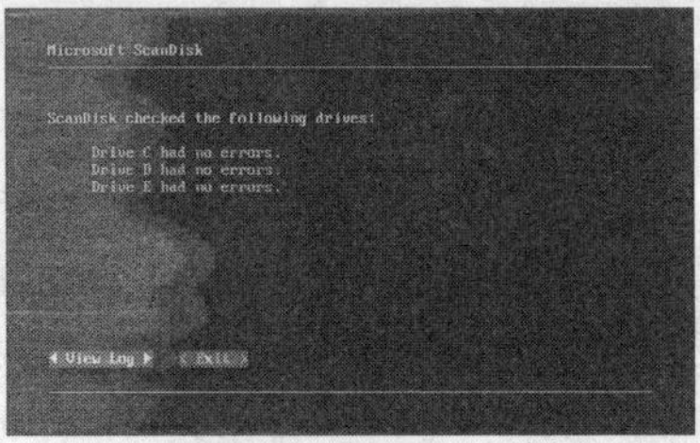

图 8-66

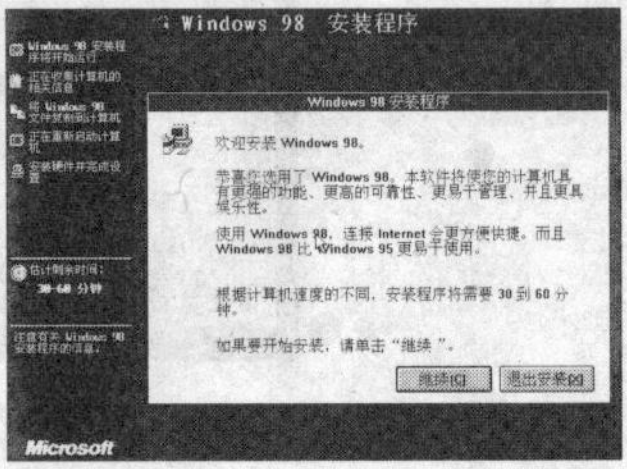

图 8-67

（5）安装程序继续运行，开始启动安装向导，如图 8-68 所示。

（6）按照提示，一直单击“下一步”按钮；直到出现制作启动软盘提示时，单击“取消”按钮，如图 8-69 所示。

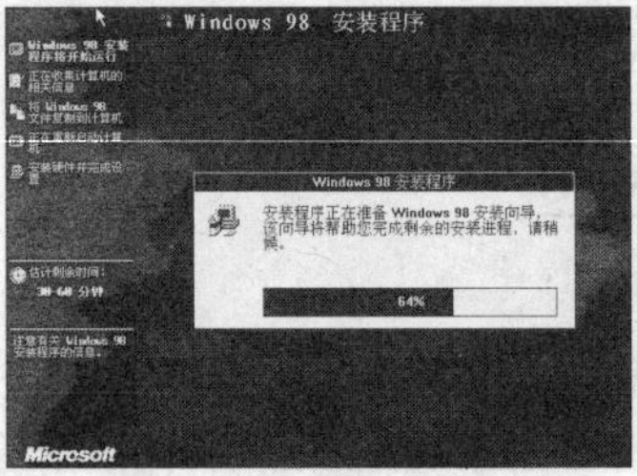

图 8-68

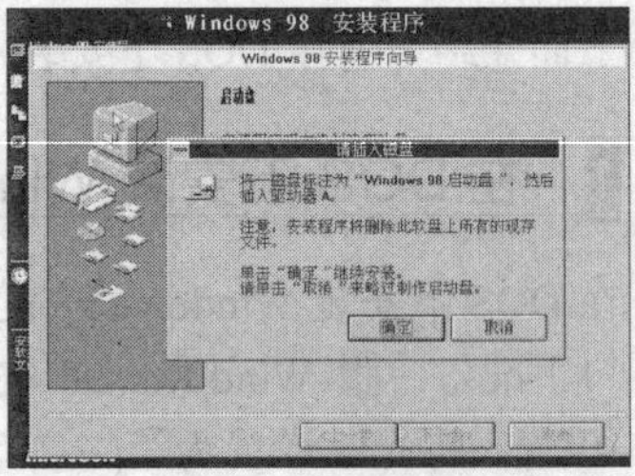

图 8-69

（7）在弹出如图 8-70 所示启动盘制作窗口后，单击“确定”继续下一步的安装。

（8）当出现复制文件到本地硬盘窗口时，等待文件复制，完成复制操作后，程序会自动重启，如图 8-71 所示。

图 8-70

图 8-71

（9）重启后取出安装光盘，按屏幕提示操作依次完成各个系统组件的安装，这样即可完成 Windows 98 的全部安装操作。

2. 如何快速安装 Windows 98

通常安装 Windows 98 都是通过光盘，速度比较慢。其实无论 Windows 98，还是其他许多应用软件，都可以通过硬盘安装，速度可以明显提高。以光驱为 G 盘，准备将安装文件储存在 D 盘为例介绍具体操作是：在 D 盘创建文件夹 Win98setup，将安装光盘上 Windows 98 目录下的所有文件拷贝进去。然后在 DOS 下运行 D:\Win98setup\setup.exe 即可。

3. 在 DOS 下安装 Windows XP

在 DOS 下安装 Windows XP 的方法为：

（1）准备一张 Windows XP 安装光盘插入光驱，开机后按 DEL 键进入 CMOS\设置，将光驱设置为第一启动。保存并退出后，当屏幕出现“Press any key to boot from CD”（按任意键从光驱启动），按下任意键启动系统，如图 8-72 所示。

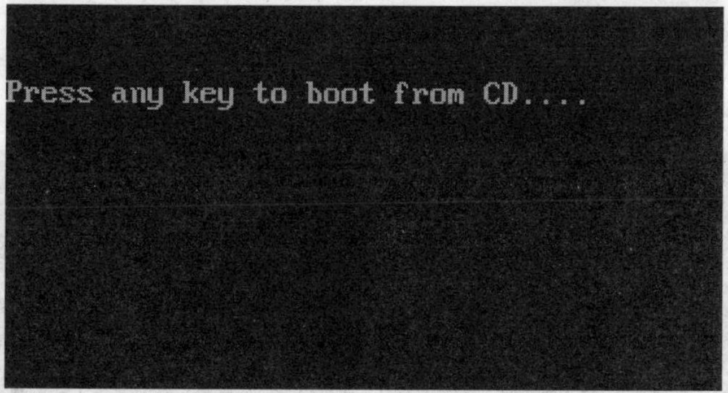

图 8-72

提示!!

> Windows XP/2000 安装光盘启动后，都需要按一下任意键才能从光盘启动，否则默认还是从硬盘启动系统。

（2）安装开始检测本机的硬件配置，如图 8-73 所示。

图 8-73

> **提示!!**
> 如果有些安装光盘没有自动启动安装，可以用 Windows 98 安装光盘启动系统到 DOS，然后插入 Windows XP 安装光盘，接着在命令提示下输入“h:\i386\winnt.exe↙”（假设 h:为光驱盘符），启动安装程序即可。

（3）硬件检测完毕，安装程序会自动检测到本机的分区，选择第一个分区并按 Enter 键，如图 8-74 所示。

（4）在弹出的如图 8-75 所示窗口中，移动方向键↓选择“保持现有文件无变化”后按 Enter 键。

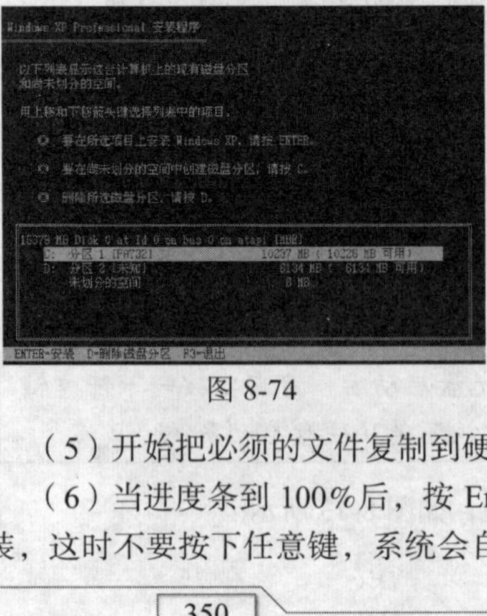

图 8-74

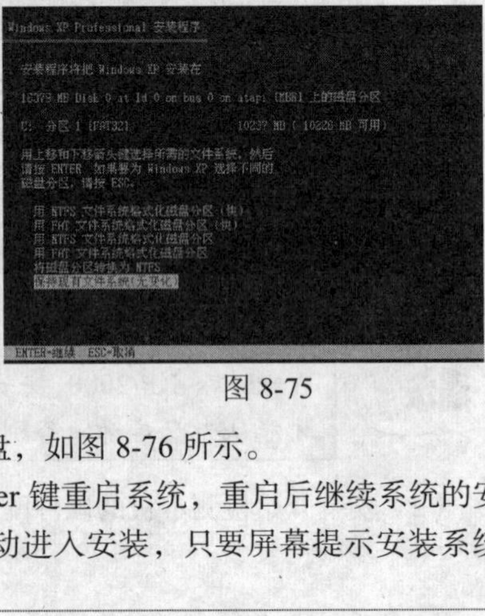

图 8-75

（5）开始把必须的文件复制到硬盘，如图 8-76 所示。

（6）当进度条到 100%后，按 Enter 键重启系统，重启后继续系统的安装，这时不要按下任意键，系统会自动进入安装，只要屏幕提示安装系统其他组件即可，如图 8-77 所示。

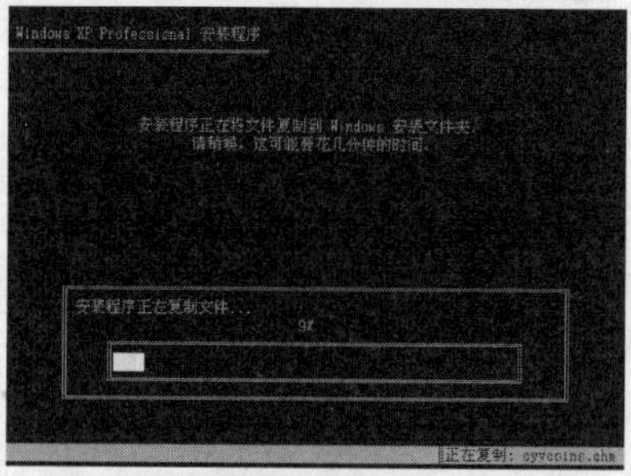

图 8-76

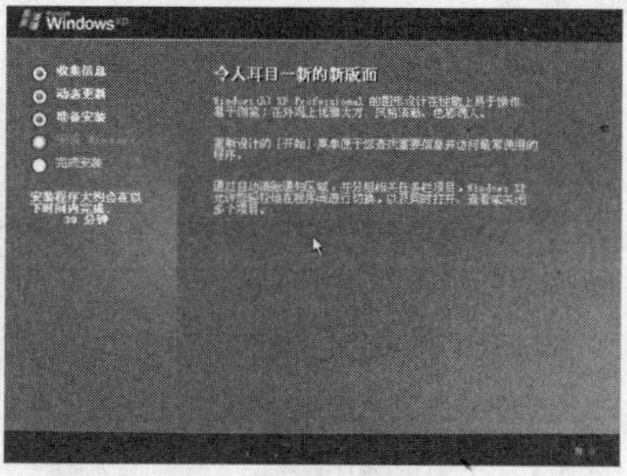

图 8-77

4. 如何快速安装 Windows XP

如果要快速安装 Windows XP 操作系统，则可以按照如下方法进行操作。

（1）首先制作一张 Windows 98 系统启动盘，然后将 Windows 98 系统安装目录下的 Windows 目录中的 Smartdrv.exe 文件直接拷贝到 Windows 98 系统启动盘里，再将 Windows 98 等 MS-DOS 启动软盘放入软驱。

（2）在光驱中放入 Windows XP 安装光盘，然后进入电脑 BIOS，把启动的顺序改为由软盘启动，保存后退出 BIOS，系统重新启动进入 DOS 状态。

（3）运行 Smartdrv.exe，然后进入 Windows XP 安装光盘所在驱动器，进入到 I386 目录下，运行 WINNT.EXE 程序即可开始安装 Windows XP 系统了。

8-8　DOS 使用技巧

1. *.*的简写

*.*可以用“.”代替，比如，删除当前目录中的全部文件：

DEL .

2. 如何把目录文件的列表存入文本文件中

要把目录文件的列表存入文本文件中，则输入如下命令后按 Enter 键：

DIR >filename

3. 如何连续显示多个文件的内容

要连续显示多个文件的内容，则输入如下命令后按 Enter 键：

COPY *.* CON

4. 如何改变磁盘文件的注册时间

要改变磁盘文件的注册时间，则输入如下命令之一后按 Enter 键：

COPY filename + NUL

COPY filename + ,,

5. 如何向文本文件中追加数据

要向文本文件中追加数据，则输入如下命令之一后按 Enter 键：

COPY filename + CON

TYPE CON>>filename

输入完毕后按 F6 或 Ctrl + Z 键结束。

6. 键盘指法练习或汉字输入练习的简易屏幕是什么

要进行键盘指法练习或汉字输入练习，则输入如下命令之一后按 Enter 键，就能打开一个简易屏幕进行练习：

COPY CON NUL

7. 如何直接打印键盘输入的内容

要直接打印键盘输入的内容，则输入如下命令之一后按 Enter 键：

COPY CON PRN

MORE >PRN

SORT >PRN

输入完毕后按 F6 或 Ctrl + Z 键。

8. 如何生成零字节文件

要生成零字节文件，则输入如下命令后按 Enter 键：

TYPE NUL>filename

上述方法常用于处理需保密的磁盘文件，起到删除文件内容的作用，内容被删除后一般不可恢复。

9. 如何拷贝零字节文件

对零字节文件的拷贝，不能用 COPY 命令，只能用 XCOPY 命令。例如：

XCOPY filename1 filename 2

10. 如何正确使用 COPY 和 XCOPY 命令

（1）要将若干个文件联结成一个文件时，则使用 COPY 命令。

（2）拷贝小于 64KB 的单个文件，使用 COPY 命令；拷贝大于 64KB 的文件，应使用 XCOPY 命令。

（3）拷贝多个文件应使用 XCOPY 命令。

（4）拷贝子目录中的内容，应使用 XCOPY /S 命令；拷贝一批文件到软盘，应使用 XCOPY /M 命令。

11. 什么时候用 XCOPY 命令的/D 开关项

有时候需要从某个目录中“选出”从某一天开始建立或修改过的文件，并将它们备份，此时可使用 XCOPY/D 命令。比如，下述命令可以把 C 盘目录下那些在 2006 年 1 月 1 日以后建立或修改过的文件拷贝到 A 盘：

XCOPY C:*.* A:/D:01-01-2006

12. 如何用单软驱复制软盘

有的电脑只安装有一个软驱，这个驱动器既当 A 盘又当 B 盘使用，如果要在这样的系统上进行软盘复制，使用下述的 XCOPY 命令：

XCOPY A: B:

13. 如何整理软盘中碎块，提高使用效率

一张软盘经过多次建立和删除文件操作后，某些文件记录会以不连续的形式存放在软盘空间中，造成软盘空间产生许多碎块，影响软盘的读写

操作性能，严重时可导致读写故障。

解决以上问题可使用 COPY 命令进行整盘拷贝，则新盘上的文件保持连续存放。

14. 如何将多个文件连续拷入多张软盘

要将多个文件连续拷入多张软盘，方法为：

（1）用 ATTRIB 命令设置每一文件的文档特性：

ATTRIB +A *.*/S

（2）使用 XCOPY 命令，在软盘装满后插入新盘，根据文档特性决定哪些文件需要拷贝，哪些不拷贝。

XCOPY *.* A:/S/M/W

15. 如何使用 TYPE 命令“拷贝”文件

拷贝文件通常使用 COPY 命令或 XCOPY 命令，其实，TYPE 也有“拷贝”文件的用途：

TYPE filename l>filename 2

这种方法对于拷贝隐含文件非常有效。例如：

TYPE IO.SYS>A:IO.SYS

16. 如何以小写方式显示文件或目录

要以小写方式显示文件或目录，则输入如下命令后按 Enter 键：

DIR /L

17. 如何只显示文件名与子目录名，不显示文件大小和生成时间等信息

只显示文件名与子目录名，不显示文件大小和生成时间等信息，则输入如下命令后按 Enter 键：

DIR /B

18. 如何使 DIR 总是按文件名的字母顺序来显示文件

要使 DIR 总是按文件名的字母顺序来显示文件，则在 Autoexec.bat 文

件中加入下述命令行即可：

SET DIRCMD=/O

19. 如何只列出当天创建的文件目录

若想知道当天（如 2006 年 10 月 21 日）建立了多少文件，可用下述命令列出：

DIR|FIND　“10 21 2006”

20. 如何禁止使用 DIR 命令进行目录文件列表

若不希望别人使用 DIR 命令进行目录文件列表，可使用如下方法之一：

方法 1：输入如下命令后按 Enter 键：

DOSKEY DIR=You can not use DIR!

方法 2：在 AUTOEXEC BAT 中加入如下命令行：

SET DIRCMD=0

此命令的功能是在用 DIR 命令来显示文件时，只显示“File not found”，能起到暂时保密的作用。若想显示文件及目录，只有指定具体的文件名或路径。

方法 3：输入如下命令后按 Enter 键：

SET DIRCMD=DIR>NUL

此命令执行后再使用 DIR 命令，将输出没有文件的信息，也颇具迷惑性。

21. 如何在有多级目录的磁盘上查找文件

要在有多级目录的磁盘上查找文件，可使用如下方法之一：

方法 1：输入如下命令后按 Enter 键：

CHKDSK /V|FIND “文件名”

其中，文件名必须用大写字母。

方法 2：输入如下命令后按 Enter 键：

DIR /S 文件名

22. 如何使计算机在 DOS 命令行发出声音

要使计算机在 DOS 命令行发出声音，输入如下命令后按 Enter 键：

ECHO ^G

23. 如何记录每次使用计算机的日期和时间

有时需要记录每次使用计算机的日期和时间，以便加强用机管理。可以利用上述技巧，只需在 Autoexec.bat 文件中加入下列命令行：

ECHO + |DATE>>ABC

ECHO + |TIME>>ABC

这样在每次启动计算机后，文件 ABC 中就自动记录了日期和时间，执行命令 TYPE ABC 即可查看以往开机日期和时间。

24. 自动统计命令或文件的运行时间

下面给出一个计时器 TIMETEST.BAT，以实现自动统计命令或文件的运行时间：

```
@ECHO OFF
TIME 0
COMMAND /C  %1 %2 %3 %4
ECHO  %1  %2  %3  %4 运行时间为：
ECHO + |TIME|FIND "time is"
@ECHO ON
```

比如，测试 AUTOEXEC.BAT 运行时间：

```
C>TIMETEST AUTOEXEC.BAT |
AUTOEXEC.BAT 运行时间为：
Current time is 0：00：03  49
```

说明 AUTOEXEC.BAT 运行了 3.49 秒。

25. 如何跳过或单步执行 CONFIG.SYS 和 AUTOEXEC.BAT 文件

方法 1：启动计算机，屏幕出现 Starting MS-DOS…时，按 F5 键或 SHIFT 键，DOS 便会跳过 CONFIG.SYS 和 AUTOEXEC.BAT 两个文件，用系统运行的基本环境配置来启动机器。

方法 2：当出现上面的提示后，按 F8 键，并通过键盘逐一回答 Y 或 N 来选择执行命令。

方法 3：在 CONFIG.SYS 文件的命令中加上“?”号。如 DOS?=UMS，这样在执行到该条命令时，便会出现[Y，N]?的选择提示，让您选择是否装入该命令。

26. 如何省去 DOS 启动时等待按 F8 或 F5 的两秒时间

要省去 DOS 启动时等待按 F8 或 F5 的两秒时间，方法是在 CONFIG.SYS 文件的头部加上如下语句：

SWITCHES=/F

此后同样可以实现以前的功能，方法是在未出现“Starting MS-DOS…”时就按下 F8 或 F5 键。

27. 如何单步执行批处理文件

要单步执行批处理文件，则使用如下语法：

COMMAND /Y /C （批处理文件名）

开关“/Y”告诉DOS 在执行每一行前暂停，提示[Y，N]询问用户是否执行。

28. 如何快速获取 DOS 命令的帮助信息

要快速获取 DOS 命令的帮助信息，可采取如下方法之一：

方法 1：使用如下语法：

FAST HELP 命令名

方法 2：使用如下语法：

命令名 /?

方法 3：使用如下语法：

命令名 /H

29. 如何方便地更改子目录名

以下 MOVE 命令能将 C:目录改名为“C::”：

MOVE C: C:

30. 如何用 MOVE 命令对子目录进行简单加密或解密

加密：

比如要将 C:目录利用半个汉字进行简单加密，可执行命令：

MOVE C: C(半个汉字字符)

解密：

可用 MOVE 命令结合通配符*或?，将不可识别的目录名改成其他名字，达到解密目的。

31. 如何快速进入深层子目录

可用 SUBST 命令设置驱动器标识符，取代深层次子目录路径，使得进入深层次子目录十分方便。比如，下述命令可以将子目录“C:”模拟成 M 盘:

SUBST M: C:

这样，在任何目录下，只要将当前驱动器变成 M，即可进入 PRG 子目录。

32. 如何取消 SUBST 设置的盘符

比如，要取消上例中的 M 盘，则输入如下命令后按 Enter 键:

SUBST M: /D

33. 如何建立并进入新目录的 MD 命令

DOS 中的 MD 命令只能建立子目录，建好后再用 CD 命令进入，其实可以用：

DOSKEY MD=MD $1 $T CD $1

对 MD 命令进行重新定义，此后使用 MD 时，建立目录和进入目录同步完成。

34. 如何排除非法文件列表

DIR 命令中支持通配符*和?来代替其他字符，但却没有提供相应的排除字符的功能，而利用 FIND 命令中的/V 参数，则能方便地实现排除法列表。下述命令能将除去.BAK 文件和子目录以外的所有文件列出：

DIR |FIND/V “BAK” |FIND/V “<DIR>”

35. “.>”和“>>”的区别是什么

下面举例说明“.>”和“>>”的区别。

DIR>DIRLIST：如果 DIRLIST 文件存在，将清除其文件内容，并将新内容输入文件中。

DIR>>DIRLIST：如果 DIRLIST 文件存在，将输出数据附加到这个文件末尾。

在 DIRLIST 文件不存在时，两者是等价的。

36. 如何快速添加搜索路径

要快速添加搜索路径，则可使用如下命令：

PATH=%PATH%;%1

37. 如何将目录名隐藏起来

由于 ATTRIB 命令可改变一个目录的属性，所以利用该命令可将目录名隐藏起来。比如，要将目录 C:隐藏起来，则可使用如下命令：

ATTRIB +H C:

38. 如何快速删除目录树

用 DELTREE 命令可快速地删除指定目录，而不管目录中有多少子目录以及文件为何种属性。例如：

DELTREE C:

39. 如何防止误删除文件

DEL 命令是一个危险的命令，可以用下述命令对其进行重新定义，使得在删除文件时有确认提示：

DOSKEY DEL=DEL $1 /P

40. 如何恢复误删除的文件

UNDELETE 命令可以用来恢复删除文件，以下命令能将当前目录中的被删文件恢复出来：

UNDELETE *.* /ALL

此命令恢复出来的文件名的第一个字符变成了 #，可用 REN 命令更改成原来的文件名。

41. 如何回忆用过的命令

执行 DOSKEY 命令后，用户所输入的命令便被存储起来，以后若要回忆使用过的命令，可随时用方向键“↑”或“↓”键进行前后逐条查找。

42. 如何禁止非法访问某个驱动器

在 AUTOEXEC.BAT 文件中加入下述两条命令，可以禁止非法访问 D 盘，当输入 D:时，屏幕即关闭，只有知道密码 ZM 的人才能进入 D 盘：

DOSKEY D:=ECHO OFF

DOSKEY ZM=D:

43. 如何防止误删除 C 盘格式化

为了保护 C 盘，防止别人格式化，可用 DOSKEY 对 FORMAT 命令进行重新定义，例如：

DOSKEY FORMAT=You can not format C:!

这样，别人在使用 FORMAT 时，就会出现“You can not format C：!”的提示，从而使 C 盘得到保护。若自己想用 FORMAT 时，再用如下命令恢复：

DOSKEY FORMAT=

44. 如何检查屏幕状态，获得有关屏幕显示字符和行数的报告

要检查屏幕状态，获得有关屏幕显示字符和行数的报告，则使用如下命令：

MODE CON

45. 如何提高键盘的响应速度

要提高键盘的响应速度，则使用如下命令：

MODE CON:RATE=32 DELAY=1

46. 如何制作一个简单的键盘锁

在您使用计算机时，如果要离开一会儿，又不想关机，此时为了不让别人随意使用，可编制一个简单的键盘锁 LOCK BAT 程序。

内容如下：

```
@ECHO OFF
CLS
CHOICE /C:* /N
```

运行之后，形同死机，“*”号就是键盘锁的钥匙，不知道的人无法破译。

47. 双冒号“：：”在注释行中有什么作用

在 DOS 批处理文件开头，经常使用 REM 注释命令加一个程序头。比如，假设有一个名为 TEST.BAT 的批处理文件，它以一个文本文件名为输入参数，若在开头说明其用法时，使用了一个采用<和>和括号的注释行，即：

```
REM TEST<filename>
```

程序执行此命令时，DOS 将显示“File not found”信息，因为它以为 filename 是一个重定向输入操作的源文件，它在当前目录中找不到。如何解决这个问题?

很简单，只需将 REM 改为双冒号“ :: ”，即：

```
:: TEST<filename>
```

48. 如何在批处理文件中禁止命令显示在屏幕上

由于 DOS 是在各个命令执行前就将它们显示到屏幕上的，因此，即使您将 ECHO 命令置为 OFF，它本身也会出现在屏幕上。要抑制它的显示，可在 ECHO 命令行前加@符，比如：

```
@ ECHO OFF
```

49. 如何统计源程序的行数

假设源程序名为 ZM.PRG，下述 FIND 命令可方便地统计它共有多少行：

```
FIND /V /C " " ZM.PRG
```

50. 如何在屏幕上指定位置显示日期和时间信息

把 ANSI SYS 的屏幕和光标控制功能与 PROMPT 的设定 DOS 命令提示符功能结合起来，可以在屏幕上选定的位置显示特殊的信息。比如，在 Autoexec.bat 中加入下述命令行，可将日期和时间信息移到屏幕的右下方：

PROMPT $E[S $E[25;52H DT $E[u PG

51. 如何用 F2 键编辑上次命令

用 F1 或 F3 功能键可复制上次命令，类似地 F2 键能得到部分上次命令，当按下 F2 键时，DOS 就将上次命令内容拷贝到按 F2 键后键入的字符（不含）为止。比如，键入以下命令后按 Enter 键：

C>DIR.COM

按 F2 键及 M 键，可以得到：

C>DIR

这时再按 INS 插入键，输入 R，再按 F3 键复制上次命令剩余部分，得到正确的命令：

C>DIR.COM

52. 如何用 F4 键编辑上次命令

当按下 F4 键时，DOS 从按 F4 键后按的字母开始复制上次命令。比如，上次命令为：

C>DIR[enter]

按下 F4 键，再输入 F，然后再按 F3，DOS 就会显示 FORMAT 命令：

C>FORMAT

53. 如何在批处理文件中引用环境变量

批处理文件可以引用系统上已定义的环境变量。具体方法是在环境变量名的前后各放一个百分号“%”。比如，要在批处理文件中显示环境变量 PATH 的内容，可加进命令行：

ECHO %PATH%

54. 如何查看单个环境变量

如果您经常使用环境变量，当用 SET 命令显示当前所有已分配的环境变量时，列表就可能很长，屏幕可能很杂乱。为方便起见，可用下面的批处理文件 VIEWENV.BAT 在命令行直接显示单个环境变量：

SET |FIND /I "%1"

比如，要察看 COMSPEC 的内容，只需执行：

VIEWENV COMSPEC

55. 内存有哪些类型

内存有如下类型：

（1）常规内存：0 ~ 640KB。

（2）上位内存区(UMA)：640KB 到 1MB。

（3）扩展内存：自 1MB 起向上延伸。

（4）高内存区(HMA)：1MB 以上的稍小于 64KB 的扩展内存区。

（5）扩充内存。

56. 如何显示某个特定程序占用内存的情况

要显示某个特定程序占用内存的情况，则输入如下命令后按 Enter 键：

MEM /Module

其中，module 表示特定程序文件名，不要带扩展名。

57. 关闭或重新启动计算机时，如何确定所有在高速缓存的信息均已写入硬盘

当您关闭或重新启动计算机时，希望确定所有在高速缓存的信息均已写入硬盘时，则输入如下命令后按 Enter 键：

SMARTDRV /C

58. 如何避免 SCANDISK 的磁介质扫描

运行 SCANDISK 时，磁介质扫描要消耗很长时间，其实，使用如下命令便可以避免：

SCANDISK /CHECKONLY

59. 何时使用虚拟盘

虚拟盘（也称 RAM 盘)能显著提高磁盘文件的存取速度，但它在断电或重启动时会丢失数据。因此，使用 RAM 盘时要特别小心。在没有硬盘的系统上，RAM 盘值得一用；在需要存放较大的临时文件或复制程序时，也可以使用；当您的系统上配有 CD-ROM 时，在开始工作前，可将 CD-ROM 盘上的文件与数据复制进 RAM 盘，能够显著提高效率。

第 9 章

DOS、故障解析

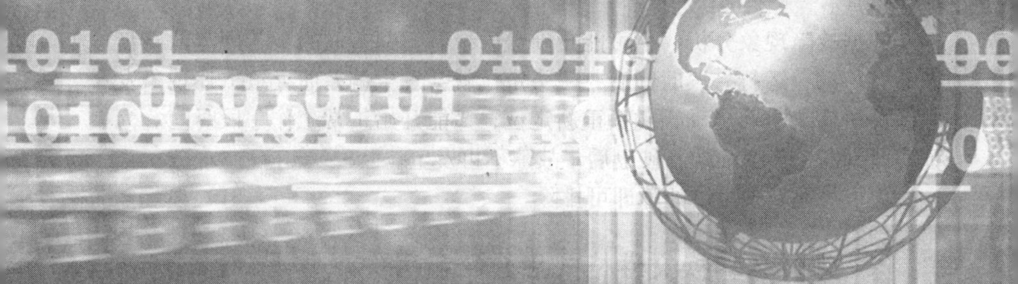

DOS Windows 命令速查 1000——→**本章内容**

1. 启动时出现“Pri Master HDD Error…”是什么问题
2. 为什么转换文件格式后，C 盘丢失
3. 为什么压缩分区后，系统出错
4. 为什么无法对硬盘进行格式化
5. 硬盘出现了坏道怎么办
6. 为什么开机时屏幕显示“No Rom Basic，System halted”
7. 为什么开机时屏幕显示 HDD Controller Failure
8. 为什么开机时找不到操作系统
9. 为什么开机时屏幕显示“Bad or missing command interpreter”
10. 为什么系统显示“Starting Windows…”后死机

……

1. 启动时出现“Pri Master HDD Error…”是什么问题

某硬盘分为两个逻辑盘，长时间运行后，偶尔发现 D 盘运行速度变慢或程序不能运行的故障，而 C 盘运行正常。退出并进行热启动，屏幕上出现：

Pri Master HDD Error…

有时 C 盘不能引导，BIOS 设置中查不到硬盘。关机后重新启动，又一切正常。

根据故障现象分析，很可能是硬盘质量有问题造成的。若硬盘的磁盘架略有松动，运行一段时间后，磁头定位就会发生偏差而导致上述现象发生。关机后，重新启动，磁头重新定位，又能开始正常工作一段时间。为证实此判断，更换一块新硬盘后，故障不再发生。

更换一块新硬盘，故障即可排除。

2. 为什么转换文件格式后，C 盘丢失

用驱动转换器把 C 盘从 FAT16 转换为 FAT32 文件系统后，找不到 C 盘。

这种故障并不普遍，但在 Windows 98 操作系统中的确存在。发生这种故障后，如果用软盘启动系统，会发现原来的 C 盘找不到，原来的 D 盘变成了 C 盘。这种故障可能是由于操作系统因某些原因运行不稳定，造成文件分配表不能被操作系统承认所致。

用系统软盘启动电脑后，运行 Partition Magic 软件（该软件可以自动找到“丢失”的硬盘），然后再把文件分配表重新调整回来即可。如果以前安装的部分软件不能正常运行，可重新安装软件。

3. 为什么压缩分区后，系统出错

某电脑安装了 Windows 98 操作系统，其硬盘分为三个区。当用户使用 Drive Space 对 E 区进行压缩时，系统显示错误信息：Drive E cannot be compressed because it is a FAT32 drive。

该提示信息的意思是 E 盘是 FAT32 格式，无法被压缩。这实际上是因为 Drive Space 只能利用 FAT12 和 FAT16 文件系统进行工作，它无法用于使用 FAT32 文件系统的硬盘。

目前，用 Windows 自带的磁盘压缩工具是不能对使用 FAT32 文件系统的硬盘进行压缩的。用户可以使用一些第三方支持 FAT32 的磁盘压缩工具进行压缩。

4. 为什么无法对硬盘进行格式化

用 Format 命令对硬盘作高级格式化，当进行到大约 30%的时候，格式化进度就一直停滞不前，等待很长时间后，格式化进程终止。

当操作系统对硬盘格式化时，要读取各扇区的标识（ID）信息。当读到某些位置的扇区时，如果扇区的 ID 信息出错，或者扇区物理受损导致根本无法读出信息，格式化过程就会反复对这部分扇区进行读操作，企图读出其中的信息，但总是出错。从表面上看，格式化进程出现停顿。

出现这种情况说明硬盘的一些区域可能有坏扇区。此时可按键盘组合键 Ctrl+Break 强行终止格式化过程，然后进行如下处理：

（1）使用 Scandisk 修复逻辑坏道：在 DOS 环境下运行 Windows 自带的 Scandisk，选择表面检测，如果发现了坏扇区，按照提示进行修复即可。

（2）使用 Fbdisk 将坏扇区自动重新分区，将所有坏扇区隐藏，还自动将坏扇区分开，防止坏扇区扩散。

Fbdisk 的下载地址如下：

http://www.jhdz.com.cn/personnel/patchhome/openfile.asp?TableName=debugsoft&Type=酷品推荐&FileName=download\fbdisk10.zip

5. 硬盘出现了坏道怎么办

硬盘上出现了坏道，使用 Windows 系统自带的磁盘扫描工具和 NDD 都不能成功修复。

一般情况下，使用 Scandisk，NDD 无法修复的坏道，分区格式化后依然存在的坏道，都属于物理坏道。对于物理坏道，可以通过划分单独的分区并隐藏来处理，也可以尝试低级格式化，但低级格式化的效果不好而且对硬盘有物理损伤。抱着尝试的心理，使用 DM 软件对有坏道的硬盘进行了“清零”操作（使用【Advanced Options】【Maintenance Options】【Zero Filling】命令，就是将硬盘的所有空间写入 0）。然后重新分区格式化，安装操作系统，使用一直正常。说明硬盘的坏道还是属于逻辑坏道，虽然通过各种软件无法修复。

6. 为什么开机时屏幕显示“No Rom Basic，System halted”

开机系统自检完成后，显示器屏幕显示“No Rom Basic，System halted”

出现上述提示的原因可能是引导区资料损坏，或者是系统被病毒感染，或者是分区表中没有自举标志，或者结束标志单元的内容被改写，而非正常标志 55AAH。

用相应的系统启动软盘启动电脑，运行“Fdisk/MBR”命令，此命令可以恢复主引导记录，并重新写入正确的结束标志。这种方法对于修复主引导记录和结束标志非常简便。如果分区表中没有自举标志，可用诺顿磁盘医生 NDD 快速恢复。

7. 为什么开机时屏幕显示 HDD Controller Failure

【故障现象】启动电脑时，屏幕出现错误信息 HDD Controller Failure，无法正常启动。

【分析处理】错误信息的大意是硬盘控制器启动失败，打开机箱检查硬盘的连接情况，发现数据线插反了，电源线连接正确。将数据线重新插好后，开机正常。

提示!!
> 如果硬盘的数据线和电源线没有正常连接，或者接触不良，就会出现与此故障类似的情况。

8. 为什么开机时找不到操作系统

开机时硬盘无法自检，系统找不到操作系统，屏幕显示“Missing Operating System”。

这种故障现象比较严重。产生这种故障的主要原因是硬盘主引导扇区资料被破坏，如硬盘主引导标志或分区标志被更改或丢失，导致硬盘无法自检。病毒往往是这种故障的罪魁祸首，它用错误的资料覆盖了主引导扇区。

首先应使用杀毒软件清除病毒，其次是对硬盘进行修复。一些常见的杀毒软件和工具软件，如 KV3000、PCTOOLS、NDD 等都提供了硬盘修复功能，使用这类软件一般能解决问题。

如果没有此类工具软件，可尝试使用 DOS 下的 DEBUG 程序，硬盘的正确引导标志是 55AA，它位于主引导记录中最后两个字节上，只要恢复了正确的系统引导标志，就应该能恢复硬盘。具体方法是：用一张干净的 DOS 启动盘启动电脑，屏幕显示盘符提示 A:\>后，运行调试命令：

```
A:\>DEBUG（进入 DEBUG 程序）
– A 100（增加下面的命令）
100 MOV AX，0201;读引导记录操作
103 MOV BX，0200
106 MOV CX，0001
109 MOV DX，0080
10C INT 13
10E INT 20
110 <CR>
– G=100
– E 3FE 55AA;修改引导标志为 55AA
– A 100
100 MOV AX，0301;写操作
– Q;退出 DEBUG 程序
```

或者尝试将全资料写入主引导扇区，然后对硬盘重新分区和格式化。命令格式如下：

```
A:\>DEBUG
– F 100 3FF0;将资料区的内容清为 0
– A 400;增加下面的命令
100 MOV AX，0301
103 MOV BX，0100
106 MOV CX，0001
109 MOV DX，0080
10C INT 13
10E INT 03
– G=400：执行对磁盘进行操作的命令
– Q
```

这种方法一般能使硬盘复活，但需要重新分区和格式化，原先保存的资料因此全部丢失。

9. 为什么开机时屏幕显示“Bad or missing command interpreter”

开机后，屏幕显示“Bad or missing command interpreter”。

这种错误提示表明系统文件 command.com 损坏或者丢失，这可能是因为病毒发作或者杀毒后文件被破坏造成的。

从相同版本的系统启动盘中找到 command.com 文件，将其拷贝到故障电脑的 C 盘根目录下和\windows 目录下即可。

10. 为什么系统显示“Starting Windows…”后死机

启动电脑时，当系统显示“Starting Windows…”后，就一直停止，直至死机。

一般来说，这是由于 Config.sys 和 Autoexec.bat 中的可执行文件本身已经损坏，使得系统在执行此文件时死机。这个故障非常简单，但因为没有什么故障信息，一般人很容易出现误判。

当出现这种现象时，并且确信系统文件是完好的，便可以删除 Config.sys 和 Autoexc.bat 这两个文件，或者当屏幕显示以上信息时，快速按下 F8 键，然后选择单步执行，找出已经损坏的文件，并用正常文件替换。

11. 错误格式化硬盘后，如何恢复硬盘数据

硬盘不能引导系统，显示系统缺失。表现在开机后屏幕上出现“Error loading operating system”或“Missing operating system”的提示信息。

在 DOS 高版本状态下，FORMAT 格式化操作在缺省状态下都建立了用于恢复格式化的磁盘信息，就是把磁盘的 DOS 引导扇区、FAT 分区表及目录表的所有内容复制到磁盘的最后几个扇区中，而数据区中的内容根本没有改变。

遇到这样的情况，运行 UNFORMAT 命令即可恢复。

> **提示!!** DOS 还提供了一个 MIRROR 命令用于记录当前磁盘的信息，供格式化或删除之后的恢复使用，此方法也比较有效。

12. 为什么关闭电源后再开机，系统找不到硬盘

电脑在关闭电源后 1h 内重新开机，结果找不到硬盘，屏幕显示信息：

PnP Init Completed

Found CDROM:CD－ROM cdu311

Hard disk（s） Diagnosis fail.

同时硬盘灯长时间闪亮，光驱及软驱灯亮后即灭。

按 F1 键，则显示：

Disk boot failure，Insert System disk and press Enter…

如按 Del 键，则在标准 CMOS 设置中有硬盘 User 4302……等信息。但在自动检测硬盘时，这些信息将变为 0。但如果下次开机时间距上次关机时间超过 1h，则开机时一切正常。

这种现象说明硬盘的设置和连接均没有问题，操作系统也属正常，否则是无法在 1h 后成功启动的。根据经验，这是硬盘的原因，通常是由于硬盘在关闭电源后，其磁头无法迅速回到初始位置，从而导致再次开机时硬盘驱动器自检失败。

打开机箱，在硬盘封壳上轻敲几下，可以帮助磁头复位，从而有可能使硬盘回到正常状态。

13. 为什么 C 盘丢失后，运行 Fdisk 命令就死机

分区表损坏致使 C 盘丢失，Fdisk 命令不起作用，运行此命令就会死机。

分区表损坏的原因较多，如对硬盘再次分区时有误操作，病毒破坏主引导记录等等。分区表被破坏以后，系统引导过程无法通过分区表找到操作系统，用启动盘启动之后，找不到 C 盘。把这个硬盘作为从盘挂到其他电脑上，也无法读出其中的资料。这时拯救硬盘的唯一办法是修复文件分区表。

有如下两种处理方法。

方法 1：使用 KV3000 硬盘急救工具箱。用 KV3000 盘引导电脑，进入 A:\>，键入 KV3000 后回车，根据屏幕显示的功能键提示，按 F6 键可查看硬盘 0 面 0 柱 1 扇区主引导信息是否正常。此时在主引导信息表中，没有发现代表主引导信息正常的第二、第三种关键代码，即闪动的红色的“80”和“55AA”，按 PgDn 键翻页，在以后的扇区中发现了闪动的红色的“80”和“55AA”并响了一声，屏幕此时提示：“F9=Save To Side 0

Cylinder 0 Sector 1!!!”按一下 F9 键，就可将找到的硬盘主引导信息恢复到硬盘 0 面 0 柱 1 扇区中，按 ESC 键退出，重新引导主机，引导成功。

方法 2：仍然用 KV3000 解决问题。首先准备一张 KV3000 杀毒软盘和一个分区表无误的硬盘。用 KV3000 杀毒盘启动安装有好硬盘的电脑，在 A 盘提示符下输入命令 KV3000/b 并回车，这时根据提示插入另一张软盘以保存分区表信息，其缺省文件名是 HDPT.DAT，即硬盘分区表数据文件。再用 KV3000 启动装有故障硬盘的电脑，然后插入保存分区表信息的软盘，键入命令：KV3000/hdpt.dat 并回车，这样就把好盘的分区表信息写入到故障盘的分区表中。重新启动电脑后，发现识别出的硬盘跟所用好硬盘的分区一样，可以用 Fdisk 对硬盘重新分区。但需要注意的是，由于所用的分区表信息跟硬盘原有的不同，因此恢复后硬盘上所有文件的结构都被破坏，只能对硬盘格式化重装系统。如果要保证原来的资料能正常使用，则要求用来恢复分区表的分区表必须跟硬盘出故障前的分区表相同，这一点很难保证，所以要在硬盘发生故障之前就用 KV3000 备份分区表，做到有备无患。或者是用 KV3000 恢复以后，找到最先为此硬盘分区所使用的启动盘，用它来恢复主引导记录。具体做法是在提示符 C:〉下输入命令 FDISK/MBR，这样就能恢复原来的分区表。

14. 为什么硬盘能正常使用，但无法对硬盘重新分区

硬盘能正常使用，但无法对硬盘重新分区。经查硬盘上无病毒，分区表信息也正确。

硬盘无法重新分区通常表现为：用 Fdisk 命令对硬盘分区后，原来的分区设置一点也没有发生改变。在这种情况下用 Format 命令对硬盘格式化，系统就会提示写入分区表信息出错。但在此时，硬盘能正常使用，分区表没有问题，也没有被病毒感染，说明故障跟 CMOS 设置有关。

开机进入 CMOS 设置菜单，在主板的病毒防护功能菜单中找到硬盘引导扇区 Fixed Disk boot sector 项（主板不同，该项的名称也可能不一样），结果发现这一项被设成了写保护，将该项设置改成 Normal 并保存设置，重新启动电脑后，问题得到解决。

15. 当误删除了硬盘的分区后该怎么办

当分区被误删除后，如果企图访问硬盘，系统会报告无效驱动器错

误，使得我们误以为硬盘中的资料完全被毁。其实，删除分区表只是改写了硬盘的主引导扇区（0 面 0 道 1 扇区）中的内容，虽然硬盘分区表信息被删除，但硬盘各分区的资料却完好无损。

只需重新恢复原来的分区表信息，就能挽救硬盘的资料。

方法如下：

首先准备一张 KV3000 杀毒软盘和一个分区表无误的硬盘。用 KV3000 杀毒盘启动安装有好硬盘的电脑，在 A 盘提示符下输入命令 KV3000/b 并回车，这时根据提示插入另一张软盘以保存分区表信息，其缺省文件名是 HDPT.DAT，即硬盘分区表数据文件。再用 KV3000 启动装有故障硬盘的电脑，然后插入保存分区表信息的软盘，键入命令：KV3000/hdpt.dat 并回车，这样就把好盘的分区表信息写入到故障盘的分区表。

提示!!

当分区表被误删除后，一定不要急着用 Fdisk 命令重建分区。因为重建分区之后，就必须再对硬盘作高级格式化，文件分配表会被改写。一旦文件分配表跟以前的不一样，就再也无法恢复资料了。再次强调，为了防患于未然，一定要对分区表信息进行备份处理。

16. 为什么对硬盘进行分区和格式化后，仍然不能清除硬盘上的病毒

硬盘被发现感染有病毒，重新对该硬盘分区和格式化后，发现仍然存在病毒。

一般情况下，通过对硬盘重新分区和格式化，就可以把附在文件上的病毒都清除掉。但上述现象表明，病毒并非存在于数据区，而是深藏在硬盘的引导区里，这种病毒通常就是引导型病毒。为什么引导型病毒没有被格式化掉呢？原来，由于在引导扇区中保存的是主引导记录，对硬盘重新分区后，格式化操作并不完全重写主引导区的内容，仅仅是重新改写分区表信息。所以，隐藏在引导区的病毒并没有被清除掉。

利用 KV3000 可查杀引导型病毒，或者找一张跟原来系统版本一致，确保无病毒的启动盘，用它启动电脑后运行 FDISK\MBR 命令重写主引导记录即可。

17. 如何用分区魔术师 PartitionMagic 8.0 对坏扇区进行处理

PartitionMagic 8.0 软件的中文版可在以下地址下载：

http://www.hanzify.org/detail.asp?SOFT_ID=5712

http://www.91now.com/downsky/soft/663.htm

具体操作步骤如下：

（1）关闭所有应用程序。

（2）启动 Partion Magic 后，首先在窗口的右下区域选择一个分区，然后执行菜单命令“分区”|“检查错误”检查分区，检查完毕，给出一个类似如图 9-1 所示的结果。

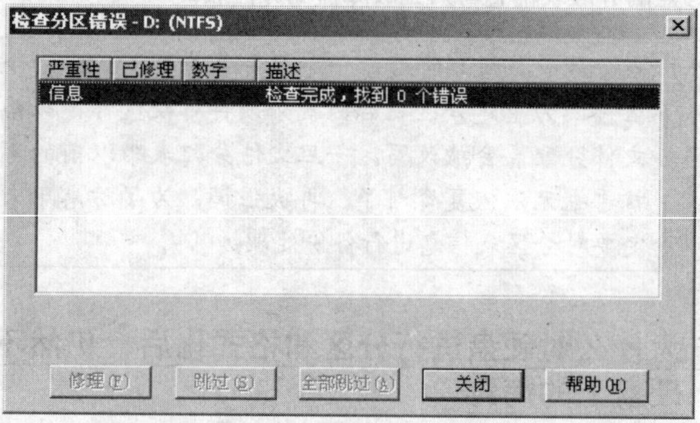

图 9-1

（3）如果发现错误分区，则单击图中的“修理”按钮进行修复即可。

18. 为什么硬盘从高处摔落后就无法引导系统

硬盘从高处摔落后损坏，无法引导系统。

硬盘是精密的机电产品，当它受到外力冲撞时，如掉落在地、硬盘的磁头定位机构等精密结构变形受损、或者盘片出现划痕，这些都会导致硬盘故障。

另找一块装有系统的好硬盘作为主盘接到电脑上（或另找一台能正常运转的电脑），把摔坏的盘作为从盘。启动电脑后，如果能把从盘的分区大部分都识别出来的话，就说明只是盘片损伤，接下来标记并隐藏坏区，或者对磁盘作低级格式化即可；否则，只能报废了。

19. 如何处理开机报错 A Date Error in Drive C

某电脑启动后，在进入 Windows 操作系统时死机，屏幕上出现错误信息“A Date Error in Drive C: Abort Retry or Fail?”。

根据错误信息分析，可能是硬盘上出现了坏道，或者是存在病毒。首先扫描病毒，排除病毒原因后，使用操作系统的磁盘扫描程序检查硬盘。如果确认有坏道，备份重要程序，重新分区、格式化硬盘，并将坏道划分到一个或多个分区中，然后删除或者隐藏这些分区。

20. Bad command or file name

中文含义为：错误的命令或文件名。

这是大家最常见到的错误提示了，它的意思是输入的命令无效。当输入的命令既不是 DOS 内部命令，而且系统在查找路径或指定路径中也找不到相应的可执行文件的话，就会出现此错误信息。您可以检查输入的命令是否正确，如是否打错了字母等。

21. Access Denied

中文含义为：拒绝存取。

这也是一个常见的错误，出现的情况很多，如在用 DEL 命令删除具有只读属性的文件，或者在多任务环境下有多个进程同时存取同一文件，以及试图在设有只读权限的网络文件夹中写入文件的时候出现。解决的方法也很简单，只需去掉文件的只读、隐含等属性，或保证同一时间只有一个进程在读写文件，或去掉网络文件夹的只读权限即可。

22. Drive not ready

中文含义为：驱动器未准备好。

该现象尤其是在存取可移动磁盘（包括软盘和光盘）的时候更是常见到。解决方法是将磁盘插好后重试即可。

23. Write protect error

中文含义为：写保护错误。

当试图向写了保护的磁盘（通常是软盘）写入信息的时候就会出现该错误。将磁盘的写保护去掉即可。

24. General error

中文含义为：常规错误。

此错误通常出现在 DOS 无法识别指定的磁盘的格式的情况下，如软盘未格式化。用 FORMAT 等命令格式化磁盘或转换成 DOS 能识别的格式即可。

25. Abort,Retry,Ignore,Fail

中文含义为：中止，重试，忽略，失败?

此错误信息的出现频率非常高，比如在磁盘未准备好的时候。输入 A 则取消操作，然后返回 DOS 提示符下，输入 R 则表示再试一次，输入 I 则表示忽略此错误并继续，最好不要使用，输入 F 则表示跳过此错误，经常选择此项。

26. File not found

中文含义为：文件未找到。

在使用很多命令的时候若找不到指定的文件就会出现该提示。例如使用 DIR 命令的时候，若指定的文件不存在，该错误信息就会出现。解决方法是将文件名输入正确。

27. Incorrect DOS version

中文含义为：错误的 DOS 版本。

当要执行的命令发现当前的 DOS 版本与这个命令所期待的 DOS 版本不相同的时候就会出现此错误信息。

28. Invalid directory

中文含义为：非法目录。

如果输入了不存在或无效的目录的时候就会出现该提示。可检查是否输入有误。

29. Invalid Drive Specification

中文含义为：指定的驱动器非法。

当输入的驱动器不存在的时候就会出现该提示。请检查是否存在该驱动器。有些驱动器（如 NTFS 卷，光驱，网络驱动器等）则需要加载相应的驱动程序才能被识别。

30. Syntax error

中文含义为：语法错误。

此命令在使用一些批处理命令（如 IF，FOR 等）时比较常见，可检查是否输入了无效的语法。以 FOR 命令为例，它的语法是 FOR %FIN (文件名) DO 命令，不能将此语法格式弄错了（如输反了或漏了等），必须输入正确的命令才能得到相应的结果。

31. Required parameter missing

中文含义为：缺少必要的参数。

如果在执行命令（如 DEL）漏掉了它要正常完成功能所需的参数时，就会出现该提示。

32. Invalid parameter

中文含义为：非法参数。

出现在执行命令时输入了无效的参数。可以检查输入的参数是否正确，有没有拼写错误等。如果您不知道有哪些参数的话，通常可以使用此命令的/?选项来查看参数列表。

33. Not enough memory 或 Insufficient memory

中文含义为：内存不足。

如果在执行程序时程序发现所需的内存大于可以使用的内存（通常是指常规内存）时就会出现此信息。造成内存不足的情况如执行了过多过大的内存驻留程序，或系统内存未经过很好的配置等。大家可以查看本栏目中的“DOS 下内存的配置”。

34. Divide overflow 或 Divide by zero

中文含义为：除数为零。

如果在系统不稳定，与其他程序有冲突，或程序本身有问题的情况下运行程序的话就会出现此错误。可以重新启动系统后再运行此程序试试。

35. Runtime error xxx

中文含义为：运行时间错误 xxx。

和以上的“除数为零”错误类似。

36. Error in EXE file

中文含义为：EXE 文件有错误。

通常是这个可执行文件已经损坏，已不能够再使用。使用一个好的文件就可以了。